# LIVING LANGUAGE®

# RUSSIAN
# DICTIONARY

## RUSSIAN–ENGLISH
## ENGLISH–RUSSIAN

## REVISED & UPDATED

D1516268

# THE LIVING LANGUAGE® SERIES

**Living Language Basic Courses,
Revised & Updated**

| | |
|---|---|
| Spanish* | Japanese* |
| French* | Russian |
| German* | Italian* |

Portuguese (Brazilian)
Portuguese (Continental)
Inglés/English for Spanish Speakers

**Living Language Intermediate
Courses**

| | |
|---|---|
| Spanish 2 | French 2 |
| German 2 | Italian 2 |

**Living Language Advanced Courses,
Revised & Updated**

| | |
|---|---|
| Spanish 3 | French 3 |

**Living Language Ultimate™
(formerly All the Way™)**

| | |
|---|---|
| Spanish* | Spanish 2* |
| French* | French 2* |
| German* | German 2* |
| Italian* | Italian 2* |
| Russian* | Russian 2* |
| Japanese* | Japanese 2* |

Inglés/English for Spanish Speakers*
Inglés/English for Spanish Speakers 2*
Chinese (1999)

**Living Language® Essential Language
Guides**

Essential Spanish for Healthcare
Essential Spanish for Social Services
Essential Spanish for Law Enforcement
International Language Guide for Hotel
& Restaurant Employees

**Living Language Fast & Easy™**

| | | |
|---|---|---|
| Spanish | Italian | Portuguese |
| French | Russian | Czech |
| German | Polish | Hungarian |
| Japanese | Korean | Mandarin |
| Arabic | Hebrew | (Chinese) |

Inglés/English for Spanish Speakers

**Living Language All Audio™**

| | | | |
|---|---|---|---|
| Spanish | French | Italian | German |

**Living Language Speak Up!®
Accent Elimination Courses**

Spanish                American Regional
Asian, Indian and Middle Eastern

**Fodor's Languages for Travelers**

| | | | |
|---|---|---|---|
| Spanish | French | Italian | German |

**Living Language® Parent/Child
Activity Kits**

Learn French in the Kitchen
Learn Italian in the Kitchen
Learn Spanish in the Kitchen
Learn French in the Car
Learn Italian in the Car
Learn Spanish in the Car

**Living Language Children's Courses**

Spanish                French

**Living Language Conversational
English**

for Chinese Speakers
for Japanese Speakers
for Korean Speakers
for Spanish Speakers
for Russian Speakers

*Available on Cassette and Compact Disc

If you're traveling, we recommend
**Fodor's guides**

Available in bookstores everywhere, or call 1-800-733-3000
for additional information.

Visit our website at: www.livinglanguage.com

# RUSSIAN
# DICTIONARY

## RUSSIAN–ENGLISH
## ENGLISH–RUSSIAN

### REVISED & UPDATED

REVISED BY NADYA L. PETERSON, PH.D.

Assistant Professor of Russian

University of Pennsylvania

◆

Based on the original

by Aron Pressman

LIVING LANGUAGE®
A Random House Company

This work was previously published under the title *Living Language*™ *Common Usage Dictionary: Russian* by Aron Pressman, based on the dictionary developed by Ralph Weiman.

Published by Living Language, A Random House Company, 201 East 50th Street, New York, New York 10022.

Random House, Inc. New York, Toronto, London, Sydney, Auckland

www.livinglanguage.com

LIVING LANGUAGE is a registered trademark of Crown Publishers, Inc.

Printed in the United States of America

Library of Congress Catalog Card Number: 58-12894

ISBN 0-609-80290-9

10  9  8  7  6  5  4

# CONTENTS

# INTRODUCTION

The *Living Language® Russian Dictionary* lists more than 15,000 of the most frequently used Russian words, gives their most important meanings, and illustrates their uses. It also includes a Russian pronunciation chart and a set of common expressions useful in everyday situations. This revised edition contains updated phrases and expressions, as well as many new entries related to business, technology, and the media. The following is a short description of the basic features of this dictionary.

1. More than one thousand of the most essential Russian words are indicated by the use of an * to their left.

2. Numerous definitions are illustrated with phrases, sentences, and idiomatic expressions. If there is no close English equivalent for a Russian word, or the English equivalent has several meanings, the context of the illustrative sentences helps to clarify the meanings.

3. Because of these useful phrases, the *Living Language® Russian Dictionary* serves as a phrase book and conversation guide. The dictionary is helpful both to beginners who are building their vocabulary and to advanced students who want to perfect their command of colloquial Russian.

4. The Russian expressions (particularly the idiomatic and colloquial ones) have been translated to their English equivalents. However, literal translations have been added to help the beginner. This dual feature also makes this dictionary useful for translation work.

# RUSSIAN PRONUNCIATION CHART

## Vowels

The location of a vowel within a word will determine its pronunciation. There is only one stressed syllable in any given Russian word, and the pronunciation of a vowel will change depending on its position within a word in relation to the stressed syllable.

| Russian Letters | Approximate Sound in English | Phonetic Symbol | Example |
|---|---|---|---|
| **A a (in the syllable before the stressed syllable, or in the stressed syllable)** | (c<u>a</u>lm) | ah | **банк** (b<u>ah</u>nk) **такси** (t<u>ah</u>k-SEE) **познакомить** (poh-zn<u>ah</u>-KAW-meet′) |
| **A a (in any syllable following the stressed syllable)** | (b<u>u</u>t) | uh | **кошка** (KAWSH-k<u>uh</u>) |
| **A a (after a soft consonant)** | (m<u>ee</u>t) | ee | **чаевые** (ch<u>ee</u>-yee-VY-yeh) |
| **Э э (stressed)** | (s<u>e</u>t) | eh | **это** (<u>EH</u>-tuh) |
| **Э э (unstressed)** | (s<u>e</u>t) | eh (shortened) | **экскурсия** (<u>eh</u>k-SKOOR-see-yuh) |
| **Ы ы\*** | (s<u>y</u>mpathy) | y | **сын** (s<u>y</u>n) |
| **O o (stressed)** | (l<u>a</u>w) | aw | **кошка** (KAWSH-k<u>uh</u>) |
| **O o (in the first syllable of a word or the syllable before the stressed syllable)** | (c<u>a</u>lm) | ah | **один** (<u>ah</u>-DEEN) **голова** (guh-lah-VAH) |

\* No equivalent in English. <u>Y</u> pronounced somewhere between the short **i** sound of sym- and the long **ee** sound of -thy in sympathy.

ix

| Russian Letters | Approximate Sound in English | Phonetic Symbol | Example |
|---|---|---|---|
| **O o** (in any syllable after the stressed syllable) | (b<u>u</u>t) | uh | **мясо** (MYAH-s<u>uh</u>) |
| **У у** | (c<u>oo</u>) | oo | **умка** (<u>OO</u>M-kuh) |
| **Я я** (stressed) | (<u>y</u>onder) | yah | **ясно** (<u>YAH</u>-snuh) |
| **Я я** (unstressed) | (b<u>ee</u>) | ee | **месяц** (MYEH-s<u>ee</u>ts) |
| **Е е** (stressed) | (<u>ye</u>t) | yeh | **место** (<u>MYEH</u>-stuh) |
| **Е е** (before stressed syllable) | (b<u>ee</u>) | ee | **метро** (m<u>ee</u>-TRAW) |
| **Е е** (after stressed syllable | (b<u>u</u>t) | uh | **мнение** (MNYEH-nee-<u>uh</u>) |
| **И и** | (b<u>ee</u>) | ee | **Нина** (<u>NEE</u>-nuh) |
| **И и** | (sympath<u>y</u>) | y | **сацbiви** (sah-TS<u>Y</u>-v<u>y</u>) |
| **Ё ё** | (<u>yaw</u>n) | yaw | **ёлка** (<u>YAWL</u>-kuh) |
| **Ю ю** | (<u>you</u>) | yoo | **юбка** (<u>YOOP</u>-kuh) |

# Consonants

Some consonants in Russian make more than one sound. This occurs most often when the consonant is located at the end of a word or syllable. The following list of consonants shows all the variations in pronunciation.

| Russian Letters | Approximate Sound in English | Phonetic Symbol | Example |
|---|---|---|---|
| Б б | b (<u>b</u>ear) | b | бо́чка (<u>B</u>AWCH-kuh) |
|  | p (<u>p</u>art) | p | зуб (zoo<u>p</u>) |
| В в | v (<u>v</u>ery) | v | вокза́л (<u>v</u>ahg-ZAHL) |
|  | f (<u>f</u>ull) | f | авто́бус (ah<u>f</u>-TAW-boos) |
| Г г | g (<u>g</u>o) | g | га́лстук (<u>G</u>AHL-stook) |
|  | k (ba<u>k</u>e) | k | до́г (daw<u>k</u>) |
| Д д | d (<u>d</u>are) | d | до́ктор (<u>D</u>AWK-tuhr) |
|  | t (<u>t</u>oll) | t | ко́д (kaw<u>t</u>) |
| Ж ж | zh (lei<u>s</u>ure) | zh | ко́жа (KAW-<u>zh</u>eh) |
|  | sh (<u>sh</u>ow) | sh | ло́жка (LAW<u>SH</u>-kuh) |
| З з | z (<u>z</u>ebra) | z | за́втра (<u>Z</u>AHF-truh) |
|  | s (<u>s</u>ign) | s | ра́з (rah<u>s</u>) |
| Й й | always silent* | — | хоро́ший (khah-RAW-shee) |
| Ш ш | sh (<u>sh</u>ow) | sh | шу́м (<u>SH</u>OOM) |
| Щ щ | shch | shch | я́щик (YAH-<u>shch</u>yk) |
| Ъ ъ | silent hard sign (separates vowels and consonants, providing a syllable break) | — | объясня́ть (ahb-yee-SNYAT') |
| Ь ь | silent soft sign (softens preceding consonant) |  | пла́тье (PLAHT'-yeh) |

* See following section, vowels combined with й

## Vowels combined with й

Although **й** does not make a sound on its own, it does affect the pronunciation of vowels, when placed directly after them.

| Russian Letters | Approximate Sound in English | Phonetic Symbol | Example |
|---|---|---|---|
| ой | oy (<u>toy</u>) | oy | мой (M<u>OY</u>) |
| ай | ie (t<u>ie</u>) | ahy | май (M<u>AHY</u>) |
| ей | yay (<u>yea</u>) | yay | друзей (droo-ZYAY) |

## Intonation

Russian intonation is quite different from English intonation. Here, we will briefly discuss the most common Russian intonational constructions. The first is IC-1, which is characteristic of the declarative sentence. In an IC-1 sentence, the words preceding the point of emphasis in the sentence are pronounced on a level, medium tone, smoothly and without pauses. Those words located after the point of emphasis are pronounced on a lower pitch.

**Я хочу́ éсть.**　　(yah khah-CHOO yehst′)　　I want to eat.

The second intonational construction is IC-2, used in interrogative sentences that contain a question word. The stressed word in the sentence is pronounced with a slightly rising tone and strong emphasis. Those words that precede it are pronounced on a lower pitch, with a slight fall on the last syllable.

**Кто́ говори́т?**　　(KTAW gah-vah-REET?)　　Who is speaking?

IC-3 is used in interrogative sentences that do not contain a question word. As in IC-1, those words which precede the point of emphasis of the sentence are pronounced on a level, medium tone. The stressed part of the sentence is pronounced in a sharply higher tone, and the rest of the sentence is pronounced on a low pitch with a slight fall at the last syllable, as in IC-1 and IC-2.

**Вы́ бы́ли в Санкт-Петербурге?**　　(vy BY-lee f Sawnkt Peeteerboorgi?)　　Have you been to St. Petersburg?

# EXPLANATORY NOTES

Literal translations are in parentheses. Colloquial is abbreviated to coll.

Gender is indicated by m. for masculine, f. for feminine, n. for neuter.

Case is indicated by nom. for nominative, acc. for accusative, dat. for dative, gen. for genitive, inst. for instrumental, and prep. for prepositional case.

Imperfective verb forms are not identified as such. If a verb is shown in its perfective form, however, this is indicated as: (perf.). In aspectual pairs, the first form is the imperfective form.

Other abbreviations are:

| | | | |
|---|---|---|---|
| adj. | adjective | pl. | plural |
| adv. | adverb | prep. | preposition |
| conj. | conjunction | pron. | pronoun |
| dim. | diminutive | refl. | reflexive verb |
| imp. | imperfective verb | sg. | singular |
| ind. | indeclinable | tr. | transitive verb |
| interj. | interjection | v. | verb |
| intr. | intransitive verb | v.i. | verb intransitive |
| num. | numeral | v.t. | verb transitive |
| perf. | perfective verb | | |

LIVING LANGUAGE®

# RUSSIAN
# DICTIONARY

## RUSSIAN–ENGLISH
## ENGLISH–RUSSIAN

### REVISED & UPDATED

# RUSSIAN–ENGLISH

# А

**\*а**   but, and, or (first letter of alphabet)

**Вот ру́чка, а вот бума́га.**   Here is a pen, and here is paper.

**Не он, а его́ сестра́.**   Not he, but his sister.

**Поторопи́сь, а то опозда́ешь.**   Hurry, or you'll be late.

**абажу́р**   lampshade

**абитурие́нт**   high school graduate applying to a university

**абрико́с**   apricot

**абсолю́тный**   absolute

**абстра́ктный**   abstract

**абсу́рд**   absurdity

**довести́** (perf.) **до абсу́рда**   to carry to the point of absurdity

**абсу́рдный**   absurd

**абсце́сс**   abscess

**ава́нс**   advance

**плати́ть ава́нсом**   to pay in advance

**получа́ть ава́нс в счёт зарпла́ты**   to receive an advance on salary

**авантю́ра**   adventure, gamble

**а́вгуст**   August

**в а́вгусте**   in August

**авиа́тор**   aviator, pilot

**авиа́ция**   aviation, aircraft

**\*аво́сь**   perhaps, maybe

**наде́яться на аво́сь**   to take a chance

**на аво́сь**   on the off chance

**автобиогра́фия**   autobiography

**\*авто́бус**   bus

**автокра́тия**   autocracy

**\*автома́т**   automatic machine

**телефо́н-автома́т**   pay telephone

**автомати́ческий**   automatic

**\*автомоби́ль**   (m.) automobile, car

**\*автоно́мия**   autonomy

**\*а́втор**   author

**авторите́т**   authority

**по́льзоваться авторите́том**   to use one's authority

**а́вторские**   royalties (to an author)

**а́вторское пра́во**   copyright

**\*авторучка**   fountain pen

**автосе́рвис**   auto mechanic shop

**аге́нт**   agent, factor

**аге́нтство**   agency

**агита́тор**   instigator

**агита́ция**   agitation, propaganda

**аго́ния**   agony

**агресси́вный**   aggressive

**агре́ссия**   aggression

**агрикульту́ра**   agriculture

**агробиоло́гия**   agricultural biology

**ад**   hell

**адвока́т**   lawyer

**адвокату́ра**   legal profession, the bar

**занима́ться адвокату́рой**   to be a practicing attorney

**\*администра́тор**   administrator; manager

**администра́ция**   administration, management

**\*а́дрес**   address

**адресова́ть**   (imp., perf.) to address, direct

**аза́ртно**   recklessly

**аза́ртно игра́ть**   to gamble

**\*а́збука**   alphabet

**азо́т**   nitrogen

**за́кись азо́та**   nitrous oxide

**о́кись азо́та**   nitric oxide

**акаде́мия**   academy

**акваре́ль**   (f.) watercolor

**акварели́ст**   water-color painter

**акко́рд**   chord

**аккордео́н**   accordion

**аккура́тность**   (f.) accuracy, carefulness, punctuality

**аккура́тный**   careful, neat, punctual

**акт**   act

**выпускно́й акт**   graduation ceremony

**обвини́тельный акт**   indictment

**акте́р**   actor

**активизи́ровать**   (imp., perf.) to make more active, stir up

**\*акти́вно**   actively

**актри́са**   actress

**актуа́льность**   (f.) topicality

**аку́ла**   shark

**акуше́р, акуше́рка**   obstetrician (m., f.), midwife

**акце́нт**   accent

**акционе́р**   stockholder

**а́кция**   share

**а́кции па́дают** shares go down (in value)

**а́лгебра** algebra

**алкого́ль** (m.) alcohol

  **алкого́льный напи́ток** alcoholic beverage, strong drink

**алкало́ид** alkaloid

**алле́я** lane, path

**алта́рь** (m.) altar

**алфави́т** alphabet

  **по алфави́ту** in alphabetical order

**альбо́м** album

**альтруи́зм** altruism, unselfishness

**алюми́ний** aluminum

**амби́ция** ambition, self-love, pride

**амбулато́рия** clinic

**Аме́рика** America

**америка́нец, америка́нка** American (m., f.)

**америка́нский** American (adj.)

**\*ана́лиз** analysis, test

  **сде́лать** (perf.) **ана́лиз кро́ви** to take a blood test

**анало́гия** analogy

**анана́с** pineapple

**анато́мия** anatomy

**а́нгел** angel

**англи́йский** English

  **англи́йская була́вка** safety pin

  **по-англи́йски** in English

**англича́нин** (m.) Englishman

**англича́нка** (f.) Englishwoman

**анекдо́т** anecdote, joke

**анке́та** questionnaire, survey

  **запо́лнить** (perf.) **анке́ту** to fill in a form

**анкети́рование** polling, surveying, evaluation

**анса́мбль** musical group

**антагони́ст** antagonist

**антагонисти́ческий** antagonistic

**антипа́тия** antipathy, aversion

  **пита́ть антипа́тию к чему́-нибудь** to feel an aversion for something

  **почу́вствовать** (perf.) **антипа́тию к кому́-нибудь** to take a dislike to someone

**антрополо́гия** anthropology

**анчо́ус** anchovy

**аншла́г** the "sold out" notice

**Пье́са идёт с аншла́гом.** The house (play) is sold out every night.

**апельси́н** orange

**аплоди́ровать** to applaud, cheer

**\*аппара́т** apparatus, instrument

  **фотоаппара́т** camera

**\*аппети́т** appetite

  **прия́тного аппети́та** bon appetit

**аппети́тный** appetizing, tempting

**апре́ль** (m.) April

**\*апте́ка** drugstore, pharmacy

**аранжи́ровать** to arrange

**арбу́з** watermelon

**аргуме́нт** argument (in conversation)

  **ве́ский аргуме́нт** significant or telling argument

**аре́нда** lease

  **взять в аре́нду** to take on a lease

**\*аре́ст** arrest

  **взять под аре́ст** to arrest

**\*арифме́тика** arithmetic

**\*а́рмия** army

**арома́т** aroma, fragrance, perfume

**арома́тный** aromatic, scented

**арти́ст, арти́стка** artist, master, actor (m., f.)

**артисти́ческий** artistic

**археоло́гия** archeology

**архите́ктор** architect

**аспира́нт** postgraduate student

**аспири́н** aspirin

**ассортиме́нт** selection, assortment

**ассоциа́ция** association

  **по ассоциа́ции** by association of ideas

**а́тлас** atlas

**атле́т** athlete

**атмосфе́ра** atmosphere

**а́томный** atomic

  **а́томная эне́ргия** atomic energy

**аттеста́т зре́лости** high school diploma

**аукцио́н** auction

  **продава́ть с аукцио́на** to sell by auction

**аутотре́нинг** self-training

**афи́ша** poster, bill, placard

**ах!** oh!, ah!

**а́хать** (**а́хнуть**) to exclaim, gasp, sigh

**он и а́хнуть не успе́л** before he knew where he was (he didn't even have time to gasp)

**аэродро́м** airfield

# Б

**ба́бочка** butterfly

*\*ба́бушка** grandmother

**бага́ж** baggage

  **ручно́й бага́ж** hand or small luggage

  **у́мственный бага́ж** store of knowledge

**ба́за** base, basis

**ба́за да́нных** data base

  **подводи́ть (подвести́) ба́зу под что́-нибудь** to give good grounds for something

  **сырьева́я ба́за** source of raw materials

  **экономи́ческая ба́за** economic basis

*\*база́р** market

  **устро́ить (perf.) база́р** to create an uproar

**бази́роваться** to be based on, rest on, depend

**бакале́йный** grocer

  **бакале́йная ла́вка** grocery store

**бакала́вр** holder of Bachelor of Arts degree

  **сте́пень бакала́вра** Bachelor of Arts degree

**баклажа́н** eggplant

**бактериоло́гия** bacteriology

*\*бал** dancing party, ball

**бала́нс** balance

**бале́т** ballet

*\*балко́н** balcony

**бало́ванный** spoiled (by indulgence)

*\*балова́ть** to spoil, indulge

*\*ба́ловень** pet (about a person), favorite

  **быть о́бщим ба́ловнем** to be everyone's favorite

**бана́н** banana

*\*банк** bank

*\*ба́нка** jar

**бараба́н** drum

  **бараба́нная перепо́нка** eardrum

**бара́нина** mutton, lamb

  **бара́нина жа́реная** roast lamb

**ба́рхат** velvet

**барье́р** barrier

**бассе́йн** basin

  **бассе́йн для пла́вания** swimming pool

  **бассе́йн реки́** river basin

*\*бастова́ть** to strike, to go on strike

*\*башма́к** shoe

  **быть под башмако́м у жены́** to be henpecked

**ба́шня** (f.) tower

*\*бе́гать, бежа́ть** to run

  **бежа́ть бего́м (спеши́ть)** to hurry

  **Его́ глаза́ бе́гают.** He has roving eyes.

**бе́гло** fluently, superficially

  **Он бе́гло говори́т по-ру́сски.** He speaks Russian fluently.

  **Я бе́гло просмотре́л кни́гу.** I looked the book over quickly.

**бего́м** running, double-quick

  **Беги́ бего́м!** Hurry! (Come on the double!)

*\*беда́** misfortune, trouble

  **Быть беде́!** Look out for trouble!

  **В то́м-то и беда́.** That's just the trouble.

  **Не беда́.** It doesn't matter.

**бедне́ть (обедне́ть)** to become poor

*\*бе́дность** (f.) poverty

  **Бе́дность не поро́к.** Poverty is not a vice.

  **бе́дность по́чвы** poverty of the soil

**бе́дный** poor, unfortunate

**бедня́га, бедня́жка** poor fellow, poor thing (m., f.)

**бедро́** thigh

*\*бе́дствие** calamity, disaster

*\*без** without (prep. with gen.)

**безбе́дно** comfortably

  **жить безбе́дно** to be fairly well off financially

**безболе́зненный** painless

**безви́нный** innocent, guiltless

**безвкусие**  lack of taste
**безвкусный**  tasteless
**безволие**  lack of will
**безвредный**  harmless, innocuous
**безвременно**  untimely
**безвременье**  hard times
*__безграмотность__  illiteracy
**безграмотный**  illiterate
**бездарный**  untalented
**бездарность**  (f.) mediocrity, lack of talent
**бездействие**  inactivity
**бездельничать**  to idle, loaf
**бездушный**  heartless, callous
**безжизненный**  lifeless, insipid
*__беззаботный__  carefree, lighthearted
**беззаконный**  lawless, unlawful
**беззастенчивый**  shameless, impudent
**беззащитный**  defenseless, unprotected
**беззвучный**  soundless, silent
*__безнадёжность__  (f.) hopelessness
**безнадзорность**  (f.) neglect
*__безнравственность__  (f.) immorality
**безнравственный**  immoral, dissolute
*__безобразие__  outrage, disgrace
   **Там творятся безобразия.**
   Disgraceful things are going on there.
   **Что за безобразие!**  It's scandalous!
*__безопасность__  (f.) safety, security
**безответственность**  (f.) irresponsibility
*__безработица__  unemployment
**безразличие**  indifference
**безразлично**  indifferently
   **Мне совершенно безразлично.**
   It's all the same to me.
**безумец**  madman
**безумие**  folly, insanity
   **любить до безумия**  to be madly in love
**безумно**  madly, terribly
   **быть безумно усталым**  to be terribly tired
   **любить безумно**  to love madly
*__безусловно__  undoubtedly, absolutely

**безуспешно**  unsuccessfully
**безыскусственный**  unaffected, simple
**бейсболист**  baseball player
**бейсбольный**  baseball (adj.)
**бекон**  bacon
**белка**  squirrel
**беллетрист**  fiction writer
**беллетристика**  fiction
**белокурый**  blond, fair-haired
   **белокурая женщина**  blonde (woman)
*__белый__  white
**бельё**  linen
   **нижнее бельё**  underwear
   **постельное бельё**  bedclothes
**бензин**  benzine, gasoline
**берег**  shore, coast, bank
**берёза**  birch tree
**беременная**  pregnant
**беречь (сберечь)**  to guard, save, take care of
   **беречь своё время**  to make the most of one's time
   **беречь своё здоровье**  to take care of one's health
   **беречь тайну**  to keep a secret
**бес**  demon, devil
**беседа**  conversation, talk
**беседовать**  to converse, talk
**бесконечно**  infinitely, endlessly
**бесконечность**  (f.) endlessness, eternity
**беспамятность**  (f.) forgetfulness
**беспамятство**  unconsciousness, frenzy
*__бесплатно__  free of charge, gratis
**бесподобный**  matchless, incomparable
*__беспокоить__  to worry, to disturb
**беспокоиться**  to be anxious, to worry about
   **Не беспокойтесь.**  Don't trouble yourself. Don't worry.
**беспокойный**  troubled, uneasy
**бесполезность**  (f.) uselessness
*__беспомощность__  helplessness
*__беспорядок__  disorder, confusion
**беспричинно**  without cause, without reason
**беспутный**  dissipated, dissolute

**бессерде́чность** (f.) heartlessness, callousness

**бесси́льный** feeble, weak, helpless

**бессме́ртный** immortal

**бессмы́сленно** senselessly, foolishly

**бессо́вестный** dishonest, unscrupulous

**бессты́дный** shameless

**беста́ктный** tactless

**бестселле́р** best-seller

**бесце́льный** aimless

**бесце́нный** priceless, invaluable, beloved

**бесче́стить (обесче́стить)** to disgrace, dishonor

**бесчу́вственный** unfeeling, insensible

  **бесчу́вственный челове́к** unfeeling person

  **находи́ться в бесчу́вственном состоя́нии** to be unconscious

**бе́шенство** fury, rage

  **довести́** (perf.) **до бе́шенства** to drive wild

**библиоте́ка** library

**Би́блия** Bible

**бизнесме́н** businessman

**бикарбона́т** bicarbonate

**биле́т** ticket

**биллио́н** billion

**бино́кль** binoculars

**бинт** bandage

**бинтова́ть (забинтова́ть)** to bandage

**\*биогра́фия** biography

**био́лог** biologist

**биоло́гия** biology

**биосвя́зь** ESP

**биохи́мик** biochemist

**биохи́мия** biochemistry

**биполя́рность** (f.) bipolarity

**би́ржа** stock exchange, stock market

**бирю́к** lone wolf, morose fellow

  **смотре́ть бирюко́м** to look sullen

**бис** encore

**бисульфа́т** bisulphate

**\*бить (поби́ть)** to beat, hit, struggle against

  **бить в цель** to hit the mark

  **бить в ладо́ши** to clap hands

  **бить ключо́м** to be in full swing

  **бить на эффе́кт** to strike for effect

  **бить трево́гу** to sound the alarm

**би́ться** to fight with, hit, strike, beat

  **би́ться над зада́чей** to struggle with a problem

  **как он ни би́лся** no matter how he tried

  **Се́рдце си́льно бьётся.** The heart is beating hard.

**\*бифште́кс** steak

  **бифште́кс натура́льный** regular steak

  **бифште́кс ру́бленый** chopped steak

**бла́го** blessing, good

  **Жела́ю вам всех благ.** I wish you every happiness.

**\*благодари́ть (поблагодари́ть)** to thank

**благода́рность** (f.) gratitude, thanks

**благода́рный** grateful

**благодаря́** thanks to (with dat.)

  **благодаря́ тому́, что** thanks to the fact that

**благоду́шие** good humor, placidity

**благонра́вие** good behavior

**\*благополу́чно** all right, well

  **Всё ко́нчилось благополу́чно.** Everything ended happily.

**благослове́ние** blessings

**благотвори́тель** (m.) philanthropist, benefactor

**блаже́нство** bliss, felicity

  **на верху́ блаже́нства** in perfect bliss

**бледне́ть (побледне́ть)** to grow pale

  **бледне́ть от стра́ха** to blanch with terror

**\*бле́дность** (f.) pallor, colorlessness

**блеск** luster, brilliance

**\*блесну́ть** (perf.) flash, make a brilliant display

  **Блесну́ла мо́лния.** Lightning flashed.

  **У меня́ блесну́ла мысль.** An idea flashed across my mind.

**Он лю́бит блесну́ть свои́м умо́м.**
He likes to show off his wit.

*блесте́ть shine, glitter, sparkle
**глаза́ блестя́т** eyes sparkle
**Он ниче́м не бле́щет.** He does
not shine in anything.

блестя́ще brilliantly
**Дела́ иду́т блестя́ще.** Things are
going excellently.

*близ near (prep. with gen.)

бли́зиться to draw near, to
approach

бли́зкий near, close, similar (to)
**бли́зкий ро́дственник** close
relative
**бли́зкий по ду́ху челове́к**
kindred spirit

*бли́зко (от) near

близнецы́ twins

*близору́кий nearsighted

бли́нчики pancakes

*блонди́н, блонди́нка blond or
fair-haired person (m., f.)

*блу́зка blouse

блю́до dish, course
**его́ люби́мое блю́до** his favorite
dish
**обе́д из трёх блюд** three-course
dinner

*Бог God
**не дай Бог** God forbid
**ра́ди бо́га** for God's sake

богате́ть (разбогате́ть) to grow
rich

бога́тство wealth
**есте́ственные бога́тства** natural
resources

*бога́тый rich, wealthy

*бо́дрый cheerful, brisk

боже́ственный divine

*бо́йкий smart, sharp, ready
**бо́йкий ум** ready wit

*бок side
**сбо́ку** from the side
**на боку́** sideways

*бо́лее more

боле́знь (f.) illness, disease

*боле́ть (заболе́ть) to ache, hurt
**У меня́ боли́т голова́.** I have a
headache.
**У него́ боля́т зу́бы.** His teeth
ache. He has a toothache.

боль (f.) pain, heartache
**душе́вная боль** mental suffering

*больни́ца hospital

*бо́льно painful
**Ему́ бо́льно.** He is in pain.
**ему́ бо́льно, что** it grieves him
that

больно́й sick
**больно́е воображе́ние** morbid
imagination
**больно́й вопро́с** sore subject

*бо́льше more
**бо́льше всего́** most of all
**бо́льше никогда́** never again
**Он бо́льше не живёт там.** He
doesn't live there anymore.

болта́ть to chatter, babble
**болта́ть глу́пости** to talk
nonsense

болту́н, болту́нья chatterbox
(m., f.)

*большинство́ majority

большо́й big
**Большо́е спаси́бо.** Thanks a lot.

бормота́ть (пробормота́ть) to
mutter, mumble

бо́рный boric
**бо́рная кислота́** boric acid

*борода́ beard

*боро́ться to fight, contend,
struggle
**боро́ться с сами́м собо́й** to
struggle with oneself

*борьба́ struggle, fight, wrestling

*босико́м barefooted

*бося́к hobo

*боти́нок boot

*боя́знь (f.) dread, fear

*боя́ться to fear
**Бою́сь сказа́ть.** I am afraid to say.
**Бою́сь, что он не придёт.** I am
afraid he won't come.
**Не бо́йся.** Don't worry. Don't be
afraid.

*брак marriage, wedlock; defective
goods

*брат brother
**двою́родный брат** first cousin

*брать (взять) to take
**брать взаймы́** to borrow
**брать на себя́ сме́лость** to take
the liberty

брать себя́ в ру́ки   to pull oneself
   together
бра́ться (взя́ться)   to undertake,
   begin
   бра́ться за чте́ние   to begin to
      read
   Он взя́лся за э́ту рабо́ту.   He
      undertook the work.
бред   delirium
бриллиа́нт   diamond
бри́тва   razor
бри́тый   clean-shaven
*бри́ться (побри́ться)   to shave
   (oneself)
бровь   (f.) eyebrow
броди́ть   to wander, roam, rove
   (only by foot)
бром   bromide
   бро́мистый ка́лий   potassium
      bromide
*броса́ть (бро́сить)   to throw, cast
   броса́ть взгля́д   to cast a look
   броса́ть ка́мни   to throw stones
   броса́ть кури́ть   to give up
      smoking
   броса́ть семью́   to desert one's
      family
броса́ться (бро́ситься)   to throw
   oneself, to dash
   броса́ться на по́мощь   to rush to
      help
   броса́ться на ше́ю кому́-нибу́дь
      to throw one's arms around
      someone's neck
брошю́ра   pamphlet
*брю́ки   trousers
*брюне́т, брюне́тка   dark-haired
   person, brunet, brunette
*бу́дет   that will do, that's enough
   Бу́дет тебе́ пла́кать!   Stop crying!
буди́льник   alarm clock
*буди́ть (разбуди́ть)   to awaken
*бу́дто   as if, as though, apparently
   Говоря́т, бу́дто он уе́хал.   It seems
      (they say) that he has gone away.
   У вас тако́й вид, бу́дто вы не
      по́няли.   You look as if you did
      not understand.
бу́дущее   (noun) the future
   в бу́дущем   in the future
бу́дущий   future
   на бу́дущей неде́ле   next week

*бу́ква   letter (of the alphabet)
буква́льно   literally, word for word
*бу́лка   roll (bread)
бульва́р   avenue, boulevard
*бума́га   document, paper
бума́жник   wallet
бума́жный   cotton, paper
   бума́жная мате́рия   cotton
      material
бу́рный   stormy
*бу́ря   tempest, bad storm
*бутербро́д   sandwich
*буты́лка   bottle
*быва́ть   to be sometimes
   быва́ет, что   it happens that
   Ве́чером он быва́ет до́ма.   He is
      at home in the evenings.
   Он когда́-то ча́сто быва́л у них.
      At one time he visited them
      often.
*бы́вший   former
   бы́вший президе́нт   former
      president
*бы́стро   rapidly
быстрота́   speed
бы́стрый   quick, rapid
бытовы́е отхо́ды   household refuse
*быть   to be
бюдже́т   budget

# В

*в   to, into—direction (with acc.) in,
   at—location (with prep.)
   в 1944 году́   in 1944
   в слу́чае, е́сли   if, in case
   в три часа́   at three o'clock
   в четве́рг   on Thursday
   в январе́   in January
   Я иду́ в го́род.   I am going to the
      city.
   Я живу́ в го́роде.   I live in the
      city.
*ваго́н   railway car
ва́жничать   to put on airs
ва́жно   importantly
   Ва́жно, что он пойдёт.   It is
      important that he go.
*ва́жный   important, pompous
ва́за   vase, bowl

9

*вака́нсия vacancy
вальс waltz
*ва́нна bath
  приня́ть ва́нну to take a bath
ва́нная bathroom
ва́режки mittens
варёный boiled, cooked
*варе́нье jam, preserves
вариа́ция variation
*вари́ть (свари́ть) boil, cook
вари́ться (свари́ться) to be cooking
*ваш, ва́ша, ва́ше, ва́ши your, yours
*вбира́ть to absorb
введе́ние introduction, preface
вводи́ть (ввести́) to introduce
  ввести́ зако́н в де́йствие to implement a law
  вводи́ть кого́-нибу́дь в заблужде́ние to lead someone astray
  вводи́ть мо́ду to introduce a fashion
*вдво́е double, twice
  вдво́е бо́льше twice as much
  вдво́е ме́ньше half as much
  Мы вдвоём пошли́. The two of us went.
вдова́ widow
вдове́ц widower
*вдоль along (prep. with gen.)
вдохнове́ние inspiration
*вдруг suddenly
вду́мчивость (f.) thoughtfulness
ведро́ (с му́сором) trash can
веду́щий leading, chief
  веду́щий (телепереда́чи) TV-show host, anchor
ведь but, indeed, of course
*ве́жливость (f.) politeness, courtesy
ве́жливый polite, courteous
*везде́ everywhere
*век century, epoch
  Век живи́, век учи́сь. Live and learn.
ве́ксель (m.) promissory note, bill of exchange
*вели́кий great, big
*великоду́шно generously, magnanimously
*великоле́пно splendidly, fine

*велосипе́д bicycle
*ве́на vein
вентиля́тор ventilator, fan
*венча́ть (повенча́ть) to marry (in church)
*ве́ра faith, belief
*верёвка rope, cord, string
ве́рить (пове́рить) to believe, trust
*ве́рно right, correctly
  ве́рно говори́ть to speak correctly
  ве́рно петь to sing on key
  соверше́нно ве́рно quite right
*верну́ть(ся) — see возвраща́ть(ся)
ве́рный correct, right, faithful
  ве́рный друг true friend
вероя́тность (f.) probability
  по всей вероя́тности in all probability
вертика́льно vertically
*верх top, head
  е́здить верхо́м to ride horseback
  одержа́ть (perf.) верх to gain the upper hand
верши́на top, summit
*вес weight, influence
  изли́шек ве́са overweight
  име́ть большо́й вес to be very influential
  приба́вить (perf.) в ве́се to put on weight
  уде́льный вес specific weight or gravity
весели́ться to enjoy oneself
*весёлый cheerful, gay
*весна́ spring
  весно́й in the spring
*вести́, води́ть (повести́) to lead, conduct
  вести́ войну́ to carry on a war
  вести́ дом to manage a household
  вести́ собра́ние to conduct a meeting
  Куда́ ведёт э́та доро́га? Where does this road lead?
  Он о́чень пло́хо ведёт себя́. He behaves badly.
*весь, вся, всё, все all, the whole
  во весь го́лос at the top of one's lungs
  всего́ хоро́шего all of the best
  всё же all the same

всё-таки́   nevertheless

весьма́   very, extremely

*ве́тер   wind, breeze

ве́тхий   decrepit, dilapidated

ве́тхое пла́тье   threadbare clothes

*ве́чер   evening, evening party

ве́чером   in the evening

*вечери́нка   evening party

*ве́чный   eternal, everlasting

*ве́шалка   clothes stand, hanger

*ве́шать (пове́сить)   to hang up

ве́шать го́лову   to hang one's head, be dejected

*вещь   (f.) thing

Вот э́то вещь!   That's something like it!

Это хоро́шая вещь.   That's a good thing.

взад и вперёд   to and fro

взаи́мно   mutually

взаи́мная по́мощь   mutual aid

взаперти́   locked up

жить взаперти́   to live in seclusion

взволно́ванно   with emotion, with agitation

*взгляд   look, stare, glance

бро́сить взгляд   to cast a glance

на мой взгляд   in my opinion

на пе́рвый взгляд   on first sight

*вздор   nonsense

вздох   deep breath, sigh

*вздыха́ть (вздохну́ть)   to breathe, heave a sigh, yearn for

*взро́слый   grown-up, adult

взрыв   explosion, outburst

взрыв сме́ха   outburst of laughter

*взять—see брать

*вид   appearance, view

вид из окна́   view from the window

име́йте в виду́   keep in mind, take notice (imperative)

У вас уста́лый вид.   You look tired.

видеомагнитофо́н   VCR

*ви́деть (уви́деть)   to see

ви́димо   apparently

*ви́дно   visible, clear

всем бы́ло ви́дно, что   it was clear to everyone that

визи́т   call, visit

прийти́ (perf.) с визи́том к кому́-нибу́дь   to pay someone a visit

*ви́лка   fork

электри́ческая ви́лка   electric plug

вина́   fault, guilt

Ва́ша вина́.   It's your fault.

свали́ть (perf.) вину́ на кого́-ли́бо   to put the blame on someone

ви́ндсерфинг   wind-surfing

*вино́   wine

*винова́тый   guilty

Я винова́т.   It's my fault.

виногра́д   grapes

*висе́ть   to hang, be suspended

Пальто́ виси́т в шкафу́.   The coat is hanging in the closet.

витри́на   display window

*ви́шня   cherry

вкла́дывать (вложи́ть)   to put in, insert

вкла́дывать в конве́рт   to enclose in an envelope

вкла́дывать всю ду́шу во что́-ли́бо   to put one's whole soul into something

*включа́ть (включи́ть)   to include, insert

включа́ть ра́дио   to switch on the radio

*вкус   taste

быть го́рьким на вкус   to taste bitter

одева́ться со вку́сом   to dress tastefully

челове́к со вку́сом   a man of taste

Это не по моему́ вку́су.   That's not to my taste.

вку́сный   tasty

владе́ть   to own, possess, control

владе́ть аудито́рией   to hold one's audience

владе́ть свое́й те́мой   to be master of one's subject

владе́ть собо́й   to control oneself

*власть   (f.) power, authority, rule

*влия́ние   influence, authority

влия́ть (повлия́ть)   to influence

влюблённый   in love

влюблённая па́ра   loving couple

*влюбля́ться (влюби́ться) to fall in love

вме́сте together

*вме́сто instead of (prep. with gen.)

вме́шиваться (вмеша́ться) to implicate, interfere

    вме́шиваться в чужи́е дела́ to meddle with other people's business

*внача́ле at first, in the beginning

*вне outside (prep. with genitive)

    вне зако́на illegal

    вне себя́ от ра́дости beside oneself with joy

    вне сомне́ния without a doubt

вне́шний outward, outer

    вне́шний вид outer appearance

    вне́шняя поли́тика foreign policy

вниз down, downward

    спуска́ться вниз to go down, descend

*внизу́ below

    Он внизу́. He is down below.

*внима́ние attention

    обрати́ть внима́ние to pay attention

внима́тельно carefully, attentively

*внук grandson

вну́тренний inner, internal

    вну́тренние боле́зни internal diseases

    вну́тренние причи́ны intrinsic causes

*внутри́ inside, within (prep. with gen.)

*во вре́мя during (prep. with gen.)

во́время on time

*во́все quite

    во́все не not at all

*вода́ water

    как с гу́ся вода́ like water off a duck's back

*води́ть, вести́ (повести́) to lead, conduct

*во́дка vodka

водоворо́т whirlpool

водоро́д hydrogen

возбужда́ть (возбуди́ть) to excite, arouse

    возбужда́ть аппети́т to stimulate the appetite

возбужда́ть наде́жды to raise hopes

возбуждённый excited

*возвраща́ть (верну́ть) to return, give back

возвраща́ться (верну́ться) to return, come back

*во́здух air

возду́шный airy

    возду́шные за́мки castles in the air

    возду́шный ша́рик balloon

*вози́ть, везти́ to carry, transport (by conveyance)

*возмо́жно possible, it may be likely

    возмо́жно скоре́е as soon as possible

    ско́лько возмо́жно as much as possible

возмо́жность (f.) possibility, opportunity

    материа́льные возмо́жности means (financial)

во́зраст age

    одного́ во́зраста of the same age

*война́ war

    «Война́ и мир» "War and Peace"

*войти́—see входи́ть

*вокза́л railway station

*вокру́г round, around (prep. with gen.)

    верте́ться вокру́г да о́коло to beat around the bush

*волна́ wave

волне́ние agitation, emotion

    быть в волне́нии to be agitated

    На о́зере волне́ние. The lake is rough.

*во́лосы hair

*во́льность (f.) liberty, freedom

    позволя́ть себе́ во́льности to take liberties

    поэти́ческая во́льность poetic license

вольфра́м tungsten

*во́ля will

    име́ть си́лу во́ли to have will power

    Он на во́ле. He is free (from captivity).

    по до́брой во́ле voluntarily

\*воображáть (вообразúть) to imagine, fancy

воображéние imagination

вообразúть—see воображáть

\*вообщé in general, altogether

вообщé говоря́ generally speaking

Он вообщé такóй. He is always like that.

\*вопрóс question

вопрóс жúзни и смéрти matter of life or death

Вопрóс не в э́том. That is not the question.

остáться (perf.) под вопрóсом to remain undecided

спóрный вопрóс moot point

\*ворóта gates

\*воротнúк collar

восемнáдцать eighteen

восемнáдцатый eighteenth

вóсемь eight

восклицáть (восклúкнуть) to exclaim

воскресéние resurrection

\*воскресéнье Sunday

воспитáние upbringing, training

воспúтывать (воспитáть) to bring up, educate, train

воспóльзоваться (perf.) to take advantage of, profit by

воспóльзоваться слýчаем to take advantage of the opportunity

воспоминáние recollection, reminiscence

Остáлось однó воспоминáние. All that is left is memory.

воспрещáть(ся) (воспретúть) to prohibit

вход воспрещáется no admittance

курúть воспрещáется no smoking

востóк east

востóрг delight, enthusiasm

быть в востóрге to be in raptures

\*восхитúтельный delightful, exquisite

восьмидеся́тый eightieth

восьмóй eighth

\*вот here is, here are

Вот как! Is that so!

вот почемý that's why

Вот примéр. Here is an example.

впервы́е for the first time, first

\*вперёд forward, in the future

платúть вперёд to pay in advance

Часы́ идýт вперёд. The clock is fast.

впередú in front, before

У негó ещё цéлая жизнь впередú. His whole life is before him.

\*впечатлéние impression, effect

вполгóлоса in an undertone, under one's breath

вполнé quite, fully

вполнé достáточно quite enough

вполнé заслужúть fully deserve

вполнé успокóенный fully reassured

впускáть (впустúть) to let in, admit

\*враг enemy, foe

\*врач physician, doctor

\*врéдно harmful, injurious

Емý врéдно курúть It's bad for him to smoke.

\*врéмя time

вóвремя on time

во все временá at all times

врéмя гóда season

Врéмя покáжет. Time will tell.

всё врéмя all the time

в скóром врéмени soon

за послéднее врéмя lately

всевозмóжный all kinds of, every possible sort

всевозмóжные срéдства every possible means

всегдá always

всерьёз seriously, in earnest

всё-таки all the same, nevertheless

вскáкивать (вскочúть) to jump onto, leap up

вскочúть нá ноги to jump to one's feet

вскипáть (вскипéть) to boil up

\*вслух aloud

\*вспоминáть (вспóмнить) to recollect, recall

вспóмнить—see вспоминáть

вспотéть—see потéть

вставáть (встать) to get up, rise

**Встал вопро́с.** The question arose.

**встать гру́дью за что́-нибудь** to stand up staunchly for something

**встать на но́ги** to become independent

**встать**—see **встава́ть**

*****встре́ча** meeting, reception

**при встре́че с ке́м-нибудь** on meeting someone

**оказа́ть раду́шную встре́чу** to give a hearty welcome to

**встре́тить(ся)**—see **встреча́ть(ся)**

**встреча́ться (встре́титься)** to meet

**встреча́ть госте́й** to welcome one's guests

**встреча́ть ла́сковое отноше́ние** to meet with kindness

**встреча́ться с затрудне́ниями** to meet with difficulties

*****вступа́ть (вступи́ть)** to enter, join

**вступа́ть в до́лжность** to assume office

**вступа́ть в спор** to enter into an argument

**вступа́ть в си́лу** to come into effect

**вступи́ть**—see **вступа́ть**

*****вся́кий** any, every

**во вся́кое вре́мя** at any time

**во вся́ком слу́чае** at any rate

**Вся́кое быва́ет.** Anything is possible.

**вся́кий раз** each time

**на вся́кий слу́чай** just in case

**вта́йне** in secret

**вта́лкивать (втолкну́ть)** to push, shove (into something)

**втолкну́ть**—see **вта́лкивать**

*****вто́рник** Tuesday

**во вто́рник** on Tuesday

**по вто́рникам** every Tuesday, on Tuesdays

*****второ́й** second

*****вход** entrance

**пла́та за вход** admission fee

*****входи́ть (войти́)** to enter, go or come in (on foot)

**войти́ в исто́рию** to go down in history

**входи́ть в долги́** to get into debt

**входи́ть в привы́чку** to become a habit

**входи́ть в соглаше́ние** to enter into an agreement

*****вчера́** yesterday

**иска́ть вчера́шнего дня** to run a wild-goose chase

**въезд** entrance, entry

**въезжа́ть (въе́хать)** to drive in, enter (by vehicle)

**въе́хать**—see **въезжа́ть**

*****вы** you (plural, or polite form)

*****выбира́ть (вы́брать)** to choose, select

**вы́брать**—see **выбира́ть**

**вы́бор** choice, selection

**У него́ нет вы́бора.** He has no choice.

*****выбра́сывать (вы́бросить)** to throw out, reject

**вы́бросить из головы́** to put out of one's head

**вы́бросить това́р на ры́нок** to throw goods on the market

**вы́годно** advantageously, it is profitable

**выдава́ть (вы́дать)** to distribute give out

**выделе́ние** isolation (chem.)

**вы́делить(ся)**—see **выделя́ть(ся)**

**выделя́ть(ся) (вы́делить(ся))** to single out, to isolate

**вы́держать**—see **выде́рживать**

**выде́рживать (вы́держать)** to sustain, endure

**вы́держать экза́мен** to pass an examination

**вы́держать хара́ктер** to stand firm

**Он не вы́держал и запла́кал.** He broke down and cried.

**Он не мог э́того бо́льше вы́держать.** He could not stand it any longer.

**вы́держка** self-control, endurance

**вы́думанный** made-up, invented

**выду́мывать (вы́думать)** to invent, fabricate

**вы́звать**—see **вызыва́ть**

**вызыва́ть (вы́звать)** to call, send for, challenge

**вы́звать на дуэ́ль**   to challenge to a duel

**вызыва́ть из ко́мнаты**   to call out of the room

**вы́звать любопы́тство**   to provoke curiosity

**вы́играть**—see **выи́грывать**

**выи́грывать (вы́играть)**   to win

**вы́играть де́ло**   to win one's case

**От э́того он то́лько вы́играет.**   He will only benefit from that.

**вы́йти**—see **выходи́ть**

**вы́кройка**   sewing pattern

**вылива́ть (вы́лить)**   to pour out, empty

**вы́лить** see **вылива́ть**

**вынима́ть (вы́нуть)**   to pull out, draw out

**вы́нуть**—see **вынима́ть**

**вы́нудить**—see **вынужда́ть**

**вынужда́ть (вы́нудить)**   to compel, make

**вынужда́ть призна́ние**   to force admission or recognition

**выпа́ривание**   evaporation, steaming

**вы́парить**—see **па́рить**

**вы́пить**—see **пить**

**выполне́ние**   fulfillment, realization

**вы́полнить**—see **выполня́ть**

***выполня́ть (вы́полнить)**   to carry out, fulfill

**выполня́ть жела́ния**   to fulfill wishes

**выполня́ть свои́ обя́занности**   to carry out one's duties

**вы́пуск**   graduating class

**выпускни́к**   senior (in high school), graduate

**выраба́тывать (вы́работать)**   to manufacture, work out

**вы́работать**—see **выраба́тывать**

***выража́ть(ся) (вы́разить(ся))**   to express (oneself), voice

**выража́ть слова́ми**   to put into words

**Мне тру́дно выража́ться по-ру́сски.**   It is difficult to express myself in Russian.

**мя́гко выража́ясь**   to put it mildly

**выраже́ние**   expression

**идиомати́ческое выраже́ние**   idiomatic expression

**Он знал по выраже́нию её лица́.**   He knew by her look.

**вы́разить(ся)**—see **выража́ть(ся)**

**выраста́ть (вы́расти)**   to grow up, increase

**выраста́ть на 20%**   to increase by 20%

**вы́расти**—see **выраста́ть**

**выска́кивать (вы́скочить)**   to jump out, leap out

**вы́скочить**—see **выска́кивать**

**высо́кий** (adj.) high, tall

**высо́кий челове́к**   tall fellow

**высо́кие це́ли**   lofty aims

***высоко́** (adv.) high

**высота́**   height

**вы́ставка**   exposition, display

**выстира́ть**—see **стира́ть**

**вы́стрел**   shot

**высу́шивать (вы́сушить)**   to dry

**вы́сушить**—see **высу́шивать**

***вы́сший**   highest

**вы́тереть**—see **вытира́ть**

**вытира́ть (вы́тереть)**   to wipe dry

**выу́чивать (вы́учить)**   to learn, teach

**вы́учить наизу́сть**   to learn by heart

**вы́учить**—see **выу́чивать**

***вы́ход**   exit, way out, coming out

**вы́ход на у́лицу**   exit to street

**по́сле вы́хода кни́ги**   after the book had appeared

**У него́ не́ было друго́го вы́хода.**   He had no other way out.

**выходи́ть (вы́йти)**   to go out (on foot)

**вы́йти из мо́ды**   to go out of fashion

**вы́йти в отста́вку**   to resign, retire

**вы́йти за́муж**   to get married (of women)

**выходи́ть и́з дому**   to go out of the house

**Из э́того ничего́ не вы́йдет.**   Nothing will come of it.

**Кни́га уже́ вы́шла.**   The book was already published.

**Окно́ выхо́дит в сад.**   The window faces the garden.

**выходно́й день**   day off
**вычита́ние** subtraction
**вяза́ть (связа́ть)** to knit, crochet, bind up
**вя́ло** limply, sluggishly

# Г

**гада́лка** fortune-teller
**га́дость** (f.) filth, muck
  **сде́лать** (perf.) **га́дость кому́-либо** to play a dirty trick on someone, double-cross
**газ** gas, gauze, gossamer
**газе́та** newspaper
**газоли́н** gasoline
**гала́нтный** gallant
**газо́н** lawn, grass
**га́йка** nut (screw)
**галере́я** gallery
**галло́н** gallon
**гало́ша** overshoes, rubbers (pl.)
**га́лстук** necktie
**гара́ж** garage
**гаранти́ровать** to guarantee
**гара́нтия** guarantee, security
**гардеро́б** wardrobe
**гармо́ния** harmony
**гармони́ст** accordion player
**гарни́р** garnish, vegetables served with main course
**гастроно́м** grocery store
*****где́** where–location
  **где́-то** somewhere
  **где́-нибудь** anywhere
**гениа́льность** (f.) genius, greatness
*****ге́ний** (noun, m.) genius
**геогра́фия** geography
**геоме́трия** geometry
*****геро́й** (noun, m.) hero
**ги́бкий** flexible, pliant
**ги́бнуть (поги́бнуть)** to perish
**гига́нтский** gigantic
  **дви́гаться гига́нтскими шага́ми** to progress at a great rate
**гипно́з** hypnosis
*****гита́ра** guitar
*****глава́** head, chief; chapter
  **глава́ прави́тельства** head of the government

  **стоя́ть во главе́** to be at the head of
*****гла́вный** main, chief
*****глаго́л** verb
*****гла́дить (погла́дить)** to iron, press, caress
**гла́дкий** smooth, even, sleek
  **гла́дкая доро́га** smooth road
  **гла́дкий материа́л** solid-color material
*****глаз** eye
*****глота́ть** to swallow, gulp
  **глота́ть слёзы** to choke down one's tears
**глото́к** one swallow, mouthful
*****глубо́кий** deep
  **занима́ться до глубо́кой но́чи** to work until late at night
  **глубо́кая печа́ль** deep sorrow
  **глубо́кая таре́лка** soup plate
**глубоко́** deeply, profoundly
*****глу́пость** (f.) foolishness
**глу́пый** foolish, stupid
*****глухо́й** deaf
  **глухо́й лес** dense forest
  **глуха́я ночь** still night
  **Он глух к мои́м про́сьбам.** He is deaf to my entreaties.
  **Он соверше́нно глух.** He is completely deaf.
**гляде́ть (погляде́ть)** to look at, gaze at
**гнев** anger, ire
**гнездо́** nest
**гнуть (согну́ть)** to bend, drive
  **гнуть спи́ну перед ке́м-либо** to kowtow to someone
  **Я ви́жу, куда́ он гнёт.** I see what he is driving at.
*****говори́ть (сказа́ть)** to say, tell
  **говори́ть по-ру́сски** to speak Russian
  **говоря́т** they say
  **Он говори́т, что он бо́лен.** He says he is ill.
  **Он сказа́л, что он бо́лен.** He said he is ill.
*****год** year
**годи́ться** to be fit for, serve
  **ни на что́ не годи́тся** not fit for anything

Он не годится в учителя. He is not suited to be a teacher.

**годовщина** anniversary

*голова head, mind

Мне пришла в голову мысль. A thought occurred to me.

потерять (perf.) голову to lose one's head

человек с головой a man with sense

*голод hunger

умирать с голоду to starve to death

голодный hungry

*голос voice

в один голос unanimously

право голоса the right to vote

голый naked, bald

голые ноги bare legs

спать на голом полу to sleep on the bare floor

гонять to drive, chase

*гора mountain

ходить по горам to climb mountains

*гораздо much, by far

гораздо лучше much better

гордый proud

*горе grief, misfortune

*гореть (сгореть) to burn, shine

гореть в жару to burn with fever

гореть желанием to burn with desire

дом горит. The house is burning.

горизонтально horizontally

*горло throat

во всё горло at the top of one's lungs

*город town, city

за город out of town (direction)

за городом out of town (location)

гороскоп horoscope

горошек peas

горчица mustard

*горький bitter

*горячий hot, passionate (objects or emotions)

горячее желание ardent wish

горячий кофе hot coffee

горячее сочувствие heartfelt sympathy

госпиталь (m.) hospital

господин Mr., sir

госпожа Mrs., lady

гостиная living room

гостиница hotel

*гость (m.) guest

У нас сегодня гости. We have company today.

ходить в гости to visit

государство state

*готовить (приготовить) to prepare, make ready, cook

готовить книгу к печати to prepare a book for the press

готовить урок to do a lesson

Она хорошо готовит. She is a good cook.

готовиться (приготовиться) to prepare oneself

готовый ready, prepared

готовое платье ready-made clothes

Обед готов. Dinner is ready.

Он готов на всё. He is ready to do anything.

градус degree

угол в 60 градусов angle of 60 degrees

Сегодня 10 градусов тепла. The temperature is 10 degrees above zero today.

гражданин, гражданка citizen (m., f.)

грамматика grammar

грамотность (f.) literacy

граница boundary, border

выйти из границ to overstep the limits

за границу abroad

грациозный gracefully

гребешок comb

*греть (согреть) to warm up, heat

греть суп to warm up the soup

*грех sin

грешный sinful

гриб mushroom

*гроза thunderstorm, tempest

грозный terrible, threatening

громадный enormous

громкий loud

*громко loudly

грубый rough, coarse

грубая материя coarse material

гру́бая оши́бка  flagrant error

гру́бый вкус  bad taste

гру́бое сло́во  rude word

\*грудь  (f.) breast, chest, bosom

гру́ппа  group

\*грусти́ть  to be sad, melancholy

гру́стный  sad, melancholy

У него́ гру́стное настрое́ние.  He is in low spirits.

гру́ша  pear

гря́зный  dirty, muddy

\*грязь  (f.) dirt, filth

\*губа́  lip

\*гуля́ть (погуля́ть)  to walk, take a stroll

гуманита́рный  humanitarian

\*густо́й  thick, dense

густы́е бро́ви  bushy eyebrows

густо́й лес  dense forest

густы́е сли́вки  heavy cream

густо́й тума́н  heavy fog

# Д

\*да  yes

да  and, but

да ещё  and what is more

он да я  he and I

Он охо́тно сде́лал бы э́то, да у него́ нет вре́мени.  He would gladly do it, but he has no time.

дава́й, дава́йте  let us (with inf.)

\*дава́ть (дать)  to give, allow

дава́ть своё согла́сие  to give one's consent

дать конце́рт  to give a concert

дать ме́сто  to make room for

Ему́ не да́ли говори́ть.  They didn't let him speak.

давле́ние  pressure

высо́кое давле́ние  high pressure

ока́зывать давле́ние  to put pressure on

под давле́нием  under pressure

\*давно́  long ago, for a long time

давны́м-давно́  long ago

Уже́ давно́ пора́ уходи́ть.  It is high time to go.

\*да́же  even

далёкий  distant, remote

далёкое про́шлое  remote past

Они́ далёкие друг дру́гу лю́ди.  They have little in common.

\*далеко́  far

далеко́ за по́лночь  long after midnight

Он далеко́ не дура́к.  He is far from being a fool.

\*дальнозо́ркий  farsighted

\*да́льше  farther

\*да́ма  lady

да́нные  data

дар  gift

дари́ть (подари́ть)  to give a present

\*да́ром  gratis, in vain

Ве́сь де́нь да́ром пропа́л.  The whole day has been wasted.

Он э́того и да́ром не возьмёт.  He wouldn't even have it as a gift.

\*дать—see дава́ть

\*да́ча  country house, summer cottage

е́хать на да́чу  to go to the country

на да́че  in the country

два, две  two

ка́ждые два дня  every other day

два́дцать  twenty

двадца́тый  twentieth

двена́дцать  twelve

двена́дцатый  twelfth

\*две́рь  (f.) door

поли́тика откры́тых двере́й  open-door policy

при закры́тых дверя́х  in private, closed hearing

две́сти  two hundred

дви́гатель  (m.) motor

\*дви́гат(ся) (дви́нуть(ся))  to move, set in motion

\*движе́ние  motion, movement, traffic

мно́го движе́ния на доро́ге  a lot of traffic on the road

Он ве́чно в движе́нии.  He is always on the move.

рабо́чее движе́ние  working class movement

дви́нуть(ся)—see дви́гать(ся)

дво́е  two (collective)

Их дво́е.  There are two of them.

**двойно́й**　double, twofold

**двою́родный брат, двою́родная сестра́**　first cousin (m., f.)

**двуспа́льная крова́ть**　double bed

*__де́вочка__　little girl

*__де́вушка__　young girl (unmarried)

**девяно́сто**　ninety

**девяно́стый**　ninetieth

**девятна́дцать**　nineteen

**девятна́дцатый**　nineteenth

**де́вять**　nine

**девятьсо́т**　nine hundred

**девя́тый**　ninth

*__де́душка__　(m.) grandfather

　**де́душка моро́з**　Santa Claus (Grandfather Frost)

**дежу́рить**　to be on duty

*__де́йствие__　action, act, effect

　**Де́йствие происхо́дит в Москве́.**　The action takes place in Moscow.

　**ока́зывать де́йствие**　to have an effect on

　**приводи́ть в де́йствие**　to put into action

　**пье́са в трёх де́йствиях**　play in three acts

*__действи́тельно__　really, actually

**де́йствовать (поде́йствовать)**　to act, operate, function

　**де́йствовать на не́рвы**　to get on one's nerves

　**Как де́йствовать да́льше?**　What is to be done next?

　**Лека́рство уже́ де́йствует.**　The medicine is already taking effect.

**дека́брь**　(m.) December

**декольте́**　low-necked (dress)

**де́лать (сде́лать)**　to do, make

　**де́лать вид, что́**　to pretend

　**де́лать визи́т**　to pay a visit

　**де́лать докла́д**　to make a report

　**де́лать кого́-либо счастли́вым**　to make someone happy

　**де́лать рабо́ту**　to do work

　**де́лать шля́пы**　to make hats

　**не́чего де́лать**　nothing to do

**де́латься (сде́латься)**　to become, grow

　**Там де́лаются стра́нные ве́щи.**　Strange things happen there.

　**Что с ним сде́лалось?**　What has happened to him?

**деле́ние**　division

**делика́тность**　(f.) gentleness, fact

*__дели́ть (раздели́ть)__　to divide

　**дели́ть попола́м**　to divide in half

　**раздели́ть два́дцать на пять**　to divide twenty by five

**дели́ться (раздели́ться)**　to divide (into), share

　**дели́ться впечатле́ниями**　to share impressions, compare notes

　**Она́ всём де́лится со мной.**　She shares everything with me.

　**Река́ де́лится на два рукава́.**　The river divides into two arms.

*__де́ло__　matter, business

　**В том-то и де́ло.**　That's the point.

　**В чем де́ло?**　What's the matter?

　**говори́ть по де́лу**　to speak about business

　**де́ло в том, что**　the fact is, that

　**де́ло ми́ра**　cause of peace

　**Как дела́?**　How are things?

　**на са́мом де́ле**　as a matter of fact

　**У меня́ мно́го дел.**　I have many things to do.

　**Это моё де́ло.**　That is my affair.

*__день__　(m.) day

　**в два часа́ дня**　at two o'clock in the afternoon

　**в оди́н прекра́сный день**　one fine day

　**день рожде́ния**　birthday

　**днём**　in the daytime

　**со дня на́ день**　from day to day

　**че́рез де́нь**　every other day

*__де́ньги__　(pl.) money

**дереве́нский**　village, country (adj.)

*__дере́вня__　village, country

　**в дере́вне**　in the country

*__де́рево__　tree

**деревя́нный**　wooden

*__держа́ть__　to hold, keep

　**держа́ть в ку́рсе собы́тий**　to inform about a current situation

　**держа́ть в та́йне**　to keep a secret

　**держа́ть кого́-нибудь за́ руку**　to hold someone by the hand

　**держа́ть пари́**　to make a bet

　**держа́ть сло́во**　to keep one's word

　**держа́ть экза́мен**　to take an exam

**держа́ться**　to hold on, stick to

держа́ться на нога́х  to keep on one's feet

держа́ться того́ взгля́да  to hold to the opinion

Держи́сь!  Hold steady!

Пу́говица де́ржится на ни́точке. The button is hanging by a thread.

дéрзкий  impudent, insolent, daring, fresh

дéрзость  (f.) impudence, insolence

десéрт  dessert

деся́тка  ten-ruble bill

дéсять  ten

деся́тый  tenth

*детáль  (f.) detail

детáльно  in detail

детекти́в  mystery (film, book); detective

*дéти  children

дéтский  child's, children's

детский городо́к  playground

детский сад  kindergarten

*дéтство  childhood

впада́ть в дéтство  to be in one's second childhood

с дéтства  from childhood

дефéкт  defect, blemish

*дёшево  cheaply

дёшево отдéлаться  to get off cheap

Это дёшево сто́ит.  It is worth little.

дешёвый  inexpensive

джентльме́н  gentleman

диа́гноз  diagnosis

диагона́льно  diagonally

диалéкт  dialect

дива́н  divan, sofa

дие́та  diet

соблюда́ть дие́ту  to be on a diet

ди́кий  wild, savage

дикто́вка  dictation

писа́тьподдикто́вку  to take dictation

ди́ктор  announcer

дисково́д для ги́бких ди́сков  floppy disk drive

*дире́ктор  director, manager

дирижёр  conductor of an orchestra

дирижи́ровать  to conduct an orchestra

дисбала́нс  imbalance

диску́ссия  discussion, debate

*дисципли́на  discipline

*длина́  length

дли́нный  long (distance)

*для  for, intended for (prep. with gen.)

дно  bottom

*до  as far as, until, up to, before (with genitive)

до сих пор  until this time

до свида́ния  goodbye

от ... до ...  from ... to ...

доба́вить—see добавля́ть

добавле́ние  addition, supplement

*добавля́ть (доба́вить)  to add to, supplement

*добро́  good

де́лать кому́-либо добро́  to be good to someone

Он жела́ет вам добра́.  He wishes you well.

*доброво́лец  volunteer

*доброво́льно  voluntarily, by one's own will

доброде́тель  (f.) virtue

*доброду́шный  good-natured

доброта́  kindness, goodness

*до́брый  good, kind

бу́дьте добры́  would you be so kind

всего́ до́брого  all the best

добрый ве́чер  good evening

добрый день  good afternoon

до́брое у́тро  good morning

*дове́рие  faith, confidence, trust

дове́рить—see доверя́ть

дове́рчивость  (f.) trustfulness

доверя́ть (дове́рить)  to entrust, commit

*дово́льно  enough, rather

Дово́льно!  Enough! That will do.

Он дово́льно хорошо́ говори́т. He speaks rather well.

дово́льный  satisfied, pleased with

*догада́ться—see дога́дываться

дога́дываться (догада́ться)  to guess, surmise

*догна́ть—see догоня́ть

договори́ться  (perf.) to come to an understanding

*догово́р  agreement, contract, treaty

догоня́ть (догна́ть)  to catch up, gain on

*доезжа́ть (дое́хать)  to get as far as, reach (by vehicle)

Он не дое́хал до го́рода.  He didn't reach the city.

дое́хать—see доезжа́ть

*дождеви́к  raincoat

*дождь (m.) rain

Дождь идёт.  It is raining.

до́за  dose

доказа́тельство  proof, evidence

дока́зать—see дока́зывать

*дока́зывать (доказа́ть)  to prove, show

счита́ть дока́занным  to take for granted

Это дока́зывает его́ вину́.  This proves his guilt.

*докла́д  lecture, paper, report

де́лать докла́д  to make a report, give a talk

до́ктор  doctor

документа́льный  documentary (film)

*долг  debt

брать в долг  to borrow

входи́ть в долги́  to get into debt

долг че́сти  debt of honor

плати́ть долг  to pay a debt

*до́лго  for a long time

*до́лжен, должна́, должно́, должны́  to owe, have to, be obliged to, must

должно́ быть  probably

Ско́лько мы вам должны́?  How much do we owe you?

Я должна́ написа́ть пи́сьма.  I must write letters.

до́ллар  dollar

*дом  house, home

до́ма  at home

Дом моде́лей  house of couture

домо́й  homeward (direction toward)

из до́му  out of the house

дополни́тельный  additional, supplementary

*доро́га  road, way

в доро́ге  on a trip

да́льняя доро́га  long journey

желе́зная доро́га  railroad

Нам с ва́ми по доро́ге.  We go the same way.

по доро́ге туда́  on the way there

до́рого  expensively

*дорого́й  dear, expensive

дорого́й мой  my dear

Она́ ему́ дорога́.  She is dear to him.

доса́да  vexation, annoyance

с доса́ды  out of vexation

доска́  board, blackboard

от доски́ до доски́  from cover to cover

*достава́ть (доста́ть)  to get, obtain, reach

доста́точно  enough

доста́ть—see достава́ть

достига́ть (дости́гнуть)  to reach, attain (with genitive)

достига́ть бе́рега  to reach land

достига́ть свое́й це́ли  to attain one's objectives

дости́гнуть—see достига́ть

*достиже́ние  achievement

досто́инство  dignity, value

моне́та ма́лого досто́инства  a coin of small denomination

чу́вство со́бственного досто́инства  self-respect

досто́йный  deserving, worthy

досу́г  leisure

на досу́ге  at leisure

до́сыта  to one's heart's content

нае́сться (perf.) до́сыта  to eat one's fill

*дохо́д  profit, return

*дочь (f.) daughter

драгоце́нность (f.) jewel, treasure

драгоце́нный  precious

*дра́ма  drama

*дра́ться (imp.) to fight

дрема́ть  to dose, drowse

дрова́ (pl.) firewood

*дрожа́ть (imp.) to quiver, shake

дрожа́ть за кого́-либо  to tremble for someone's safety

дрожа́ть от ра́дости  to thrill with joy

дрожа́ть от хо́лода  to shiver with cold

*друг  friend

друг дру́га   each other
друг дру́гу   to each other
друг о дру́ге   about each other
*друго́й   other, another, different
други́ми слова́ми   in other words
и тот и друго́й   both
оди́н за други́м   one after another
**Он мне каза́лся други́м.**   He
  seemed different to me.
с друго́й стороны́   on the other
  hand
*дру́жба   friendship
дру́жеский   friendly
по-дру́жески   in a friendly way
*ду́мать (поду́мать)   to think,
  believe
дура́к   fool
ду́рно   badly
дурно́й   evil, ill
*дуть   (imp.) to blow
**Ве́тер ду́ет.**   It's windy.
**Здесь   сквозня́к.**   There's a draft here.
*дух   spirit, courage
быть не в ду́хе   to be out of
  spirits
злой дух   evil spirit
не в моём ду́хе   not to my taste
па́дать ду́хом   to lose courage
духи́   perfume, scent
духо́вка   oven
духо́вный   spiritual
духо́вная жизнь   spiritual life
душ   shower
*душа́   soul
в глубине́ души́   at heart
всей душо́й   with all one's heart
  and soul
говори́ть с душо́й   to speak with
  feeling
ско́лько душе́ уго́дно   to one's
  heart's content
ду́шно   stuffy
дуэ́т   duet
*дым   smoke
**Нет ды́ма без огня́.**   Where
  there's smoke there's fire.
ды́ня   melon
дыра́, ды́рка   hole
дыха́ние   breathing
*дыша́ть   (imp.) to breathe
*дю́жина   dozen
*дя́дя   (m.) uncle

# Е Ё

европе́йский   European
*его́, её, его́   his, hers, its
*еда́   food
во вре́мя еды́   while eating
*едва́   hardly, just
**Он едва́ на́чал говори́ть.**   He had
  just begun to speak.
**Он едва́ не упа́л.**   He nearly fell.
**Он едва́ подня́л э́то.**   He could
  hardly lift it.
единообра́зие   uniformity
еди́нственно   only
еди́нственно возмо́жный спо́соб
  the only possible way
*еди́нственный   only, sole
ежего́дно   annually
ежедне́вно   daily
*е́здить, е́хать   (imp.) to go (ride,
  travel)
ёлка   fir tree, Christmas tree
ёлочный база́р   Christmas tree
  market
ерунда́   nonsense!
*е́сли   if
*есте́ственный   natural
*есть (съесть)   to eat
**Я хочу́ есть.**   I want to eat.
*есть   to be (present tense), is, are
е́хать—see е́здить
*ещё   more, still, yet
**Ещё бы!**   And how!
ещё по стака́нчику   another glass
  each
ещё раз   once again
**Он ещё не ел.**   He hasn't eaten yet.
**Он пока́ ещё оста́нется здесь.**
  He'll stay here for the time being.
**Хоти́те ещё ко́фе?**   Would you
  like more coffee?
**Что ещё?**   What else?

# Ж

жа́дный   greedy
жа́жда   thirst, craving
возбужда́ть жа́жду   to make
  thirsty

жа́жда зна́ний  thirst for knowledge

*жале́ть (пожале́ть)  to regret, be sorry

жа́лкий  pitiful, wretched

жа́лоба  complaint

жа́лованье  salary

*жа́ловаться (пожа́ловаться)  to complain

жа́лость (f.)  pity

*жаль  It is a pity.

Ему́ жаль куска́ хле́ба.  He grudges a bit of bread.

Как жаль!  What a shame!

Очень жаль.  It's a great pity.

жар  heat, fever

говори́ть с жа́ром  to speak with fervor

У него́ жар.  He has a fever.

жара́  heat

жа́реный  fried

жа́рить(ся)  to fry

*жа́ркий  hot, ardent

жа́ркий кли́мат  hot climate

жа́ркий спор  heated discussion

*жа́рко  hot (of weather or room temperature)

жарко́е  roast meat, pot roast

*ждать (подожда́ть)  to wait

Вре́мя не ждёт.  There's no time to be lost.

Она́ его́ ждёт.  She is waiting for him.

жела́ние  desire, wish

*жела́ть (пожела́ть)  to wish, covet

железа́  gland

*желе́зный  ferrous

желе́зная доро́га  railroad

желе́зная дисципли́на  iron discipline

желе́зо  iron

желто́к  egg yolk

жёлтый  yellow

желу́док  stomach

жёмчуг  pearl

*жена́  wife

жена́тый  married (of men)

*жени́ться (пожени́ться)  to marry (of men)

же́нский  feminine, womanish

*же́нщина  woman

же́ртва  sacrifice, victim

жест  gesture

жесто́кий  cruel, brutal

жесто́кость  (f.) cruelty

жечь (сжечь)  to burn (down, up)

жи́во  vividly, with animation

*живо́й  live, animated, vivacious

жив и здоро́в  safe and sound

живо́й ум  lively wit

живо́й язы́к  living language

живы́е кра́ски  vivid colors

живы́е цветы́  natural flowers

жи́вопись  (f.) painting

живо́тное  (noun) animal

жи́дкий  liquid, fluid (adj.)

жи́дкость  (f.) liquid, fluid

жи́зненность  (f.) vitality

*жизнь  (f.) life

борьба́ за жизнь  struggle for existence

вопро́с жи́зни и сме́рти  matter of life or death

о́браз жи́зни  way of life

проводи́ть что́-либо в жизнь  to put something into practice

*жили́ще  dwelling, living quarters

жир  fat, grease

*жи́рный  fat, greasy, rich

жи́рная земля́  rich soil

жи́рное пятно́  grease spot

жи́тель  inhabitant, resident

*жить  to live

жре́бий  fate, destiny, lot

Жре́бий пал на него́.  The lot fell to him.

тяну́ть жре́бий  to draw lots

жу́лик  rogue, swindler

журна́л  periodical, magazine

журнали́ст  journalist

## З

*за  for, behind, beyond—direction (with acc.) behind, beyond, after; for—location (with instrumental)

бежа́ть за ке́м-либо  to run after someone

боро́ться за свобо́ду  to fight for freedom

быть за мир  to be for peace

день за днём  day after day

**За вáше здорóвье**   To your health (toast)

**за обéдом**   during dinner

**за послéднее врéмя**   recently

**Кóшка былá за шкáфом.**   The cat was behind the bureau.

**купи́ть за дéсять рублéй**   to buy for ten rubles

**Онá пошлá за ýгол.**   She went around the corner.

**Онá сиди́т за столóм.**   She is sitting at the table.

**Он счáстлив за неё.**   He is happy for her sake.

**Он уéхал зá город.**   He went out of town.

**Они́ живýт зá городом.**   They live out of town.

**послáть** (perf.) **за дóктором**   to send for the doctor

**сади́ться за стол**   to sit down at the table

**забáва**   amusement

**забáвный**   amusing, funny

**забастóвка**   strike

*****заблуди́ться**   to get lost, lose oneself

**заблуждáться**   to err, be mistaken

*****заболéть**   (perf.) to fall ill

**забóта**   anxiety, trouble

*****забывáть (забы́ть)**   to forget

**забы́ть**—see **забывáть**

**завéдовать**   to manage, to head

**Он завéдует шкóлой.**   He heads the school.

**зави́довать (позави́довать)**   to envy

**Я не зави́дую вам.**   I don't envy you.

**зави́сеть**   to depend (on)

**Это зави́сит от обстоя́тельств.**   It depends on circumstances.

**зави́симость** (f.)   dependence

**зави́стливый**   envious

**зáвисть** (f.)   envy

**завлекáть (завлéчь)**   to entice, seduce

**завлéчь**—see **завлекáть**

*****завóд**   plant, works, factory

*****зáвтра**   tomorrow

*****зáвтрак**   breakfast

**на зáвтрак**   for breakfast

**зáвтракать (позáвтракать)**   to have breakfast

*****завяза́—see **завя́зывать**

**завя́зывать (завяза́ть)**   to tie up, knot.

*****загáдка**   riddle

**загáр**   suntan, sunburn

**зáговор**   plot, conspiracy

**заговори́ть**   to start to talk

**загорáть**   to sunbathe

**загорéть**   (perf.) to get a tan

*****заграни́ца**   foreign countries

**загрязнéние окружáющей среды́**   pollution of the environment

*****задавáть (задáть)**   to give, set

**задавáть вопрóс**   to ask a question

**задавáть тон**   to set the fashion

**задáть**—see **задавáть**

**задáние**   task, mission

*****задáча**   problem

**задержáть**—see **задéрживать**

**задéрживать (задержáть)**   to detain, delay

**Егó задержáли.**   He was delayed.

**задержáть дыхáние**   to hold one's breath

**задержáть уплáту**   to hold back payment

*****зáдний**   back, hind

**задóлго**   long in advance

**задýмчивость** (f.)   pensiveness

**задýматься**   (perf.) to become thoughtful

**зажéчь**—see **зажигáть**

**заживáть (зажи́ть)**   to heal

*****зажигáть (зажéчь)**   to light, set fire to

**зажигáлка**   cigarette lighter

**зажи́ть**—see **заживáть**

**заинтересовáться**   (perf.) to become interested in

**зайти́**—see **заходи́ть**

*****закáз**   order

*****закáзывать (заказáть)**   to order something to be made or done

**заказáть**—see **закáзывать**

*****закáт**   sunset

**закипáть (закипéть)**   to begin to boil

**закипéть**—see **закипáть**

**заключа́ть (заключи́ть)** to conclude, infer
  **заключа́ть догово́р** to conclude a treaty
  **заключа́ть речь** to finish a speech
  **из ва́ших слов я заключа́ю** from what you say I can conclude
  **Из чего́ вы заключа́ете?** What makes you think that?
**заключа́ться** to consist of
  **тру́дность заключа́ется в том, что** the difficulty lies in the fact that
**заключе́ние** conclusion, inference
**заключи́ть**—see **заключа́ть**
*\*зако́н** ruling, law
  **вне зако́на** unlawful
  **Её сло́во для него́ зако́н.** Her word is law with him.
  **по зако́ну** according to law
**зако́нный** legal, legitimate
**закружи́ть** (perf.) to turn, send whirling
  **закружи́ть кому́-либо го́лову** to turn someone's head
**закружи́ться**—see **кружи́ться**
*\*закрыва́ть (закры́ть)** to shut, close
  **закры́ть лицо́ рука́ми** to cover one's face with one's hands
  **закры́ть на ключ** to lock
  **закры́ть собра́ние** to close the meeting
  **закры́ть шко́лу** to close down the school
**закры́ть**—see **закрыва́ть**
**закры́тый** closed
**заку́пка** purchase
  **де́лать заку́пки** to buy supplies
**закури́ть** to light up a cigarette or pipe
**заку́сывать (закуси́ть)** to have a bite to eat
**закуси́ть**—see **заку́сывать**
**зал** hall, reception room
**зама́нчивый** tempting, alluring
*\*заме́на** replacement, substitution
**замени́ть**—see **заменя́ть**
*\*заменя́ть (замени́ть)** to substitute
  **замени́ть мета́лл де́ревом** to substitute wood for metal

**Не́кому его́ замени́ть.** There is no one to take his place.
*\*замерза́ть (замёрзнуть)** to freeze
  **Река́ замёрзла.** The river has frozen up.
**замёрзнуть**—see **замерза́ть**
*\*замести́тель** (m.) substitute
**замести́ть**—see **замеща́ть**
**заме́тить**—see **замеча́ть**
*\*заме́тно** noticeably, it is noticeable
  **Заме́тно, как он постаре́л.** It is noticeable how he has aged.
  **Он заме́тно постаре́л.** He looks much older.
*\*замеча́ние** remark, observation, reproof
  **сде́лать замеча́ние** to reprove
*\*замеча́тельно** remarkable, out of the ordinary
**замеча́тельный** remarkable
**замеча́ть (заме́тить)** to notice, observe
**замеща́ть (замести́ть)** to act as substitute for
**замо́к** lock
  **запере́ть на замо́к** to lock up
*\*замолча́ть** (perf.) to become silent
*\*замо́лкнуть** (perf.) to become silent
**заморо́женный** frozen
  **заморо́женные проду́кты** frozen foods
*\*за́муж** married (of women)
  **быть за́мужем за ке́м-либо** to be married to someone
  **вы́ти** (perf.) **за́муж за кого́-либо** to get married to someone
  **за́мужем** to be married
**за́навес** curtain
*\*занима́ть (заня́ть)** to occupy, take up, borrow
  **Его́ занима́ет вопро́с.** He is preoccupied with the question.
  **занима́ть до́лжность** to fill a position
  **занима́ть кварти́ру** to occupy an apartment
  **занима́ть мно́го ме́ста** to take up a lot of room
  **занима́ть пе́рвое ме́сто** to take first place

*занима́ться (заня́ться)  to be occupied with, to study

занима́ться спо́ртом  to go in for sports

занима́ться хозя́йством  to be occupied with one's household duties

Она́ занима́ется.  She is studying.

*заня́тие  occupation, employment

за́нятый  busy

заня́ть(ся) — see занима́ть(ся)

заостри́ть — see заостря́ть

заостря́ть (заостри́ть)  to sharpen, emphasize

заостри́ть каранда́ш  to sharpen a pencil

заостря́ть противоре́чия  to emphasize the contradictions

за́пад  west

за́падный  western

*запа́с  fund, supply

большо́й запа́с слов  large vocabulary

быть в запа́се  to be in the military reserve

проверя́ть запа́с  to take stock

*за́пах  smell, odor

запере́ть — see запира́ть

*запира́ть (запере́ть)  to lock

*запи́ска  note

запи́ски  notes, memoirs

запи́сывать(ся) (записа́ть(ся))  to write down, record; to sign up

записа́ться в кружо́к  to join a club

записа́ться к врачу́  to make an appointment with the doctor

запи́сывать на плёнку/пласти́нку  to record

запи́сывать ле́кцию  to take notes on a lecture

записа́ть(ся) — see запи́сывать(ся)

запла́кать  (perf. of пла́кать) to burst into tears, begin to cry

заплати́ть — see плати́ть

заполня́ть (запо́лнить)  to fill in, occupy

заполня́ть анке́ту  to fill in a questionnaire

заполня́ть вре́мя  to occupy time

запо́лнить — see заполня́ть

запомина́ть (запо́мнить)  to memorize

запо́мнить — see запомина́ть

запрети́ть — see запреща́ть

*запреща́ть (запрети́ть)  to forbid, prohibit

запреща́ется  it is forbidden

запу́тать — see пу́тать

*зараба́тывать (зарабо́тать)  to earn

зараба́тывать мно́го де́нег  to earn a lot of money

зарабо́тать — see зараба́тывать

*зара́нее  beforehand

заре́зать  to stab to death

зарубе́жный  foreign

заря́  daybreak, dawn

заслу́живать (заслужи́ть)  to deserve, merit

заслужи́ть чьё-либо дове́рие  to earn someone's confidence

заслужи́ть — see заслу́живать

засмея́ться  (perf.) to burst out laughing

заста́вить — see заставля́ть

*заставля́ть (заста́вить)  to force, compel

Он заста́вил его́ замолча́ть.  He silenced him.

Он заста́вил нас ждать.  He made us wait.

засте́нчивость  (f.) shyness, bashfulness

засте́нчивый  shy, bashful

засчита́ть — see засчи́тывать

засчи́тывать (засчита́ть)  to take into consideration

*засыпа́ть (засну́ть)  to fall asleep

*зате́м  thereupon, subsequently

зате́рянный  lost

*зато́  on the other hand

*затрудне́ние  difficulty, embarrassment

вы́йти (perf.) из затрудне́ния  to get out of difficulty

де́нежное затрудне́ние  financial difficulty

заходи́ть (зайти́)  to call on, drop in, stop in on the way

26

**захоте́ть**  to begin wanting something, suddenly want to, get a desire to

**захоте́ться**—see **хоте́ться**

\***зачём**  why, wherefore, what for

**зачёркивать (зачеркну́ть)**  to cross out

**зашто́пать**—see **што́пать**

**защити́ть**—see **защища́ть**

\***защища́ть (защити́ть)**  to defend, protect

**защища́ть диссерта́цию**  to defend one's thesis

\***звать** (imp.) to call

**Как вас зову́т?**  What is your name?

**звать на по́мощь**  to cry for help

\***звезда́**  star

**звезда́ пе́рвой величины́**  star of the first magnitude

**звезда́ экра́на**  film star

**па́дающие звёзды**  falling stars

**звёздочка**  asterisk, little star

\***зверь** (m.)  wild animal, beast

**звон**  peal, ringing

**звон в уша́х**  ringing in the ears

\***звони́ть (позвони́ть)**  to ring

**Вы не туда́ звони́те.**  You've got the wrong number.

**звони́ть по телефо́ну**  to telephone

**зво́нкий**  ringing, clear

\***звоно́к**  ring

**Я жду ва́шего звонка́.**  I am waiting for your phone call.

\***звук**  sound

**гла́сный звук**  vowel

**не издава́ть ни зву́ка**  to never utter a sound

**пусто́й звук**  merely a name

**согла́сный звук**  consonant

**зву́чно**  loudly, sonorously

**зда́ние**  building

**здесь**  here

**зде́шний**  of this place, local

**Он не зде́шний.**  He is a stranger here.

**здоро́ваться (поздоро́ваться)**  to greet, to say, "Hello"

**здо́рово**  well done! magnificently

**Мы здо́рово порабо́тали.**  We have done good work.

**здоро́вый**  healthy, strong

**здоро́вый кли́мат**  healthful climate

**здоро́вая пи́ща**  wholesome food

**Он здоро́вый ма́льчик.**  He's a healthy youngster.

\***здоро́вье**  health

**пить за здоро́вье кого́-либо**  to drink to someone's health

\***здра́вствуйте**  hello, how do you do

**зева́ть (зевну́ть)**  to yawn

**зевну́ть**—see **зева́ть**

**зелёный**  green

**зе́лень** (f.)  greens, vegetables

\***земля́**  earth, land, soil

\***зе́ркало**  mirror

\***зерно́**  grain, seed, kernel

\***зима́**  winter

**зимо́й**  in the winter

**Ско́лько лет, ско́лько зим!**  I haven't seen you in ages!

**зли́ться**  to be in a bad temper, to be angry

**зло**  evil, harm

**злой**  wicked, vicious, angry

**змея́**  snake, serpent

**знак**  sign, symbol

**вопроси́тельный знак**  question mark

**дать знак**  to give a signal

**де́нежный знак**  bank note

**знак ра́венства**  sign of equality

\***знако́миться (познако́миться)**  to become acquainted with

**знако́мый**  (noun or adj.) acquaintance or familiar

**Он мой знако́мый.**  He is an acquaintance of mine.

**У него́ знако́мое лицо́.**  He has a familiar face.

**знамени́тый**  famous

**зна́ние**  knowledge

**знато́к**  expert

\***знать**  to know

**дава́ть себя́ знать**  to make itself felt

**дать** (perf.) **знать кому́-либо**  to let someone know

**знать в лицо́**  to know by sight

**наско́лько я зна́ю**  as far as I know

не знать поко́я  to know no rest
значе́ние  significance, meaning
  име́ть ва́жное значе́ние  to have
  particular importance
значи́тельно  considerably,
  significantly
зна́чить  to mean, signify
  Что э́то зна́чит?  What does that
  mean?
зо́лото  gold
золото́й  golden, gilded
зо́нтик  umbrella
зре́ние  sight
  по́ле зре́ния  field of vision
  сла́бое зре́ние  weak eyesight
  то́чка зре́ния  point of view
*зуб  tooth
зубно́й  dental
  зубно́й врач  dentist

# И Й

*и  and, also
  и . . . и . . .  both . . . and . . .
  и так да́лее  and so forth
иго́лка  needle
  сиде́ть как на иго́лках  to be on
  pins and needles
иглотерапи́я  acupuncture
*игра́  game, acting performance
  аза́ртная игра́  game of chance
  за игро́й  at play
  игра́ приро́ды  freak of nature
*игра́ть (сыгра́ть)  to play, perform
  игра́ть в ка́рты, в мяч  to play
  cards, play ball
  игра́ть на роя́ле, на скри́пке  to
  play the piano, the violin
  игра́ть роль  to play a part
  Э́то не игра́ет ро́ли.  It is of no
  importance.
*игру́шка  toy
идеалисти́ческий  idealistic
идеа́льный  perfect, ideal
иде́йный  lofty, high-principled
*иде́я  idea, conception
  гениа́льная иде́я  brilliant idea
  иде́я рома́на  theme of a novel
  навя́зчивая иде́я  fixed idea
*идти́, ходи́ть  to go, walk

Вот он идёт.  Here he comes.
Де́ло хорошо́ идёт.  Business is
  going well.
Дождь идёт.  It is raining.
идти́ как по ма́слу  to go
  swimmingly
идти́ пешко́м  to go by foot
Иду́т перегово́ры.  Negotiations
  are going on.
Лес идёт до реки́.  The forest goes
  as far as the river.
О чём идёт речь?  What are you
  talking about?
По́езд идёт в пять.  The train
  leaves at five o'clock.
Фильм идёт.  A movie is playing.
Э́тот цвет вам идёт.  That color
  becomes you.
*из  from, out of (with gen.)
из-за  because of, from behind
из-под  from under
из стра́ха  out of fear
лу́чший из всех  best of all
оди́н из его́ друзе́й  one of his
  friends
пить из стака́на  to drink from a
  glass
приезжа́ть из Москвы́  to arrive
  from Moscow
сде́лано из де́рева  made of wood
изба́вить—see избавля́ть
избавля́ть (изба́вить)  to save,
  deliver from
  изба́ви Бог!  God forbid!
  избавля́ть от сме́рти  to save
  from death
  Изба́вьте меня́ от ва́ших замеча́-
  ний.  Spare me your remarks.
избало́ванный  spoiled (child)
избега́ть (избе́гнуть)  to avoid,
  shun
избе́гнуть—see избега́ть
избра́ние  election
и́збранный  selected
изве́стие  news, information
изве́стно  it is known
  ему́ изве́стно  he is aware
  наско́лько мне изве́стно  as far
  as I know
изве́стность  (f.) reputation, fame
изве́стный  well-known, famous
извине́ние  apology

**извини́ть(ся)**—see **извиня́ть(ся)**

*__извиня́ть(ся)__ (**извини́ть(ся)**) to forgive, pardon (apologize)

  **Она́ извини́лась.** She apologized.

**издава́ть (изда́ть)** to publish

**и́здали** from far away

**изда́ние** publication, edition

**изда́ть**—see **издава́ть**

**издёрганный** harried, worried, run-down

**изжо́га** heartburn

*__из-за__ from behind, because of

  **встать из-за стола́** to get up from the table

  **из-за до́ма** from behind the house

  **Из-за ле́ни она́ не ко́нчила рабо́ту.** Out of laziness she didn't finish her work.

**излече́ние** recovery, cure

**излечи́ть (излечи́ть)** to cure

**излечи́ть**—see **излечивать**

**изли́шек** surplus, excess

**изли́шество** overindulgence

**изло́манный** broken

**измене́ние** change, alteration

**измени́ть**—see **изменя́ть**

**изменя́ть (измени́ть)** to change, alter, betray

**изнаси́ловать**—see **наси́ловать**

**изобража́ть (изобрази́ть)** to depict, portray, imitate

**изобрази́ть**—see **изобража́ть**

**изоли́рованный** isolated

**и́зредка** now and then, seldom

**изуми́тельный** amazing, wonderful

**изумле́ние** amazement, consternation

**изуча́ть (изучи́ть)** to study, learn

**изучи́ть**—see **изуча́ть**

**изю́м** raisins

**изя́щный** refined, elegant, graceful

**ико́на** icon, sacred image

**икра́** roe, caviar

**икс-лучи́** X-rays

*__и́ли__ or

  **и́ли . . . и́ли . . .** either . . . or . . .

**иллю́зия** illusion

**иллюстра́тор** illustrator

**имби́рь** (m.) ginger

**име́ние** estate

**и́менно** namely, exactly, just

**Вот и́менно!** Exactly!

**Вот и́менно э́то он и говори́л.** That's exactly what he was saying.

**и́менно потому́** just because

*__име́ть__ to have, bear (in mind)

  **име́йте в виду́, что** keep in mind that

  **име́ть большо́е значе́ние** to matter very much

  **име́ть бу́дущность** to have a future

  **име́ть возмо́жность** to be a possibility

  **име́ть де́ло с кем-либо** to deal with someone

  **име́ть успе́х** to be a success

**и́мидж** image

**иму́щество** property, belongings

*__и́мя__ name

  **и́мя прилага́тельное** adjective

  **и́мя существи́тельное** noun

  **челове́к с и́менем** a well-known man

*__и́наче__ differently, otherwise

**инде́йка** turkey

**индивидуали́ст** individualist

**индивидуа́льность** (f.) individuality

**инжене́р** engineer

**инжи́р** fig

**инициати́ва** initiative

*__иногда́__ sometimes

**ино́й** different, other

  **ины́ми слова́ми** in other words

  **не кто ино́й, как** no other than

  **тот и́ли ино́й** one or another

**инопланетя́нин** alien (n.)

**иностра́нец** foreigner

**институ́т** institute

**инстру́ктор** instructor

**инструме́нт** instrument

**интеллиге́нтный** cultured, educated

**интервью́** interview

**интере́с** interest

**интере́сный** interesting, attractive

  **Она́ о́чень интере́сная же́нщина.** She is a very attractive woman.

**интересова́ться (заинтересова́ться)** to be interested in

**инти́мность** (f.) intimacy

**иро́ния** irony

*иска́ть  to seek, search
исключа́ть (исключи́ть)  to exclude, eliminate
исключе́ние  exception
исключи́тельно  exceptionally
исключи́ть — see исключа́ть
ископа́емое  fossil, mineral
и́скра  spark
и́скренний  sincere, frank, unaffected
искуси́тель  (m.) tempter
искуси́ть — see искуша́ть
иску́сственный  artificial
иску́сство  art, skill
искуша́ть (искуси́ть)  to tempt, seduce
искуше́ние  temptation
испа́нец, испа́нка  Spaniard (m., f.)
испа́нский  Spanish
испари́ться  (perf.) to evaporate
испе́чь — see печь
и́споведь  (f.) confession
исполне́ние  fulfillment, execution
исполни́тель  performer
испо́лнить — see исполня́ть
исполня́ть (испо́лнить)  to carry out, fulfill, to perform
испо́ртить(ся) — see по́ртить(ся)
испо́рченный  spoiled, rotten
испра́вить(ся) — see исправля́ть(ся)
исправля́ть(ся) (испра́вить(ся))  to correct, repair, improve
*испу́г  fright, scare
испуга́ть(ся) — see пуга́ть(ся)
иссле́дование  investigation, research
иссле́довать  (imp., perf.) to investigate, explore
и́стина  truth
и́стинно  truly
истори́ческий  historical
*исто́рия  history, story, tale
истра́тить — see тра́тить
исчеза́ть (исче́знуть)  to disappear, vanish
исче́знуть — see исчеза́ть
италья́нец, италья́нка  Italian (m., f.)
италья́нский  Italian (adj.)
и т. п. (и тому́ подо́бное)  and the like, etc.

*их  their, theirs, them (gen. and acc. of они́)
ию́ль  (m.) July
ию́нь  (m.) June

# K

к  to, toward, for (with dat.)
  заходи́ть к кому́-либо  to call on someone
  к ва́шим услу́гам  at your service
  к сожале́нию  unfortunately
  к сча́стью  fortunately
  к тому́ же  moreover
  Он добр к ней.  He is kind to her.
  он нашёл к свое́й ра́дости, что  he found to his joy that
  Э́то ни к чему́.  It's of no use.
кабине́т  study, consulting room
каблу́к  heel
  быть у кого́-либо под каблуко́м  to be under someone's thumb
кавале́р  partner, admirer
кавы́чки  quotation marks
*каза́ться (показа́ться)  to seem, appear
  Ка́жется, бу́дет дождь.  It looks like rain.
  каза́лось бы  one would think
  ка́жется, что  it seems that
  мне ка́жется  it seems to me
  Он ка́жется у́мным.  He seems to be intelligent.
*как  how, what, as, like
  Бу́дьте как до́ма.  Make yourself at home.
  Вот как!  Is that so!
  как бу́дто бы  as if
  как бы не так  nothing of the sort
  Как вас зову́т?  What is your name?
  как ви́дно  as can be seen
  как до́лго  how long
  Как он э́то сде́лал?  How did he do it?
  как то́лько  as soon as
  с тех пор, как  since
  широ́кий как мо́ре  wide as the sea

**Это как раз то, что мне ну́жно.**
That's exactly what I need.

**как-нибу́дь** somehow, anyhow

**како́й** what, what a, what kind of

**Кака́я краси́вая де́вушка!** What
a pretty girl!

**Како́й он у́мный!** How clever he
is!

**како́й-то** a certain

**Каку́ю кни́гу вы чита́ете?** What
book are you reading?

**какофо́ния** cacophony, noise

*\*ка́к-то* somehow

**Он ка́к-то устро́ился.** He
arranged it somehow.

**календа́рь** (m.) calendar

**ка́менный** stony, hard

**ка́мень** (m.) stone, rock

**драгоце́нный ка́мень** precious
stone

**моги́льный ка́мень** tombstone

**се́рдце как ка́мень** heart of stone

**У него́ ка́мень лежи́т на се́рдце.**
A weight lies heavy on his heart.

**ка́мерный** chamber

**ка́мерная му́зыка** chamber
music

**ками́н** fireplace, chimney

**кандида́т** candidate

**кани́кулы** (only pl.) vacation,
school holiday

**кану́н** eve

**кану́н но́вого го́да** New Year's
Eve

**канцеля́рия** office

**капита́л** capital

**капита́н** captain

*\*ка́пля* drop

**похо́жи как две ка́пли воды́** like
two peas in a pod

**после́дняя ка́пля** the last straw

**капри́з** whim, caprice

**капри́зничать** to be naughty,
cranky

*\*капу́ста* cabbage

**цветна́я капу́ста** cauliflower

*\*каранда́ш* pencil

**карма́н** pocket

**карнава́л** carnival

**ка́рта** card, map, chart

**коло́да карт** pack of playing
cards

**карти́на** picture

**карто́фель** (m.) potatoes

**карто́фельное пюре́** mashed
potatoes

**ка́рточка** card, photograph

**ка́рточка вин** wine list

**креди́тная ка́рточка** credit card

**карье́ра** career

**каса́ться (косну́ться)** to touch,
concern

**что каса́ется меня́** as far as I am
concerned

**Это его́ не каса́ется.** That is not
his business.

**ка́сса** box office, cashier's office,
window

**кассе́ты** cassettes (tapes)

**кастрю́ля** pot, pan, saucepan

**катало́г** catalogue

**ката́ться (поката́ться)** to ride,
drive (for pleasure)

**ката́ться на конька́х** to skate

**категори́чески** categorically

**катего́рия** category

**кача́ние** rocking, swinging

**кача́ть (качну́ть)** to rock, swing

**Ве́тер кача́ет дере́вья.** The wind
shakes the trees.

**Он кача́л голово́й.** He shook his
head.

**ка́чество** quality, virtue

**в ка́честве наблюда́теля** in the
capacity of an observer

**высо́кого ка́чества** of high
quality

**качну́ть**—see **кача́ть**

*\*ка́ша* cereal, porridge, jumble

**гре́чневая ка́ша** buckwheat
cereal

**завари́ть** (perf.) **ка́шу** to stir up
trouble

**У него́ каша во рту́.** He
mumbles.

**ка́шель** (m.) cough

*\*ка́шлять* to cough

**квадра́т** square

**квалифика́ция** qualification

**квалифици́рованный** qualified,
skilled

**кварта́л** block, quarter of the year

*\*кварти́ра* apartment

**ке́ды** (pl.) canvas high-tops

**кейс**  attaché case
**кекс**  cake
**кéпка**  cap
**кероси́н**  kerosene
**киломéтр**  kilometer
**кино́**  movies
  **кни́жный кио́ск**  book stand
**кипéние**  boiling
  **то́чка кипéния**  boiling point
**кипéть**  (imp.) to boil, seethe
  **кипéть зло́бой**  to boil with
  hatred
  **Рабо́та кипи́т.**  Work is in full
  swing.
**кипято́к**  boiling water
**кисéль**  (m.) jellylike pudding,
  dessert
**кислоро́д**  oxygen
**кислота́**  acid, sourness
  **кисло́тные дожди́**  acid rain
**ки́слый**  sour
**кита́ец, китая́нка**  Chinese (m., f.)
**кита́йский**  Chinese (adj.)
**кичли́вый**  conceited
**кла́дбище**  cemetery
**кла́няться (поклони́ться)**  to bow,
  greet
**класс**  class
**классифика́ция**  classification
**класси́ческий**  classical
***класть (положи́ть)**  to lay, put (in
  a horizontal position)
  **класть на мéсто**  to put
  something in its place
  **класть са́хар в чай**  to put sugar
  in one's tea
  **класть фунда́мент**  to lay a
  foundation
  **положи́ть конéц чему́-либо**  to
  put an end to something
  **положи́ть себé на таре́лку**  to
  help oneself to food
**клевета́**  slander
**клéить**  to glue, paste
**клéйкий**  sticky
**кли́мат**  climate
**кли́чка**  nickname
**клуб**  club
**клуби́ка**  strawberry
**клю́ква**  cranberry
**ключ**  key, clue

***кни́га**  book
**ковёр**  rug
***когда́**  when
  **когда́-нибудь**  sometime
  **когда́-то**  once, formerly
**ко́е-ка́к**  haphazardly
**ко́жа**  skin
**коке́тка**  coquette
**коке́тничать**  (imp.) to flirt, pose,
  show off
**ко́лба**  retort (chemical)
***колбаса́**  sausage
**колéно**  knee
**колесо́**  wheel
**коли́чество**  quantity, number,
  amount
**коллéга**  colleague
**коллéдж**  college
**ко́локол**  bell
**колосса́льный**  colossal
***колхо́з**  collective farm
**колхо́зник**  collective farmer
**колыбéль**  (f.) cradle
**кольцо́**  ring
  **кольцо́ ды́ма**  ring of smoke
  **обруча́льное кольцо́**  wedding
  ring
**колю́чий**  prickly, thorny
**кома́нда**  team
**кома́ндовать**  to give orders,
  command
**комбина́т**  industrial complex
**комбина́ция**  combination
**комéдия**  comedy (play)
**коми́ссия**  committee,
  commission
**кома́р**  mosquito
**коммерса́нт**  business person
**коммéрция**  commerce, trade
**коммéрческий**  commercial
***ко́мната**  room
**комо́д**  chest of drawers
**компанéйский**  sociable
**компа́ния**  company
  **весёлая компа́ния**  lively crowd
**компенса́ция**  compensation
**комплимéнт**  compliment
**композитор**  composer
**компо́т**  compote
**компроми́сс**  compromise
**компью́тер**  computer
**конвéрт**  envelope

*коне́ц end

в конце́ дня at the close of the day

в конце́ концо́в in the end

приходи́ть к концу́ to come to an end

Пришёл коне́ц. It was the end. The end came.

своди́ть концы́ с конца́ми to make both ends meet

*коне́чно of course, certainly

конкре́тный concrete, specific

конкуре́нт rival, competitor

конкуре́нция competition

консервати́вный conservative

конспе́кт summary, synopsis

конститу́ция constitution

конструкти́вный constructive

ко́нсул consul

ко́нсульство consulate

консульта́нт consultant

контине́нт continent

конто́ра office

контра́кт contract, agreement

контра́ст contrast

контро́ль (m.) control

под контро́лем under the control

конфе́та candy

конфирма́ция confirmation (church)

конфли́кт conflict

конфу́зиться (сконфу́зиться) to become embarrassed

концентра́т concentrated product

пищевы́е концентра́ты food concentrates

конце́рт concert

концерта́нт concert performer

*конча́ть (ко́нчить) to end, finish

конча́ть рабо́ту to finish one's work

конча́ть университе́т to finish college, to graduate

пло́хо ко́нчить to come to a bad end

конча́ться (ко́нчиться) to end, finish

ко́нчиться ниче́м to come to nothing

на э́том всё и ко́нчилось and that was the end of it

Шко́ла конча́ется в середи́не ма́я. School is over in the middle of May.

ко́нчено enough, finished

Всё ко́нчено. All is over.

ко́нчик tip

ко́нчить(ся) — see конча́ть(ся)

конь (m.) horse, steed

Дарёному коню́ в зу́бы не смо́трят. Never look a gift horse in the mouth.

коньки́ (pl.) skates

конья́к cognac

кооперати́в cooperative (n.)

коопера́тор cooperator, member of a cooperative

*копе́йка kopeck

до после́дней копе́йки to the last penny

копе́йка в копе́йку exactly

копи́рка carbon paper

копи́ровать (скопи́ровать) to copy, imitate

ко́пия duplicate, copy

снима́ть ко́пию чего́-либо to make a copy of something

кора́ crust, bark

кора́бль (m.) ship, vessel

коренно́й жи́тель native

*ко́рень (m.) root

в ко́рне fundamentally

вырыва́ть с ко́рнем to tear up by the roots

квадра́тный ко́рень square root

красне́ть до корне́й воло́с to blush to the roots of one's hair

пусти́ть ко́рни to take root

смотре́ть в ко́рень чего́-либо to get at the root of something

корзи́на basket

корзи́на для бума́ги wastepaper basket

коридо́р corridor

кори́чневый brown

корми́ть (накорми́ть) to feed

Здесь хорошо́ ко́рмят. The food is good here.

корми́ть обеща́ниями to feed with promises

коро́бка box

коро́ва cow

коро́нка crown

**ста́вить коро́нку на зуб** to put a
crown on a tooth
**коро́ткий** short
**в коро́ткий срок** in a short time
**коро́ткая волна́** short wave
**коро́ткий путь** short cut
**коро́тко** briefly
**коро́че** shorter
**коро́че говоря́** in short
**ко́рпус** body
**дипломати́ческий ко́рпус**
diplomatic corps
**пода́ться всем ко́рпусом вперёд**
lean forward
**корре́ктор** proofreader
**корреспонде́нт** correspondent,
reporter
**корыстолю́бие** self-interest, greed
**коры́то** trough
**коря́вый** rough, uneven
**коса́** braid; scythe
**заплета́ть ко́су** to braid one's
hair
**косме́тика** cosmetics
**космети́ческий кабине́т** beauty
parlor
**косну́ться—see каса́ться**
**косо́й** slanting, oblique, cross-eyed
**костёр** bonfire, campfire
**кость** (f.) bone
**игра́ть в ко́сти** to play or throw
dice
**промо́кнуть** (perf.) **до косте́й** to
get drenched to the skin
**слоно́вая кость** ivory
**костю́м** suit
**костя́к** skeleton
**кот** tomcat
**котёнок** kitten
**котле́та** cutlet
**\*кото́рый** which, who
**в кото́ром часу́** at what time
**его́ мать, кото́рая живёт далеко́**
his mother who lives far away
**кото́рый из них** which of them
**Кото́рый час?** What time is it?
**кни́га, кото́рая лежи́т на столе́**
the book lying on the table
**ко́фе** coffee
**кофе́йник** coffeepot
**ко́фта, кофто́чка** woman's jacket
**ко́шка** cat

**кошма́р** nightmare
**кра́жа** theft, larceny
**край** (m.) border, edge
**на са́мом краю́** on the very brink
**по края́м** along the edges
**по́лный до краёв** filled to the
brim
**кра́йне** (adv.) extremely
**\*кра́йний** extreme, the last
**в кра́йнем слу́чае** at the worst
**кра́йности** extremes
**кра́йняя необходи́мость** urgency
**по кра́йней ме́ре** at least
**краса́вец, краса́вица** handsome
man, handsome woman
**краси́вый** beautiful, handsome
**кра́сить(ся) (покра́сить(ся))** to
color, paint
**кра́ситься** to put on make-up
**кра́ска** paint, dye
**акваре́льная кра́ска** water colors
**ма́сляная кра́ска** oil paint
**писа́ть кра́сками** to paint
**красне́ть (покрасне́ть)** to redden,
blush
**кра́сный** red
**красота́** beauty
**красть (укра́сть)** to steal
**кра́ткий** short, brief
**крахма́л** starch
**кра́шеный** painted, colored
**креве́тка** shrimp
**крем** cream
**крем для бритья́** shaving cream
**Кремль** Kremlin
**\*кре́пкий** strong, firm
**кре́пкое здоро́вье** robust health
**кре́пкая ткань** strong cloth
**кре́пкий чай** strong tea
**кре́пко** fast, strong
**Держи́тесь кре́пко!** Hold tight!
**кре́пко заду́маться** to fall into
deep thought
**кре́пко спать** to sleep soundly
**кре́сло** armchair
**крест** cross
**крести́ть (окрести́ть)** to baptize
**криво́й** crooked, curved
**кри́зис** crisis
**крик** cry, shout
**после́дний крик мо́ды** last word
in fashion

**кри́кнуть** — see крича́ть

**криста́лл** crystal

**кристаллиза́ция** crystallization

**кри́тика** criticism

  **ни́же вся́кой кри́тики** beneath criticism

**крити́ческий** critical

\*крича́ть (кри́кнуть) to shout, scream

**кров** shelter

**крова́ть** (f.) bed

**кровь** (f.) blood

\*кро́ме besides, except (with gen.)

  **кро́ме того́** besides that

  **кро́ме шу́ток** joking aside

**кроссо́вки** running shoes, tennis shoes, sneakers

**круг** circle

  **в семе́йном кругу́** in the family circle

  **круг знако́мых** circle of acquaintances

  **пло́щадь кру́га** area of a circle

  **прави́тельственные круги́** government circles

**кру́глый** round

  **в кру́глых ци́фрах** in round numbers

  **кру́глый год** the whole year round

**круго́м** (adj.) around, round

  **Вы круго́м винова́ты.** You alone are to blame.

  **Он круго́м до́лжен.** He owes money all around.

  **поверну́ться круго́м** to turn around

**кружи́ться (закружи́ться)** to spin, go round

  **У него́ кру́жится голова́.** He feels dizzy.

**кру́пный** large-scale, big

**крути́ть** to twist, roll up

**круто́й** steep

**крыло́** wing

  **подреза́ть кры́лья кому́-либо** to clip someone's wings

**крыльцо́** porch

**кры́тый** sheltered, covered

  **кры́тый мост** covered bridge

**кры́ша** roof

**кста́ти** (adv.) by the way

  **Замеча́ние бы́ло сде́лано кста́ти.** The remark was to the point.

  **Кста́ти, как его́ здоро́вье?** By the way, how is he?

\*кто who

  **кто́-нибудь** anyone

  **кто́-то** someone

**ку́бики** children's playing blocks

\*куда́ where, in which direction, where to (answer should be in accusative case)

**кудря́вый** curly

**кузе́н, кузи́на** cousin (m., f.)

**ку́кла** doll

  **теа́тр ку́кол** puppet show

**кукуру́за** corn

**кула́к** fist

\*культу́ра culture

**культу́рный** educated, cultured

**купа́льный** bathing

**купа́льник** bathing suit

\*купа́ться (искупа́ться) to bathe

  **купа́ться в зо́лоте** to roll in money

**купи́ть** — see покупа́ть

**куре́ние** smoking

**кури́ть** to smoke

**ку́рица** hen, chicken

**куро́рт** health resort

**курс** course

**куса́ть** to bite off, sting

\*кусо́чек, кусо́к piece

**ку́хня** kitchen

\*ку́шать to eat or take some food

  **Пожа́луйста, ку́шайте пиро́г.** Please have some pie.

**куше́тка** couch


# Л

**лаборато́рия** laboratory

**лавр** laurel

  **лавро́вый лист** bay leaf

  **пожина́ть ла́вры** to reap laurels

  **почи́ть** (perf.) **на ла́врах** to rest on one's laurels

**ла́герь** (m.) camp

\*ла́дно very well, all right

**лакони́ческий** laconic, short-spoken

**ла́мпа** lamp
**ла́ндыш** lily of the valley
**ла́ска** caress, endearment
**ласка́тельный** caressing, endearing
  **ласка́тельное и́мя** pet name
    (diminutive)
**ласка́ть** to caress, fondle, pet
  **ласка́ть себя́ наде́ждой** to flatter
    oneself with hope
**ла́сковый** affectionate, tender,
  sweet
**ла́ять** to bark
**лгать** to lie
**лев** lion
*****ле́вый** left
  **встать** (perf.) **с ле́вой ноги́** to get
    up on the wrong side of the bed
*****лёгкий** light, easy
  **лёгкая инду́стрия** light industry
  **лёгкая просту́да** slight cold
  **лёгкая рабо́та** light work
  **лёгкий слог** easy style
**легко́** lightly, easily
  **Он легко́ отде́лался.** He got off
    easy.
**легкомы́сленно** thoughtlessly,
  light-mindedly
**легкомы́сленность** (f.) lightness,
  thoughtlessness
**ле́гче** easier, lighter
**лёд** ice
  **Лёд разби́т.** The ice is broken.
**ледени́ть** to freeze, chill
*****лежа́ть** to lie
  **Го́род лежи́т на берегу́ мо́ря.**
    The town is by the seashore.
  **Он лежи́т в посте́ли.** He lies in
    bed.
**лека́рство** medicine
**ле́ктор** lecturer
**ле́кция** lecture
**лени́вый** lazy
**ле́нта** ribbon
**лентя́й, лентя́йка** lazy person
  (m., f.)
**лень** (f.) laziness, idleness
**лес** forest, woods
**ле́стница** stairway, stairs, ladder
**ле́стный** flattering,
  complimentary
**лесть** (f.) flattery
**лета́** years

**Они́ одни́х лет.** They are the
  same age.
**Ско́лько вам лет?** How old are
  you?
*****лета́ть, лете́ть** to fly
  **лете́ть на всех пара́х** to rush at
    full speed
**ле́тний** summer (adj.)
*****ле́то** summer
  **ле́том** in the summer
  **на всё ле́то** for the whole summer
**лету́чий** flying (adj.)
  **лету́чая мышь** bat
**лётчик** pilot
**лече́ние** medical treatment
  **на лече́нии** undergoing medical
    treatment
**лечи́ть** to treat medically
**лечь**—see **ложи́ться**
**ли** whether, if
  **ли . . . ли . . .** whether . . . or . . .
  **сего́дня ли, за́втра ли** whether
    today or tomorrow
  **Он не по́мнит, ви́дел ли он его́.**
    He doesn't remember whether he
    has seen him.
  **Посмотри́, там ли де́ти.** Go and
    see if the children are there.
**ли́бо** or
  **ли́бо . . . ли́бо . . .** either . . .
    or . . .
**лигату́ра** alloy
**ли́лия** lily
**лило́вый** lilac, violet (color)
**лимо́н** lemon
  **лимо́нная кислота́** citric acid
**лине́йка** ruler
**ли́ния** line
  **крива́я ли́ния** curved line
  **ли́ния поведе́ния** line of policy
  **ли́ния наиме́ньшего**
    **сопротивле́ния** the path of least
    resistance
**лири́ческий** lyrical
**лист** leaf, sheet
  **дрожа́ть как лист** to tremble like
    a leaf
  **загла́вный лист** title page
**литера́тор** writer, man of letters
**литерату́ра** literature
*****лить (нали́ть)** to pour, run (of
  liquid)

**Дождь льёт как из ведра́.** The rain is coming down in buckets.

**лить слёзы** to shed tears

**лифт** elevator

**ли́фчик** brassiere

**лихора́дочный** feverish

*__лицо́__ face

**в лице́ кого́-либо** in the person of someone

**де́йствующие ли́ца** cast (of a play)

**знать в лицо́** to know by sight

**исче́знуть** (perf.) **с лица́ земли́** to disappear from the face of the earth

**Э́то ему́ к лицу́.** This becomes him.

**ли́чно** personally

**ли́чность** (f.) personality

**переходи́ть на ли́чности** to become personal

**ли́чный** personal

**лиша́ть (лиши́ть)** to deprive, rob

**лиша́ть кого́-либо насле́дства** to disinherit someone

**Он лишён чу́вства ме́ры.** He lacks a sense of proportion. He doesn't know when to stop.

**лише́ние** deprivation

**лиши́ть**—see **лиша́ть**

**ли́шний** extra, superfluous, unnecessary

**лоб** forehead

*__лови́ть (пойма́ть)__ to catch

**лови́ть ка́ждое сло́во** to devour every word

**лови́ть моме́нт** to seize an opportunity

**лови́ть ры́бу** to fish

**ло́вкий** adroit, deft

**логи́ческий** logical

**ло́дка** boat

**ложи́ться (лечь)** to lie down

**ложи́ться спать** to go to bed

**На него́ ложи́тся обя́занность.** It is his duty.

**ло́жка** spoon

**столо́вая ло́жка** tablespoon

**ча́йная ло́жка** teaspoon

**ложь** (f.) lie, falsehood

**ло́коть** (m.) elbow

**лома́ть (слома́ть)** to break

**ло́паться (ло́пнуть)** to break, burst

**чуть не ло́пнуть** (perf.) **со́ сме́ху** to burst one's sides laughing

**ло́пнуть**—see **ло́паться**

**лососи́на** salmon

**лоте́рея** lottery

**ло́шадь** (f.) horse

**луг** meadow

**лу́жа** puddle, pool

**сесть** (perf.) **в лу́жу** to get into a mess, to blunder

**лужа́йка** lawn

**лук** onion

**луна́** moon

**луч** ray, beam

*__лу́чше__ better

**как нельзя́ лу́чше** never better

**лу́чше всего́** best of all

**Лу́чше оста́ться здесь.** It is better to stay here.

**Мне лу́чше.** I am better.

**тем лу́чше** so much the better

**лу́чший** better, best

**всего́ лу́чшего** all the best

**к лу́чшему** for the better

**лы́жи** skis

**лы́сина** bald spot

**лы́сый** bald, bald-headed

**любе́зность** (f.) courtesy, kindness

**любе́зный** polite, amiable, obliging

**люби́мец** pet, favorite

**люби́мый** favorite, loved one

**люби́тель** (m.) amateur, fancier

**люби́тельский спекта́кль** amateur performance

**Он люби́тель цвето́в.** He loves flowers.

**люби́ть** to like, to love

**Он её лю́бит.** He loves her.

**Он лю́бит, когда́ она́ поёт.** He likes her singing.

**любова́ться** to admire

**любо́вный** loving, amorous

*__любо́вь__ (f.) love

**любозна́тельный** inquisitive, curious

**любо́й** every, any

**любо́е вре́мя** at any time

**любопы́тство** curiosity

**любопы́тный** curious

**лю́бящий** loving, affectionate

*лю́ди (nom. pl. of челове́к)
people, men and women
  лю́ди у́мственного труда́ white-collar workers
  лю́ди физи́ческого труда́ blue-collar workers
лю́стра chandelier
лягу́шка frog

# М

маг magician
*магази́н store, shop
  магази́н гото́вого пла́тья ready-made clothing store
  универса́льный магази́н department store
магни́т magnet
магнитофо́н tape recorder
ма́зать (imp.) to grease, lubricate, spread
  ма́зать хлеб ма́слом to butter the bread
мазу́т fuel oil
мазь (f.) ointment
*май (m.) May
ма́йка T-shirt, tank top
майоне́з mayonnaise
ма́кси long skirt
максима́льный maximum, highest possible
ма́ксимум maximum, upper limit
  вы́жать (perf.) ма́ксимум из to get the most out of
ма́ленький small, little
мали́на raspberries
*ма́ло little, few
  ма́ло изве́стный little-known
  ма́ло наро́ду few people
  ма́ло того́ moreover
  ма́ло того́, что it is not enough that
  Мы его́ ма́ло ви́дим. We see little of him.
малоду́шие faintheartedness
малоизве́стный little-known, not popular
малоле́тний juvenile, under-age
ма́ло-пома́лу gradually, little by little

ма́лый small
  Зна́ния его́ сли́шком малы́. His knowledge is scanty.
  ма́лый ро́стом short
  са́мое ма́лое the least
*ма́льчик boy, lad
ма́ма mama
манеке́нщица model
мане́ра manner, style
  У него́ хоро́шие мане́ры. He has good manners.
ма́рка stamp, mark; make, brand
ма́ркетинг marketing
мармела́д fruit jelly
март March
маршру́т route, itinerary
масли́на olive
*ма́сло butter, oil
  всё идёт, как по ма́слу. Things are going swimmingly.
  писа́ть ма́слом to paint in oils
ма́сса mass, a large amount
  в ма́ссе as a whole
  ма́сса рабо́ты a lot of work
ма́стер master
  быть ма́стером своего́ де́ла to be an expert at one's job
ма́стерски (adv.) skillfully
матема́тик mathematician
матема́тика mathematics
материа́л material, stuff, fabric
  строи́тельные материа́лы building materials
  Это хоро́ший материа́л для кинокарти́ны. That would be good material for a film.
материали́зм materialism
мате́рия cloth, fabric; matter
матра́с mattress
матро́с sailor
мать (f.) mother
маха́ть (махну́ть) to wave, flap
  махну́ть руко́й to give up as hopeless
  Он махну́л мне руко́й. He waved his hand to me.
махну́ть—see маха́ть
маши́на car; machine, engine
машина́льно absentmindedly, mechanically
маши́нистка typist (woman)
маши́нка typewriter

**машинопи́сный** typewritten
**машиностроéние** mechanical
  engineering
**мгла** haze
**мгновéние** instant, moment
**мéбель** (f.) furniture
**меблирóванный** furnished
**мёд** honey
**медвéдь** (m.) bear
**медици́на** medicine (field of)
**мéдленно** slowly
**мéдлить** to linger, hesitate, be slow
**медóвый** honeyed
  **медóвый мéсяц** honeymoon
  **медóвые рéчи** honeyed words
**медсестрá** nurse
**медь** (f.) copper
\***мéжду** between, among (with
  inst.)
  **мéжду двумя́ и тремя́** between
    two and three o'clock
  **мéжду нáми говоря́** just between
    us
  **мéжду óкнами** between the
    windows
  **мéжду прóчим** by the way
  **мéжду тем** meanwhile
  **читáть мéжду строк** to read
    between the lines
**междунарóдный** international
**мезони́н** attic
**мел** chalk
**меланхоли́ческий** melancholy
  (adj.)
**меланхóлия** melancholy
**мéлкий** small, petty, shallow
  **мéлкие дéньги** small change
  **мéлкий дождь** drizzling rain
  **мéлкий человéк** petty person
**мелоди́ческий** melodious
**мелóдия** melody
**мéлочность** (f.) meanness,
  pettiness
**мéлочь** (f.) small things, small
  change, details
**мель** (f.) shoal, shallow
**мелькáть (мелькнýть)** to flash,
  gleam
  **У негó мелькнýла мысль.** An
    idea flashed across his mind.
**мелькнýть**—see **мелькáть**

**мéнеджер** manager
**мéнее** less
  **бóлее и́ли мéнее** more or less
  **Емý мéнее сорокá лет.** He is not
    forty yet.
  **мéнее всегó** least of all
  **тем не мéнее** nevertheless
\***мéньше** smaller, less
  **не бóльше не мéньше как**
    neither more nor less than
**мéньший** lesser, younger
  **мéньшая часть** lesser part
**меньшинствó** minority
**меню́** menu
**меня́ть(ся) (поменя́ть(ся))** to
  change; to switch
  **меня́ть дéньги** to change one's
    money
  **меня́ть плáтье** to change one's
    clothes
  **меня́ть своё мнéние** to change
    one's opinion
  **меня́ться роля́ми** to switch
    roles
**мéра** measure
  **в значи́тельной мéре** in a large
    measure
  **мéры длины́** linear measure
  **не знать мéры** to be immoderate,
    to know no limits
  **по крáйней мéре** at least
  **реши́тельные мéры** drastic
    measures
  **соблюдáть мéру** to keep within
    limits
**мерзáвец** villain
**мёрзлый** frozen
**мёрзнуть (замёрзнуть)** to freeze
**мéрить (примéрить, смéрить)** to
  measure
  **примéрить плáтье** to try on a
    dress
  **смéрить взгля́дом** to measure
    with one's eyes, to give a dirty
    look
**мероприя́тие** arranged event
**мёртвый** dead, lifeless
  **мёртвая тишинá** dead silence
  **мёртвая тóчка** standstill
  **мёртвый язы́к** dead language
  **спать мёртвым сном** to be sound
    asleep, to sleep like a rock

**ме́стный** local
  **ме́стный жи́тель** inhabitant
*\*ме́сто* place, seat, locality
  **знать своё ме́сто** to know one's place
  **иска́ть места** to look for a job
  **Нет ме́ста.** There is no room.
  **уступа́ть ме́сто кому́-либо** to give up one's place to someone
  **хоро́шее ме́сто для до́ма** an excellent site for a house
**местоиме́ние** pronoun
*\*ме́сяц* month, moon
**мета́лл** metal
**металлу́рг** metallurgist
**металлурги́я** metallurgy
**метла́** broom
**ме́тод** method
**мето́дика** methods
**методи́ческий** systematic, methodical
**метр** meter
**метро́** subway
**механиза́ция** mechanization
**механизи́рованный** mechanized
**меха́ник** engineer
**меха́ника** mechanics
**механи́ческий** mechanical
**меч** sword
**меч-ры́ба** swordfish
**мечта́** daydream
**мечта́тельный** dreamy, pensive
**мечта́ть** to daydream
*\*меша́ть* to hinder
  **е́сли ничто́ не помеша́ет** if nothing interferes
**мешо́к** bag, sack
  **Костю́м сиди́т на нём мешко́м.** His clothes are baggy.
  **мешки́ под глаза́ми** bags under one's eyes
**миг** instant, moment
  **ми́гом** in a flash
**мига́ть (мигну́ть)** to blink, wink
  **мигну́ть кому́-либо** to wink at someone
**мигну́ть**—see **мига́ть**
**микроско́п** microscope
**микрофо́н** microphone
**милиционе́р** policeman
**мили́ция** police station
**миллиа́рд** billion

**миллио́н** million
**милосе́рдие** mercy, clemency
**ми́лость** (f.) favor, grace
  **быть в ми́лости у кого́-либо** to be in someone's good graces
  **из ми́лости** out of charity
  **ми́лости про́сим** welcome
  **Сде́лайте ми́лость.** Do me a favor.
*\*ми́лый* dear, lovely
**ми́ля** mile
**ми́мо** past, by (prep. with gen.)
**мимолётный** fleeting
**ми́на** mine
**минда́ль** (m.) almond
**минера́л** mineral
**ми́нимум** minimum
**ми́ни-ЭВМ** electronic minicomputer
**минова́ть** (imp., perf.) to escape, pass
  **Ему́ э́того не минова́ть.** He cannot escape it.
  **Опа́сность минова́ла.** The danger is past.
  **Чему́ быть, того́ не минова́ть.** What will be, will be.
*\*мину́та* minute
  **под влия́нием мину́ты** on the spur of the moment
  **Подожди́те мину́ту.** Wait a minute.
  **сию́ мину́ту** this very minute
*\*мир* peace, world
  **литерату́рный мир** literary world
  **Мир победи́т войну́.** Peace will triumph over war.
  **со всего́ ми́ра** from every corner of the globe
*\*мири́ться (помири́ться)* to reconcile
  **помири́ться с кем-ли́бо** to be reconciled with someone
  **примири́ться** (perf.) **со свои́м положе́нием** to reconcile oneself to one's situation
**ми́рный** peaceful
**мировоззре́ние** world outlook
**ми́ска** basin, soup tureen
**ми́стика** mysticism
**мла́дший** younger, junior
**мне́ние** opinion

**быть о себе́ сли́шком высо́кого мне́ния**   to think too much of oneself

**Я того́ мне́ния.**   I am of that opinion.

**мно́гие**   many

**во мно́гих отноше́ниях**   in many respects

**\*мно́го**   much, many, a lot

**мно́го рабо́ты**   much work

**о́чень мно́го**   very much

**прошло́ мно́го вре́мени**   a long time passed

**многозначи́тельно**   significantly

**многокра́тно**   repeatedly

**многообра́зие**   variety, diversity

**многосторо́нний**   versatile, many-sided

**многоуважа́емый**   respected

**многоуго́льник**   polygon

**мно́жество**   great number

**Их бы́ло мно́жество.**   There were many of them.

**моги́ла**   grave

**мо́да**   fashion, vogue

**быть оде́тым по мо́де**   to be fashionably dressed

**модерни́зм**   modernism

**мо́дный**   fashionable, stylish

**мо́жет быть**   perhaps

**Не мо́жет быть.**   It is impossible.

**\*мо́жно**   one may, it is possible

**е́сли мо́жно**   if possible

**Здесь мо́жно кури́ть.**   One may smoke here.

**как мо́жно скоре́е**   as soon as possible

**Мо́жно откры́ть окно́?**   May I open the window?

**мозг**   brain

**\*мой, моя́, моё, мои́**   my

**мо́кнуть (промо́кнуть)**   to become wet

**мо́кро**   It is wet.

**На у́лице мо́кро.**   It is wet outside.

**мо́крый**   wet, moist

**моле́кула**   molecule

**молекуля́рный вес**   molecular weight

**моли́тва**   prayer

**моли́ть**   to pray, entreat

**мо́лния**   lightning

**молодёжь**   (f. collective) youth, young people

**\*молоде́ц**   fine fellow

**вести́ себя́ молодцо́м**   to behave oneself magnificently

**Молоде́ц!**   Well done!

**молодо́й**   young, youthful, new

**мо́лодость**   (f.) youth

**не пе́рвой мо́лодости**   not in one's first youth

**молоко́**   milk

**мо́лот**   hammer, mallet

**мо́лча**   (adv.) silently, without a word

**молчали́вый**   taciturn, silent

**молча́ние**   silence

**молча́ть**   to be silent

**моль**   (f.) moth

**моме́нт**   moment, instant

**момента́льно**   instantly

**моне́та**   coin

**зво́нкая моне́та**   hard cash

**плати́ть кому́-либо той же моне́той**   to pay someone in his own coin

**приня́ть за чи́стую моне́ту**   to take at its face value

**моното́нность**   (f.) monotony

**мора́ль**   (f.) moral

**мора́льный**   moral, ethical

**мо́ре**   sea

**морко́вь**   (f.) carrot

**моро́женое**   ice cream

**моро́женый**   frozen, chilled

**моро́з**   frost, freezing weather

**морска́я сви́нка**   guinea pig

**морщи́на**   wrinkle (facial)

**москви́ч**   inhabitant of Moscow

**моско́вский**   Moscow (adj.)

**мост**   bridge

**мото́р**   motor, engine

**\*мочь (смочь)**   to be able

**мрак**   gloom, darkness

**мра́мор**   marble

**мра́чный**   gloomy, somber

**мсти́тельность**   (f.) vindictiveness, vengefulness

**\*мстить (отомсти́ть)**   to avenge oneself

**мудре́ц**   sage, wise man

**му́дрость**   (f.) wisdom

**му́дрый**   wise, sage

муж  husband
му́жество  courage, fortitude
мужско́й  (grammatical) masculine
  мужско́й портно́й  men's tailor
*мужчи́на  (m.) man
музе́й  museum
му́зыка  music
музыка́льный  musical
музыка́нт  musician
му́ка  torment, torture
мука́  flour
мультипликацио́нный фильм
  cartoon, animated film
му́мия  mummy
мураве́й  ant
му́скул  muscle
му́сор  trash, rubbish, refuse
мусоросжига́тельная печь
  incinerator
му́тный  dull, cloudy, muddy
  лови́ть ры́бу в му́тной воде́  to
  fish in troubled waters
му́ха  fly
  де́лать из му́хи слона́  to make
  mountains out of molehills
  Кака́я му́ха его́ укуси́ла?  What's
  troubling him?
муче́ние  torture, torment
му́чить  (imp.) to torment, worry
  Э́то му́чит мою́ со́весть.  It lies
  heavily on my conscience.
*мы  we
мы́ло  soap
мы́сленно  mentally
мы́слить  to think, reflect
мысль  (f.) thought, idea
  Мысль пришла́ ему́ в го́лову.  A
  thought occurred to him.
  предвзя́тая мысль  preconceived
  idea
мы́слящий  thinking, intellectual
мы́ть(ся) (помы́ть(ся), вы́мыть(ся))
  to wash, to wash (oneself)
мышь  (f.) mouse
  лету́чая мышь  bat
мя́гкий  soft, gentle
  мя́гкий звук  mellow sound
  мя́гкий кли́мат  mild climate
  мя́гкое движе́ние  gentle
  movement
  мя́гкое се́рдце  soft heart
мя́гко  softly, mildly

мя́гкость  (f.) softness, gentleness
мягчи́ть (смягчи́ть)  to soften
мя́со  meat
мяч  ball
  игра́ть в мяч  to play ball

# Н

*на  on, onto—direction—(with
  acc.); for extent of time (with
  acc.); on in, at—location—(with
  prep.)
  говори́ть на иностра́нном языке́
  to speak in a foreign language
  е́хать на по́езде  to ride on the
  train
  име́ть что́-либо на свое́й со́вести
  to have something on one's
  conscience
  Кни́га лежи́т на столе́.  The book
  is lying on the table.
  на э́той неде́ле  this week
  на се́вер  to the north
  на се́вере  in the north
  Он прие́хал на неде́лю.  He came
  for a week.
  переводи́ть на друго́й язы́к  to
  translate into a different language
  помно́жить пять на три  to
  multiply five by three
  ре́зать на куски́  to cut into pieces
  сесть на по́езд  to take the train
  уро́к на за́втра  lesson for
  tomorrow
  Я положи́л кни́гу на стол.  I put
  the book on the table.
на, на́те  here, here you are, take it
  (familiar)
набира́ть (набра́ть) очки́  to earn
  points (also in sports)
набра́ться (набра́ться)  to
  accumulate, acquire
  набра́ться но́вых сил  to find new
  strength
  набра́ться ума́  to acquire wisdom
наблюда́тель  (m.) observer
наблюда́ть  to observe, keep one's
  eyes on, control
на́божность  (f.) devotion, piety
набра́ться—see набира́ться

**набро́сок**  sketch, outline

**навёк, навёки**  forever

*__наве́рно__  surely, most likely

**наве́рх**  up, upward (motion toward)

**наверху́**  above, upstairs

**на́волочка**  pillowcase

**навсегда́**  forever

**навстре́чу**  to meet

  **идти́ навстре́чу кому́-либо**  to go to meet someone

**навы́ворот**  inside out

**нагиба́ть (нагну́ть)**  to bend

**на́глость**  (f.) impudence, insolence

**нагляде́ться**  (perf.) to see enough

  **не нагляде́ться на кого́-либо**  never to be tired of looking at someone

**нагну́ть**—see **нагиба́ть**

**нагоня́ть (нагна́ть) це́ну**  to inflate the price, to boost the value

**нагото́ве**  in readiness, at call

  **держа́ть нагото́ве**  to keep in readiness

**награ́да**  reward, prize

**нагрева́ть (нагре́ть)**  to warm, heat

**нагре́ть**—see **нагрева́ть**

*__над__  above, over (with inst.)

  **висе́ть над столо́м**  to hang over the table

  **засыпа́ть над кни́гой**  to fall asleep over a book

  **рабо́тать над те́мой**  to work at a subject

  **смея́ться над ке́м-либо**  to laugh about someone

**наде́жда**  hope

  **в наде́жде**  in the hope of

  **пита́ть наде́жды**  to cherish hopes

  **подава́ть наде́жды**  to offer hope, to show promise

**наде́жность**  (f.) reliability

**наде́жный**  reliable, trustworthy

**надели́ть**—see **наделя́ть**

**наделя́ть (надели́ть)**  to allot, provide

*__наде́яться__  to hope

  **наде́яться на кого́-либо**  to rely on someone

  **Я наде́юсь уви́деть вас сего́дня.**  I hope to see you today.

**на́до**  it is necessary, one must

  **мне на́до**  I need

**на́добность**  (f.) necessity

  **в слу́чае на́добности**  in case of need

  **Нет никако́й на́добности.**  There is no need whatever.

**надоеда́ть (надое́сть)**  to pester, bore

  **Он мне до́ смерти надое́л.**  He bored me to death.

**надое́сть**—see **надоеда́ть**

**надо́лго**  for a long time

**надписа́ть**—see **надпи́сывать**

**надпи́сывать (надписа́ть)**  to inscribe

**на́дпись**  (f.) inscription

**надува́ть (наду́ть)**  to inflate, puff out

  **наду́ть гу́бы**  to pout

**наду́ть**—see **надува́ть**

**наеда́ться (нае́сться)**  to eat one's fill

**нае́сться**—see **наеда́ться**

**нажа́ть**—see **нажима́ть**

**нажима́ть (нажа́ть)**  to press, put pressure on

**нажива́ться (нажи́ться)**  to make a fortune

*__наза́д__  back, backward

  **смотре́ть наза́д**  to look back

  **тому́ наза́д**  ago

  **мно́го лет тому́ наза́д**  many years ago

  **шаг наза́д**  a step backward

**назва́ние**  name (inanimate things)

**назва́ть(ся)**—see **называ́ть(ся)**

**назнача́ть (назна́чить)**  to appoint, fix, set

  **назнача́ть день**  to set a day

  **назнача́ть це́ну**  to fix a price

**назна́чить**—see **назнача́ть**

**называ́ть (назва́ть)**  to call, name

  **Де́вочку нельзя́ назва́ть краса́вицей.**  The girl cannot be called a beauty.

  **Его́ называ́ют Ва́ней.**  They call him Vanya.

  **называ́ть ве́щи свои́ми имена́ми**  to call a spade a spade

**называ́ться (назва́ться)**  to be called

**наибо́лее** most
  **наибо́лее удо́бный** most convenient

**наизу́сть** by heart
  **знать наизу́сть** to know from memory

**найти́(сь)**—see **находи́ть(ся)**

**нака́з** order, instruction

**наказа́ние** punishment

**накану́не** on the eve of

**наклоне́ние** inclination, mood (gram.)

**накло́нность** (f.) inclination, leaning
  **име́ть накло́нность к чему́-либо** to have an inclination for something

**наконе́ц** at last, finally

**накорми́ть**—see **корми́ть**

**накрахма́ленный** starched stiff

**накрыва́ть (накры́ть)** to cover
  **накрыва́ть стол ска́тертью** to cover the table with a cloth
  **накры́ть стол** to set the table

**накры́ть**—see **накрыва́ть**

**нале́во** to the left

*__наливать__ (нали́ть)** to pour out, fill
  **нали́ть ча́шку ча́я** to pour out a cup of tea

**нали́ть**—see **налива́ть**

**нали́чный** available, on hand
  **нали́чные (де́ньги)** cash on hand

**нало́г** tax

**намёк** hint
  **поня́ть намёк** to take a hint
  **сде́лать намёк** to drop a hint

**намека́ть (намекну́ть)** to hint at, imply

**намекну́ть**—see **намека́ть**

**наме́рение** intention, purpose

**наме́ренный** intentional, deliberate

**наме́тить**—see **намеча́ть**

**наме́тка** basting

**намеча́ть (наме́тить)** to plan, outline

**намока́ть (намо́кнуть)** to get wet

**намо́кнуть**—see **намока́ть**

**нанима́ть (наня́ть)** to rent, hire

**наня́ть**—see **нанима́ть**

**наоборо́т** on the contrary

**напева́ть (напе́ть)** to hum

**напе́ть**—see **напева́ть**

**напеча́тать**—see **печа́тать**

**написа́ние** spelling

**написа́ть**—see **писа́ть**

**напи́ток** drink, beverage

**напо́лнить**—see **наполня́ть**

**наполня́ть (напо́лнить)** to fill

**напомина́ние** reminder

**напомина́ть (напо́мнить)** to remind
  **напо́мним, что** we would remind you that
  **Он напомина́ет свою́ мать.** He resembles his mother.

**напо́мнить**—see **напомина́ть**

**напра́вить**—see **направля́ть**

**направле́ние** direction, trend
  **во всех направле́ниях** in all directions
  **литерату́рное направле́ние** literary school, movement

**направля́ть (напра́вить)** to direct, turn
  **Меня́ напра́вили к вам.** I was directed to you.
  **направля́ть внима́ние** to direct attention
  **направля́ть свои́ шаги́** to direct one's steps

**напра́во** to the right

**напра́сно** in vain, to no purpose, wrongly
  **вы напра́сно так ду́маете** you are mistaken if you think that
  **Его́ напра́сно обвини́ли.** He was wrongly accused.
  **Напра́сно ждать чего́-либо от него́.** It is useless to expect anything of him.

**наприме́р** for instance

**напрока́т** for hire (only object, not person)
  **взять напрока́т** to hire

*__напротив__** on the contrary

**напряга́ть (напря́чь)** to strain

**напряже́ние** effort, tension; voltage
  **высо́кое напряже́ние** high tension; high voltage

**напряжённый** strained, tense

**напря́чь**—see **напряга́ть**

**напи́сано** it is written

напу́ганный  frightened, scared
напуга́ть  (perf.) to frighten
напуга́ться  to become frightened
напу́дриться—see пу́дриться
напуска́ть (напусти́ть)  to fill
  напусти́ть воды́ в ва́нну  to fill a
  bathtub
напусти́ть—see напуска́ть
нараспе́в  in a singsong voice
нареза́ть (наре́зать)  to slice, to cut
  into pieces
наре́зать—see нареза́ть, ре́зать
нарисова́ть—see рисова́ть
*наро́д  nation, people
  мно́го наро́ду  crowd, many
  people
наро́дность  (f.) nationality
наро́дный  folk, national
наро́чно  purposely
  как наро́чно  as luck would have
  it
нару́жно  outwardly
нару́жность  (f.) appearance,
  exterior
наруша́ть (нару́шить)  to break,
  disturb
  наруша́ть поко́й  to disturb the
  peace
  наруша́ть сло́во  to break one's
  promise
наруше́ние  breach, violation
нару́шить—see наруша́ть
наря́д  attire, smart clothes
наря́дно  smartly (dressed)
наряду́  side by side, at the same
  time
  наряду́ с э́тим  at the same time
насеко́мое  insect
населе́ние  population
наси́лие  violence, coercion
наси́ловать (изнаси́ловать)  to
  force, violate, rape
наси́льно  by force, under
  compulsion
наскво́зь  through, throughout
  ви́деть кого́-либо наскво́зь  to
  see through someone
  наскво́зь промо́кнуть  (perf.) to
  get wet through and through
наско́лько  how much, as far as
  наско́лько мне изве́стно  as far
  as I know

Наско́лько он ста́рше вас?  How
  much older is he than you?
на́скоро  hastily, carelessly
  де́лать что́-либо на́скоро  to do
  something carelessly
наску́чить  (perf.) to bore, annoy
  Мне наску́чило э́то.  I am bored
  by this.
наслади́ться—see наслажда́ться
наслажда́ться (наслади́ться)  to
  take pleasure in, enjoy
  наслажда́ться му́зыкой  to enjoy
  the music
наслажде́ние  delight, enjoyment
насле́дник  heir, successor
насле́довать (унасле́довать)  to
  inherit, succeed
насле́дственный  hereditary
насле́дство  inheritance, legacy
насмеха́ться  to mock, deride
насме́шка  mocking
на́сморк  head cold
насоли́ть—see соли́ть
насо́с  pump
наста́ивать (настоя́ть)  to insist on,
  persist
  наста́ивать на своём  to insist on
  having one's own way
на́стежь  (adv.) wide
  О́кна бы́ли на́стежь откры́ты.
  The windows were wide open.
настига́ть (насти́гнуть)  to overtake
насти́гнуть—see настига́ть
насто́йчивость  (f.) persistence,
  insistence
насто́йчивый  persistent, urgent
насто́лько  so, this much
настоя́тельность  (f.) urgency
настоя́ть—see наста́ивать
настоя́щее  the present (noun)
настоя́щий  present, real, genuine
  настоя́щее вре́мя  present tense
  настоя́щий друг  true friend
  настоя́щий мужчи́на  real man
настрое́ние  mood, frame of mind
  быть в настрое́нии  to be in good
  spirits
  У меня́ нет для э́того
  настрое́ния.  I am not in the
  mood for that.
наступа́ть (наступи́ть)  to come (of
  time)

наступи́ла весна́. Spring came.

Наступи́ло коро́ткое молча́ние. A brief silence ensued.

наступи́ть—see наступа́ть

наступле́ние coming, approach, offensive attack (military)

насчёт as regards, concerning

насчёт э́того so far as that matter is concerned

насы́пать—see насыпа́ть

насыпа́ть (насы́пать) to pour, fill (dry products)

насы́тить—see насыща́ть

насыща́ть (насы́тить) to saturate, satiate

насы́щенность (f.) saturation

насы́щенный saturated

нату́ра nature

Он по нату́ре о́чень до́брый челове́к. He is a kind man by nature.

плати́ть нату́рой to pay in kind

рисова́ть с нату́ры to paint from life

Э́то ста́ло у него́ второ́й нату́рой. It became second nature with him.

натура́льный natural

в натура́льную величину́ life-size

натура́льный шёлк genuine silk

нау́ка science, study

занима́ться нау́кой to be a scientist

то́чные нау́ки exact sciences

научи́ть (perf.) to teach

научи́ть кого́-либо англи́йскому языку́ to teach someone English

научи́ться (perf.) to learn something

нау́чно scientifically

нау́чно-иссле́довательский (adj.) scholarly

нау́чный scientific

нау́чный сотру́дник research assistant

наха́льство impudence

находи́ть (найти́) to find, discover

Его́ нахо́дят у́мным. He is considered clever.

находи́ть утеше́ние to find comfort

Он ника́к не мог найти́ причи́ну э́того. He never managed to discover the cause of it.

находи́ться (найти́сь) to be found or situated

Дом нахо́дится в па́рке The house is in a park.

Он всегда́ найдётся. He is never at a loss.

Рабо́та для всех найдётся. We will find work for everyone.

нахму́риться—see хму́риться

националисти́ческий nationalistic

национа́льность (f.) nationality

на́ция nation

\*нача́ло beginning

в нача́ле го́да in the beginning of the year

для нача́ла to start with

с нача́ла from the beginning

нача́льный elementary, initial

нача́льные гла́вы рома́на opening chapters of the novel

нача́льная шко́ла elementary school

нача́ть—see начина́ть

начина́ть (нача́ть) to begin, start

нача́ть пить to start drinking

начина́ть день прогу́лкой to begin the day with a walk

Он на́чал рабо́тать He began working.

нача́ться—see начина́ться

начина́ться (нача́ться) (intr.) to begin, to start

начина́ющий beginner

начи́нка filling, stuffing

начи́танный well-read

\*наш, на́ша, на́ше, на́ши our

нашива́ть (наши́ть) to sew on

наши́ть—see нашива́ть

нашуме́ть (perf.) to make much noise

\*не not

не́ на кого положи́ться no one to rely on

не то́лько not only

не тру́дный, но и не просто́й not difficult but not simple

Он не мо́жет чита́ть. He cannot read.

**Э́то не ва́ша кни́га.** It is not your book.

**Э́то не так.** That is not so.

**Э́то не шу́тка.** It is no joke.

**не-** negative prefix with adjectives, "un-"

**неаккура́тный** inaccurate, unpunctual, messy

**небе́сный** celestial, heavenly

**неблагода́рность** (f.) ingratitude

**неблагоразу́мие** imprudence

**неблагоскло́нность** (f.) unfavorable attitude

*****не́бо** sky, heaven

**быть на седьмо́м не́бе** to be in seventh heaven

**под откры́тым не́бом** in the open air

**небоскрёб** skyscraper

**небо́сь** it is most likely, one must be

**Он, небо́сь, уста́л.** He must be tired.

*****небре́жность** (f.) carelessness, negligence

**небре́жный** careless, slipshod

**небри́тый** unshaven

**небыва́лый** unprecedented, fantastic

**небью́щийся** unbreakable

**небью́щееся стекло́** safety glass

**нева́жно** (interj.) never mind, it is unimportant

**нева́жно** (adv.) poorly, indifferently

**Он себя́ нева́жно чу́вствует.** He doesn't feel well.

**Рабо́та сде́лана нева́жно.** The work is poorly done.

**неве́дение** ignorance

**находи́ться в неве́дении** to be in ignorance

**неве́домый** unknown, mysterious

**неве́жество** ignorance

**неве́жественный** ignorant

**неве́жливый** impolite, rude

**неве́рно** incorrectly

**невероя́тно** incredibly, inconceivably

**невероя́тность** (f.) incredibility

**невесо́мость** (f.) weightlessness

**неве́ста** (f.) fiancée, bride

**невзго́да** (f.) adversity

**невзра́чный** homely, ill-favored

**неви́димый** invisible

**неви́нность** (f.) innocence, naiveté

**неви́нный** innocent, harmless

**невку́сный** not tasty

**невнима́тельный** inattentive, careless

**невозвра́тность** irrevocability

**невозде́ржанность** lack of self-control

**невозмо́жно** impossible, it is impossible

**нево́льно** involuntarily, unintentionally

**невоспи́танный** unmannerly

**невреди́мый** safe, unharmed

**невы́годно** disadvantageously, it is not advantageous

**невы́годный** disadvantageous, not advantageous

**ста́вить в невы́годное положе́ние** to place at a disadvantage

*****негати́вный** negative

*****не́где** nowhere, no place (plus infinitive)

**Не́где сесть.** There is nowhere to sit.

**него́дность** (f.) unfitness, worthlessness

**негодова́ние** indignation

**негодя́й** scoundrel, villain

**негра́мотность** (f.) illiteracy

**неграцио́зный** ungraceful

*****неда́вно** recently, not long ago

*****недалеко́** not far

**Им недалеко́ идти́.** They have a short way to go.

**недалеко́ то вре́мя, когда́** the time is not far, when

**недалёкость** (f.) narrow-mindedness, dull-wittedness

**неда́ром** not without reason, not in vain

**неда́ром говоря́т** not without reason is it said

**неделика́тный** indelicate, rough

*****неде́ля** week

**ка́ждую неде́лю** every week

**че́рез неде́лю** in a week

**недёшево** at a considerable price

**Э́то ему́ недёшево доста́лось.** It cost him dearly.

**недове́рие** distrust

**недове́рчивый** distrustful

**недово́льный** dissatisfied

**недово́льство** dissatisfaction, discontent

**недоеда́ние** malnutrition

**недоко́нченный** unfinished

**недо́лго** not long

  **недо́лго ду́мая** without a second thought

**недооце́нивать (недооцени́ть)** to underestimate, undervalue

**недооцени́ть**—see **недооце́нивать**

**недоразуме́ние** misunderstanding

**недостава́ть (недоста́ть)** to lack, be missing

  **Ему́ недостаёт слов, что́бы вы́разить** ... he cannot find words to express ...

  **Нам о́чень недостава́ло вас.** We missed you very much.

  **Чего́ вам недостаёт?** What do you lack?

**недоста́ток** shortage, defect

  **за недоста́тком чего́-либо** for want of something

  **име́ть серьёзные недоста́тки** to have serious shortcomings

**недоста́точно** insufficiently

**недоста́ть**—see **недостава́ть**

**недостижи́мый** unattainable

**недосто́йный** unworthy

**недоуме́ние** bewilderment, perplexity

**недохо́дный** unprofitable

**недружелю́бный** unfriendly

**неду́рно** not bad! (interj.), rather well (adv.)

**неесте́ственный** unnatural, affected

**нежена́тый** unmarried (of a man)

**не́жность** (f.) tenderness

**не́жный** tender, delicate, loving

  **не́жный во́зраст** tender age

  **не́жное здоро́вье** delicate health

  **не́жный сын** loving son

**незабыва́емый** unforgettable

**незави́симость** (f.) independence

**незави́симый** independent

**незако́нный** illegal

**закономе́рный** irregular

**незако́нченный** incomplete, unfinished

**незаме́тно** imperceptible, not noticeable

**незаму́жняя** unmarried (of women)

**незаслу́женный** undeserved

**нездоро́вый** unwell, indisposed

**незнако́мец** stranger

**незначи́тельный** negligible, unimportant

**незре́лый** unripe, immature

**неизве́стно** It is not known.

**неизве́стный** unknown, obscure

**неи́скренний** insincere

**неи́скренность** (f.) insincerity

**неиску́шённый** inexperienced, unsophisticated

**неквалифици́рованный** unskilled

*__не́который__ some

  **до не́которой сте́пени** to a certain extent

  **не́которое вре́мя** some time

  **не́которые из них** some of them

**некраси́вый** unattractive, ugly

**некульту́рный** uncivilized, uncultured

**неле́пость** (f.) absurdity

**неле́пый** ridiculous, incongruous

**нелётный (о пого́де)** nonflying, unsuitable for flying (about weather)

**нелицеме́рный** sincere, frank

**нело́вкий** awkward, clumsy, inconvenient

  **нело́вкое молча́ние** awkward silence

  **оказа́ться (perf.) в нело́вком положе́нии** to find oneself in an awkward situation

*__нельзя́__ it is impossible, one cannot

  **Здесь кури́ть нельзя́.** Smoking is not permitted here.

  **как нельзя́ лу́чше** in the best way possible

  **Там нельзя́ дыша́ть.** It is impossible to breathe there.

**нелюбе́зность** (f.) coldness, discourtesy

**нелюбе́зный** ungracious, discourteous

**нелюди́мый** unsociable

**неме́дленно** immediately

**не́мец, не́мка** German (m., f.)
**неме́цкий** German (adj.)
**немилосе́рдный** merciless, unmerciful
**немину́емо** inevitably, unavoidably
*****немно́го** a little, a few
**немно́жко** a trifle, a bit
**немо́й** mute, deathly still
  **немо́е обожа́ние** mute adoration
  **немо́й** mute person
**ненави́деть** (imp.) to hate, detest
**не́нависть** (f.) hatred
**ненадёжный** unreliable, untrustworthy
**ненадо́лго** for a short while
**ненаме́ренно** unintentionally
**необразо́ванный** uneducated
**необходи́мо** it is necessary
  **Необходи́мо ко́нчить рабо́ту.** It is necessary to finish the work.
**необходи́мость** (f.) necessity
**необходи́мый** necessary, indispensable
**необыкнове́нный** unusual
**неограни́ченный** unlimited
**неодобри́тельный** disapproving
**неодушевлённый** inanimate
**неожи́данно** unexpectedly
**неожи́данность** (f.) suddenness, unexpectedness
**неопра́вданный** unjustified
**неопределённый** indefinite, indeterminate
**нео́пытный** inexperienced
**неоргани́ческий** inorganic (chemistry)
**неотврати́мость** (f.) inevitability
**неотчётливый** vague, indistinct
**неохо́та** reluctance
**неохо́тно** unwillingly, reluctantly
**неплодоро́дный** barren, infertile
**неплохо́й** not bad, quite good
**неподви́жно** motionlessly
**неподви́жный** immovable, stationary
**неподку́пный** incorruptible, someone who can't be bought
**неподходя́щий** unsuitable, inappropriate
**неполноце́нность** (f.) inferiority
**непо́лный** incomplete, imperfect

**непонима́ние** incomprehension, misunderstanding
**непоря́дочный** dishonorable, ungentlemanly
**непоси́льный** beyond one's strength
*****непра́вда** untruth, falsehood
**непра́вильно** irregularly, erroneously, incorrectly
*****непреме́нно** certainly, without fail
**непреодоли́мый** insurmountable, unconquerable
**непреры́вно** uninterruptedly, continuously
**непреры́вность** (f.) continuity
**неприве́тливый** unfriendly, ungracious
**непривлека́тельный** uninviting, unpleasant
**неприли́чный** indecent, unseemly
  **Како́е неприли́чное поведе́ние!** What disgraceful behavior!
**непринуждённо** without embarrassment, nonchalantly
  **чу́вствовать себя́ непринуждённо** to feel at ease
**непринуждённый** natural, free and easy
  **непринуждённая по́за** natural attitude, poise
**неприя́тно** unpleasant, it is unpleasant
**неприя́тность** (f.) trouble, annoyance
**неприя́тный** unpleasant, disagreeable
**непрости́тельный** unpardonable, inexcusable
**непрямо́й** indirect, hypocritical
**нера́венство** inequality
**неразлу́чный** inseparable
**неразу́мие** foolishness, unreason
**неразу́мный** unreasonable, unwise
**нерасчётливость** (f.) extravagance
**нерасчётливый** extravagant, wasteful
**нерв** nerve
  **де́йствовать кому́-либо на не́рвы** to get on someone's nerves
  **страда́ть не́рвами** to have a nervous disease
**не́рвничать** to be nervous

**не́рвный** nervous
**нереши́тельность** (f.) indecision
**неро́вный** uneven, rough
**несвя́зно** incoherently
**несгора́емый** fireproof
*\*не́сколько** several, some, a few
**нескро́мный** immodest, indiscreet
**несло́жный** simple, uncomplicated
**неслы́шный** inaudible
**несмотря́ на то, что** despite the
    fact that
**песно́сный** unbearable, intolerable
**несоверше́нный** imperfect,
    incomplete
**несовмести́мый** incompatible
**несогла́сие** dissent, disagreement,
    difference of opinion
**несомне́нно** undoubtedly, beyond
    all question
**неспоко́йный** restless, uneasy
**неспосо́бный** incapable,
    incompetent
**несправедли́вость** (f.) injustice,
    unfairness
**несправедли́вый** unjust, unfair
**несравне́нно** incomparably,
    matchlessly
**несрави́мый** incomparable,
    unmatched
**нестерпи́мый** unbearable,
    intolerable
**нести́, носи́ть** to bear, carry
   **нести́ отве́тственность** to bear
    the responsibility
**несчастли́вый** unfortunate
**несча́стный** unhappy, unfortunate
**несча́стье** misfortune
   **к несча́стью** unfortunately
**несъедо́бный** inedible
*\*нет** no, there is (are) not
   **Бу́дет он там и́ли нет?** Will he
    be there or not?
   **Его́ нет до́ма.** He is not at home.
   **ещё нет** not yet
   **Почему́ нет?** Why not?
   **совсе́м нет** not at all
   **Там никого́ нет.** There is no one
    there.
**нетерпели́во** impatiently
**нетерпели́вый** impatient
**нетерпе́ние** impatience
**нетерпи́мый** intolerant

**нетре́бовательный** unpretentious,
    modest
**неуважи́тельно** disrespectfully
**неуве́ренный** uncertain, hesitating
**неуго́дный** undesirable
**неуда́ча** failure
**неуда́чный** unsuccessful,
    unfortunate
**неудо́бный** uncomfortable,
    inconvenient
**неудо́бство** inconvenience,
    discomfort
**неудовлетвори́тельный**
    unsatisfactory, inadequate
**неудово́льствие** displeasure
*\*неуже́ли!** Really! Is it possible!
**неуклю́жий** clumsy, awkward
**неутоми́мый** tireless
**неую́тный** bleak, not cozy
**нефтяно́й та́нкер** oil tanker
**не́хотя** unwillingly, reluctantly
*\*неча́янно** accidentally
**нече́стный** dishonest
**нечи́стый** unclean, impure
   **нечи́стая со́весть** guilty
    conscience
   **нечи́стое де́ло** suspicious affair
*\*ни** not a
   **Не мог найти́ ни одного́ приме́ра.**
    He could not find a single
    example.
   **Ни ка́пли не упа́ло.** Not a single
    drop fell.
   **ни ... ни ...** neither ... nor ...
   **Ни ра́зу не ви́дела его́.** She
    never saw him.
*\*нигде́** nowhere
*\*ни́жний** lower
   **ни́жнее бельё** underwear
   **ни́жний эта́ж** ground floor
*\*ни́зкий** low, short, inferior
   **ни́зкий го́лос** deep voice
   **ни́зкое ка́чество** poor quality
*\*ника́к** in no way
   **Ника́к нельзя́.** It is quite
    impossible.
   **Он ника́к не мог откры́ть я́щик.**
    In no way could he open the box.
*\*никогда́** never
   **никогда́ бо́льше** never again
   **никогда́ в жи́зни** never in one's
    life

почти́ никогда́   hardly ever
*никто́   no one
*никуда́   nowhere
  никуда́ не годи́тся   won't do at all
  никуда́ не го́дный челове́к   good-for-nothing
*ниско́лько   not at all, not in the least
  Это ниско́лько не тру́дно.   It is not difficult at all.
ни́тка   thread
  вдева́ть ни́тку в иго́лку   to thread a needle
  нитра́ты   nitrates
*ничего́   nothing, never mind, it doesn't matter
  Ничего́!   It is nothing! No harm done.
  Ничего́ не ви́дел.   He saw nothing.
  Ничего́ не поде́лаешь.   There's nothing that can be done.
  ничего́ подо́бного   nothing of the sort
  Это ему́ ничего́.   It is nothing to him.
  Это ничего́ не зна́чит.   It means nothing.
ничто́жный   insignificant, worthless
*но   but
нова́торство   innovation
новомо́дный   new-fashioned, modern
новосе́лье   housewarming
но́вость   (f.) news
*но́вый   new, modern
  Что но́вого?   What's new?
*нога́   foot, leg
  вверх нога́ми   upside down
  встать с ле́вой ноги́   to get up on the wrong side of the bed
  идти́ в но́гу   to keep pace
  со всех ног   as fast as one can run
  стать на́ ноги   to become independent
но́готь   fingernail, toenail
*нож   knife
*но́жницы   scissors
*но́мер   number, hotel room
но́рма   standard, norm
норма́льно   normally
норма́льный   normal, same

норма́льные усло́вия   normal conditions
*нос   nose
  говори́ть в нос   to speak nasally
  не ви́деть да́льше своего́ но́са   to see no further than one's nose
  носово́й плато́к   handkerchief
  перед но́сом   under one's nose
  сова́ть нос во что́-либо   to pry into something
  уткну́ться но́сом во что́-либо   to bury oneself into something
*носи́ть   to carry (by hand), wear (clothes)
носи́ться   to wear
  Эта мате́рия бу́дет хорошо́ носи́ться.   This material will wear well.
носо́к, носки́   sock, socks
но́ты   music (printed music)
  игра́ть без нот   to play without music
*ночева́ть   (imp.) to spend the night
*ночь   (f.) night
  но́чью   at night
  споко́йной но́чи   good night
ноя́брь   (m.) November
нрав   disposition, temper
  У него́ весёлый нрав.   He has a cheerful disposition.
  Это ему́ не по нра́ву.   It goes against his grain.
*нра́виться (понра́виться)   to please
  Ему́ нра́вится её лицо́.   He likes her face.
  Она́ стара́ется понра́виться ему́.   She tries to make him like her.
  Это ему́ не понра́вилось.   He did not like it.
нра́вственный   moral
*нра́вы   (pl.) customs, morals and manners
ну!   Well, now!
  Ну, и что же да́льше?   Well, and what then?
  Ну, коне́чно.   Why, of course.
  Ну так что́ же?   Well, what of it?
нужда́   need
  в слу́чае нужды́   in case of need
нужда́ться   to need, want

\*ну́жно　it is necessary, one should
　мне ну́жно　I need
　Э́то ну́жно сде́лать.　It must be
　　done.
ну́жный　necessary
нуль　(m.) zero, nought
　своди́ть к нулю́　to bring to
　　nothing
ны́не　the present
ны́нче　today
ню́хать (поню́хать)　to smell, sniff
ня́ня　nursemaid, nurse

# О

\*о, об　about, concerning (with
　prep.)
　ду́мать о ко́м-либо　to think of
　　someone
　кни́га об а́томной эне́ргии　a
　　book about atomic energy
о́ба, о́бе　both (m. and n., f.)
обвине́ние　charge, accusation
обвини́ть—see обвиня́ть
обвиня́ть (обвини́ть)　to accuse,
　charge
обгоре́лый　burnt
обду́манно　after long
　consideration, deliberately
обду́мать—see обду́мывать
обду́мывать (обду́мать)　to
　consider, think over
обе́д　dinner
\*обе́дать (пообе́дать)　to dine
обедне́вший　impoverished
обезья́на　monkey
обеща́ние　promise
обеща́ть　to promise
обжечь—see обжига́ть
обжига́ть (обже́чь)　to burn,
　scorch
обжо́ра　glutton
обзо́р　survey, review
оби́деть(ся)—see обижа́ть(ся)
оби́дно　offensively
обижа́ть(ся) (оби́деть(ся))　to
　offend, hurt someone's feelings; to
　be offended
　Не обижа́йтесь.　Don't be
　　offended.

Они́ его́ оби́дели.　They have
　offended him.
оби́женный　offended
оби́лие　abundance, plenty
оби́льный　abundant, plentiful
о́блако　cloud
о́бласть　(f.) sphere, province
　о́бласть зна́ний　field of
　　knowledge
облегча́ть (облегчи́ть)　to
　facilitate, make easier, relieve
облегчи́ть—see облегча́ть
обма́н　fraud, deception
обману́ть—see обма́нывать
обма́нчивый　deceptive, delusive
обма́нывать (обману́ть)　to
　deceive, swindle
обме́н　exchange
о́бморок　fainting fit
　упа́сть (perf.) в о́бморок　to faint
обнима́ть (обня́ть)　to embrace
　обнима́ть умо́м　to comprehend
обня́ть—see обнима́ть
обогати́ть—see обогаща́ть
обогаща́ть (обогати́ть)　to enrich
　обогати́ть свой о́пыт　to enrich
　　one's experience
обогрева́ть (обогре́ть)　to warm
обогре́ть—see обогрева́ть
ободре́ние　encouragement
ободри́ть—see ободря́ть
\*ободря́ть (ободри́ть)　to
　encourage, reassure
обожа́ние　adoration
обожа́ть　to adore, worship
обознача́ться (обозна́читься)　to
　show, appear
обозна́читься—see обознача́ться
обойти́—see обходи́ть
обою́дно　mutually
обраба́тывать (обрабо́тать)　to
　work up, process
обрабо́тать—see обраба́тывать
обра́доваться—see ра́доваться
\*о́браз　image, shape, form
　гла́вным о́бразом　most
　　importantly
　о́браз жи́зни　way of living
　таки́м о́бразом　in this way
\*образова́ние　education,
　formation
　дать образова́ние　to educate

образова́ние слов word formation

образо́ванный (well)-educated

образова́тельный (о програ́мме) educational

обрати́ть—see обраща́ть

*обра́тно back

  идти́ обра́тно to return, go back

  туда́ и обра́тно round trip, to and fro

обра́тный reverse

  в обра́тную сто́рону in the opposite direction

обраща́ть (обрати́ть) to turn, direct

  обраща́ть внима́ние to pay attention

  обрати́ть в шу́тку to turn into a joke

обруче́ние betrothal

обслу́живание service, maintenance

обслу́живать (обслужи́ть) to attend, serve

обслужи́ть—see обслу́живать

обста́вить—see обставля́ть

обставля́ть (обста́вить) to furnish, arrange

обстано́вка furniture; conditions, situation, environment

обстоя́тельство circumstance

  ни при каки́х обстоя́тельствах under no circumstances

  смягча́ющие вину́ обстоя́тельства extenuating circumstances

обсуди́ть—see обсужда́ть

обсужда́ть (обсуди́ть) to discuss

обходи́ть to go around, pass

обхо́дный roundabout

общежи́тие dormitory

общесою́зный all-union

обще́ственный public, social

  обще́ственное мне́ние public opinion

  обще́ственный строй social system

о́бщество society

о́бщий general, common

  не име́ть ничего́ о́бщего to have nothing in common

  о́бщее де́ло common cause

  о́бщее собра́ние general meeting

  о́бщий язы́к common language

объе́кт object

объекти́вный objective (adj.)

объём volume, size

объяви́ть—see объявля́ть

объявле́ние announcement, declaration

объявля́ть (объяви́ть) to declare, announce

объясне́ние explanation

объясни́ть—see объясня́ть

объясня́ть (объясни́ть) to explain

объя́тие embrace

обыкнове́нно usually, as a rule

обыкнове́нный usual, ordinary

обы́чай custom, usage

  по обы́чаю according to custom

обы́чно usually

обя́занность (f.) duty, responsibility

  исполня́ть свои́ обя́занности to attend to one's duties

обя́занный obliged

  быть обя́занным кому́-либо to be indebted to someone

  быть обя́занным что́-либо сде́лать to be obliged to do something

*обяза́тельно certainly, without fail

обяза́тельный obligatory, compulsory

о́вощи vegetables

овра́г ravine

овца́ sheep

оглуши́тельный deafening

огово́рка reservation

  с огово́ркой with reserve

оголённый nude

*ого́нь (m.) fire

огоро́д vegetable garden

ограбле́ние robbery

ограниче́ние limitation, restriction

ограни́ченность scantiness, narrow-mindedness

ограни́чивать (ограни́чить) to limit, restrict

ограни́чить—see ограни́чивать

огро́мный huge, enormous

*огуре́ц cucumber

о́да ode

одева́ть(ся) (оде́ть(ся)) to dress someone; to dress oneself

оде́жда clothes

оде́ть(ся) — see одева́ть(ся)
одея́ло  blanket, quilt
*оди́н, одна́, одно́, одни́,  one, alone, only (m., f., n., plural)
оди́н за други́м  one after another
оди́н из них  one of them
**Оди́н он мо́жет сде́лать э́то.**  Only he can do it.
оди́н раз  once
**Одно́ бы́ло ему́ я́сно.**  One thing was clear to him.
**Он был совсе́м оди́н.**  He was quite alone.
**Они́ живу́т в одно́м до́ме.**  They live in the same house.
одни́м сло́вом  in a word
**Там была́ одна́ вода́.**  There was nothing but water.
одина́ково  equally
одина́ковый  identical
оди́ннадцать  eleven
оди́ннадцатый  eleventh
одино́кий  lonely
одино́чество  solitude, loneliness
*одна́жды  once
одна́ко  however, but
одновре́менно  simultaneously
однозву́чный  monotonous (sound)
однообра́зие  monotony
однообра́зный  monotonous
одолжа́ть (одолжи́ть)  to lend, borrow
одолже́ние  favor
одолжи́ть — see одолжа́ть
одушеви́ть(ся) — see одушевля́ть(ся)
одушевле́ние  animation
одушевлённый  animated
одушевля́ть(ся) (одушеви́ть(ся))  to animate (to become animated)
ожере́лье  necklace
ожиби́ть(ся) — see оживля́ть(ся)
оживлённо  animatedly
оживля́ться (оживи́ться)  to enliven, revive
ожида́ние  expectation
*ожида́ть  to wait for, expect, anticipate
озабо́ченный  preoccupied, anxious, worried
озаря́ть (озари́ть)  to illuminate, light up

его́ озари́ло  it dawned on him
озари́ть — see озаря́ть
*о́зеро  lake
озлобле́ние  bitterness, animosity
ознако́миться — see знако́миться
ознакомля́ться (ознако́миться)  to familiarize oneself (with)
озоносфе́ра  ozone layer
оказа́ть(ся) — see ока́зывать(ся)
ока́зывать(ся) (оказа́ть(ся))  to render, turn out to be, show up
оказа́лось, что  it turned out that
ока́зывать влия́ние  to exert, influence
ока́зывать предпочте́ние  to show a preference
ока́зывать услу́гу  to render (do) a service
**Трево́га оказа́лась напра́сной.**  There proved to be no grounds for alarm.
ока́нчивать (око́нчить)  to finish, end
око́нчить университе́т  to graduate from university
океа́н  ocean
окисле́ние  oxidation
оклика́ть (окли́кнуть)  to hail, call (to)
окли́кнуть — see оклика́ть
*окно́  window
*о́коло  near, approximately, about (with gen.)
говори́ть вокру́г да о́коло  to beat around the bush
**О́коло го́рода есть о́зеро.**  There is a lake near the town.
**Сейча́с о́коло трёх часо́в.**  It is now around three o'clock.
**У меня́ о́коло трёх до́лларов.**  I have approximately three dollars.
оконча́ние  termination, finishing, ending
оконча́тельный  final, definitive
око́нчить — see ока́нчивать
окрести́ть — see крести́ть
окре́стность  (f.) environs, neighborhood
окружа́ть (окружи́ть)  to surround, encircle
окружи́ть — see окружа́ть
окружа́ющая среда́  environment

**окру́жность** (f.) circumference

**октя́брь** (m.) October

**ола́дьи** pancakes

**ома́р** lobster

**омле́т** omelette

*__**он**__ he (used when referring to any masculine noun, animate or inanimate)

*__**она́**__ she (used to refer to any feminine noun)

*__**они́**__ they (used to refer to any plural noun)

*__**оно́**__ it (used when referring to any neuter noun, animate or inanimate)

**опа́здывать (опозда́ть)** to be late
  **Извини́те, что я опозда́л.** Pardon me for being late.
  **опозда́ть на по́езд** to miss a train

**опасе́ние** fear, apprehension

**опа́сно** dangerously

**опа́сность** (f.) danger, peril

**опа́сный** dangerous, perilous

*__**о́пера**__ opera
  **из друго́й о́перы** quite a different matter

**опера́тор** operator, cameraman

**опера́ция** operation
  **перенести́ опера́цию** to undergo an operation

**описа́ние** description

**описа́ть**—see **опи́сывать**

**опи́сывать (описа́ть)** to describe, portray

**опозда́ние** delay, tardiness

**опозда́ть**—see **опа́здывать**

**оправда́ние** justification, excuse

**оправда́ть(ся)**—see **опра́вдывать(ся)**

**опра́вдывать (оправда́ть)** to justify, excuse
  **опра́вдывать дове́рие кого́-либо** to warrant someone's confidence

**опра́вдываться (оправда́ться)** to justify oneself, excuse
  **опра́вдываться пе́ред ке́м-либо** to put oneself right with someone
  **Тео́рия оправда́лась.** The theory proved to be correct.

**определе́ние** determination, definition

**определённо** definitely

**определённо знать что́-либо** to know something definitely

**определённый** specific, definite

**определи́ть**—see **определя́ть**

**определя́ть (определи́ть)** to define, determine

**опро́с** survey, poll

**оптими́ст** optimist

**оптимисти́ческий** optimistic

**опубликова́ть**—see **публикова́ть**

**опуха́ть (опу́хнуть)** to swell

**опу́хнуть**—see **опуха́ть**

**о́пыт** experiment, test, experience

**о́пытный** experienced

**опя́ть** again

**ора́нжевый** orange (color)

**о́рган** organ
  **о́рганы ре́чи** organs of speech
  **о́рганы вла́сти** organs of government

**орга́н** organ (musical instrument)

**организо́ванный** organized

**органи́ческий** organic
  **органи́ческая хи́мия** organic chemistry

**орёл** eagle

**оре́х** nut

**оригина́льный** original, eccentric, unusual

**ориенти́роваться** to orient oneself

**орке́стр** orchestra

**ору́дие** instrument, tool

**осведоми́ть**—see **осведомля́ть**

**осведомля́ть (осведоми́ть)** to inform

**освежа́ть (освежи́ть)** to refresh

**освежи́ть**—see **освежа́ть**

**освети́ть**—see **освеща́ть**

**освеща́ть (освети́ть)** to illuminate, light up

**освеще́ние** lighting, illumination

**освободи́ть**—see **освобожда́ть**

**освобожда́ть (освободи́ть)** to liberate, release

**освобожде́ние** liberation, release

**осво́ить** to master, assimilate

**осво́иться** to make oneself familiar with

**о́сень** (f.) autumn
  **о́сенью** in the autumn

**оскорби́тельный** insulting, abusive

оскорби́ть(ся) —see
  оскорбля́ть(ся)
оскорбле́ние  insult, outrage
оскорбля́ть (оскорби́ть)  to insult,
  outrage
оскорбля́ться (оскорби́ться)  to
  take offense
ослабе́ть —see слабе́ть
ослепи́тельный  dazzling, blinding
ослепи́ть —see ослепля́ть
ослепля́ть (ослепи́ть)  to blind,
  dazzle
осле́пнуть  (perf.) to lose one's sight
осложне́ние  complication
осма́тривать (осмотре́ть)  to
  examine, survey
осме́ивать (осмея́ть)  to ridicule
осмея́ть —see осме́ивать
осмотре́ть —see осма́тривать
осно́ва  base, foundation, basis
  на осно́ве чего-либо  on the basis
    of something
  приня́ть за осно́ву  to assume as
    a basis
основа́тель  (m.) founder
основно́й  fundamental, basic
осо́бенно  especially, particularly
осо́бенность  (f.) peculiarity
  в осо́бенности  in particular
остава́ться (оста́ться)  to remain,
  stay
  До шести́ остаётся не́сколько
    мину́т.  A few minutes remain
    until six (o'clock).
  остава́ться на ночь  to stay the
    night
  Ру́чка оста́лась на столе́.  The
    pen remained on the desk.
  Э́то навсегда́ оста́нется в мое́й
    па́мяти.  It will always remain in
    my memory.
оста́вить —see оставля́ть
оставля́ть (оста́вить)  to leave,
  abandon
  Оставля́ет жела́ть лу́чшего.  It
    leaves much to be desired.
  оставля́ть вопро́с откры́тым  to
    leave the question unsettled
  оставля́ть наде́жду  to give up
    hope
  оставля́ть в поко́е  to leave alone
остально́й  remaining, the rest of

остана́вливать (останови́ть)  to
  stop
*остана́вливаться (останови́ться)
  to stop, come to a stop
  внеза́пно останови́ться  to stop
    short
  ни пе́ред чем не остана́вливаться
    to stop at nothing
останови́ть(ся) —see
  остана́вливать(ся)
остано́вка  stop, bus or trolley stop
оста́ться —see остава́ться
остолбене́ть  (perf.) to be dumb-
  founded
*осторо́жно  carefully, cautiously
осторо́жность  (f.) care, caution
осторо́жный  careful, wary
остри́чься —see стри́чься
о́стро  sharply, keenly
о́стров  island
острота́  sharpness, pungency
остроу́мный  witty
о́стрый  sharp, acute
  Он остёр на язы́к.  He has a
    sharp tongue.
  о́страя боль  acute pain
  о́стрый нож  sharp knife
  о́стрый со́ус  piquant, hot sauce
остуди́ть —see студи́ть
*от  from (with gen.)
  бли́зко от го́рода  near the town
  Он получи́л письмо́ от сестры́.
    He received a letter from his
    sister.
  Он узна́л э́то от него́.  He
    learned it from him.
  от го́рода до ста́нции  from the
    town to the station
  от и́мени  on behalf of
  страда́ть от боле́зни  to suffer
    from an illness
отве́т  answer, reply
отве́тить —see отвеча́ть
отве́тственность  (f.) responsibility
*отвеча́ть (отве́тить)  to answer,
  reply
  отвеча́ть за себя́  to answer for
    oneself
  отвеча́ть на письмо́  to answer a
    letter
  отвеча́ть на чьё-либо чу́вство  to
    return someone's feeling

**отвыкáть (отвы́кнуть)**  to become unaccustomed, grow out of a habit

**отвы́кнуть**—see **отвыкáть**

**отгадáть**—see **отгáдывать**

**отгáдывать (отгадáть)**  to guess

*****отдавáть (отдáть)**  to give back, give up

  **отдавáть дóлжное комý-либо**  to render someone his due

  **отдавáть свою́ жизнь**  to devote one's life

**отдáть**—see **отдавáть**

**отдéл**  section, department

**отделéние**  separation, section, department

**отдели́ть(ся)**—see **отделя́ть(ся)**

**отдéльно**  separately

**отдéльный**  separate

**отделя́ть(ся) (отдели́ть(ся))**  to separate, detach; to become detached

**отдохнýть**—see **отдыхáть**

**óтдых**  rest, relaxation

**отдыхáть (отдохнýть)**  to rest

*****отéц**  father

**отéчество**  native land, fatherland

**отжи́вший**  obsolete

**откáз**  refusal, rejection

**отказáть**—see **откáзываться**

*****откáзываться (отказáться)**  to refuse, decline

  **откáзываться вы́слушать когó-либо**  to refuse to listen to someone

  **откáзываться от борьбы́**  to give up the struggle

  **откáзываться от свои́х слов**  to retract one's words

**откровéнно**  frankly, openly

**откровéнность**  (f.) frankness, openness

**откровéнный**  frank, outspoken

*****открывáть (откры́ть)**  to open, discover

  **открывáть прéния**  to open the debate

  **открывáть дýшу комý-либо**  to open one's heart to someone

  **откры́ть кран**  to turn on a faucet

*****откры́тка**  postcard

**откры́то**  openly, plainly

**откры́тый**  open, frank

  **на откры́том вóздухе**  in the open air

  **откры́тое мóре**  open sea

  **откры́тое плáтье**  low-necked dress

  **с откры́той душóй**  open-heartedly

**откры́ть**—see **открывáть**

*****откýда**  where from, whence

  **откýда вы?**  Where are you from?

  **Откýда вы э́то знáете?**  How do you come to know about it?

**откуси́ть**  (perf.) to bite off

**отличáть (отличи́ть)**  to distinguish

**отличáться (отличи́ться)**  to differ from, be notable for

**отли́чие**  difference, distinction

**отличи́ть(ся)**—see **отличáть(ся)**

**отли́чно**  excellently, it is excellent

  **отли́чно понимáть**  to understand perfectly

**отли́чный**  excellent, perfect

  **отли́чное здорóвье**  perfect health

  **отли́чное настроéние**  high spirits

**отложи́ть**  (perf.) to set aside

  **отложи́ть в дóлгий я́щик**  to shelve, hold

  **отложи́ть решéние**  to suspend one's judgment

**отмéтить**—see **отмечáть**

**отмéтка**  mark

  **хорóшие отмéтки**  high grades

**отмечáть (отмéтить)**  to mark, note, mention

**относи́тельно**  relatively, concerning

  **Онá говори́ла мне относи́тельно брáта.**  She spoke to me about her brother.

**относи́ться (отнести́сь)**  to treat, regard

  **Как вы отнóситесь к моемý плáну?**  What do you think of my plan?

  **хорошó относи́ться к комý-либо**  to treat someone well

  **Э́то к немý не отнóсится.**  That's none of his business. It doesn't concern him.

**отношéние**  attitude, relationship

  **быть в хорóших отношéниях с кéм-либо**  to be on good terms with someone в прямо́м отноше́нии  in direct ratio

в э́том отноше́нии  in this respect

име́ть отноше́ние к чему́-либо  to have a bearing on something

отойти́—see отходи́ть

отомсти́ть—see мсти́ть

отопле́ние  heating system

о́тпертый  unlocked

отпере́ть—see отпира́ть

отпира́ть (отпере́ть)  to unlock

отпла́та  repayment

отплати́ть—see отпла́чивать

отпла́чивать (отплати́ть)  to pay back

отплати́ть кому́-либо за услу́гу  to repay someone for his service

отплати́ть кому́-либо той же моне́той  to pay someone in his own coin

отпра́виться—see отправля́ться

отправля́ться (отпра́виться)  to set out, start

отпра́виться в путь  to set out on a trip

По́езд отправля́ется в пять часо́в.  The train leaves at five o'clock.

о́тпуск  leave, vacation

отпуска́ть (отпусти́ть)  to let go, set free

отпуска́ть во́лосы  to let one's hair grow long

отпуска́ть сре́дства  to allot resources, to budget

отпусти́ть—see отпуска́ть

отра́да  delight, joy

отре́зок  piece, segment

отрица́ние  denial, negation

отрица́тельно  negatively

отрица́тельный  negative, unfavorable

отрица́тельное влия́ние  bad influence

отрица́тельные ти́пы в рома́не  negative characters in a novel

отрица́тельный отве́т  negative answer

отрица́ть  to deny, disclaim

отстава́ть (отста́ть)  to lag, be slow

Часы́ отстаю́т.  The watch (clock) is slow.

Э́тот учени́к отстаёт.  This pupil lags behind.

отставно́й  retired

отста́ть—see отстава́ть

отсу́тствие  absence, lack

в моё отсу́тствие  in my absence

за отсу́тствием де́нег  for lack of money

отсу́тствовать  to be absent

*отсю́да  from here, hence

отте́нок  nuance, inflection, trace

отте́нок значе́ния  shade of meaning

*отту́да  from there, thence

отхо́д  departure

*отходи́ть (отойти́)  to go away from, move away, leave, diverge

отхо́ды  waste products

отча́яние  despair

отча́янно  desperately

отчёркивать (отчеркну́ть)  to mark off

отчеркну́ть—see отчёркивать

отчётливость  distinctness

отчётливый  distinct

отъе́зд  departure

официа́нт  waiter

охо́тник  hunter

охо́тно  willingly, readily

охрани́ть—see охраня́ть

охраня́ть (охрани́ть)  to guard, protect

оцара́пать  (perf.) to scratch

оцени́ть—see цени́ть

очарова́ние  charm, fascination

очаро́ванный  charmed, taken with

очарова́тельный  charming, fascinating

очарова́ть  (perf.) to charm, fascinate

очеви́дно  obviously, apparently, it is obvious

*о́чень  very, very much, greatly

о́чередь  (f.) turn

по о́череди  in turn

стоя́ть в о́череди  to stand in line

очки́  (only pl.) eyeglasses

ошиба́ться (ошиби́ться)  to err, make a mistake

ошиби́ться—see ошиба́ться

*оши́бка  mistake, error

58

**о́щупью**   gropingly, by sense of touch

**ощути́ть**—see **ощуща́ть**

**ощуща́ть (ощути́ть)**   to feel, sense

**ощуще́ние**   sensation

# П

*__па́дать (упа́сть)__   to fall, slump, diminish

  **во́лосы па́дают на лоб**   hair falls across the forehead

  **Отве́тственность за э́то па́дает на вас.**   The responsibility for this falls on you.

  **па́дать ду́хом**   to lose courage

**паке́т**   parcel, package

**пакт**   pact

**пала́тка**   tent, marquee

*__па́лец__   finger, toe

  **обвести́ кого́-либо вокру́г па́льца**   to twist someone around one's finger

  **Он па́льцем никого́ не тро́нет.**   He wouldn't hurt a fly.

**па́лка**   stick, cane

  **па́лка о двух конца́х**   double-edged weapon

**па́луба**   deck

**пальто́**   (not declined) coat, overcoat

**па́мятник**   memorial, monument

**па́мятный**   memorable

**па́мять**   (f.) memory

  **люби́ть кого́-либо без па́мяти**   to love someone to distraction

  **подари́ть на па́мять**   to give as a keepsake

**панк**   punk (fashion)

**пансио́н**   boarding school, boarding house

*__па́па__   papa, daddy

**пар**   steam

**па́ра**   pair, couple

  **на па́ру слов**   for a few words

  **па́ра сапо́г**   pair of boots

  **хоро́шая па́ра**   fine couple

**пара́д**   parade

**паралле́льный**   parallel

**парапсихо́лог**   parapsychologist

**па́рень**   (m.) fellow, lad, chap

**пари́**   bet

  **держа́ть пари́**   to make a bet

**пари́жский**   Parisian

**парикма́хер**   barber

**парикма́херская**   barbershop

**па́рить (вы́парить)**   to steam

**парк**   park

**парохо́д**   steamship

**па́ртия**   party

**партнёр**   partner

**па́рус**   sail

**па́смурно**   it is cloudy, dull

**па́смурный**   cloudy, dull, gloomy

  **па́смурная пого́да**   dull weather

**па́спорт**   passport

**пассажи́р, пассажи́рка**   passenger (m., f.)

**пасси́вный**   passive

  **пасси́вный бала́нс**   unfavorable balance (economics)

  **пасси́вный хара́ктер**   passive temperament

**па́ста**   paste

  **зубна́я па́ста**   toothpaste

**па́стбище**   pasture

**Па́сха**   Easter

**па́уза**   pause, interval

**пау́к**   spider

**паути́на**   cobweb

**па́хнуть**   to smell (of)

  **Па́хнет бедо́й.**   This means trouble.

  **Па́хнет от него́ вино́м.**   He smells of wine.

**пацие́нт**   patient

**па́чка**   package

**певе́ц, певи́ца**   singer (m., f.)

**пейза́ж**   landscape

**пека́рня**   bakery

**пе́карь**   baker

**пельме́ни**   (pl.) meat dumplings

**пе́ние**   singing

**пе́нсия**   pension

**пе́пельница**   ashtray

**пе́рвенство**   superiority

**первокла́ссный**   first-rate

**первонача́льно**   originally, at first

**первонача́льный**   primary, original

  **первонача́льная причи́на**   first cause

*__пе́рвый__   first, earliest

**Он зна́ет э́то из пе́рвых рук.**   He has firsthand information.

**пе́рвая по́мощь**   first aid

**пе́рвого января́**   on the first of January

**пе́рвый эта́ж**   ground floor

**с пе́рвого взгля́да**   at first sight

**перева́ривать (перевари́ть)**   to overcook, digest

**перевари́ть**—see **перева́ривать**

**перево́д**   translation

**перевести́**—see **переводи́ть**

**переводи́ть (перевести́)**   to translate, interpret, transfer

**перево́дчик**   translator, interpreter

**перегиба́ться (перегну́ться)**   to lean over

**перегну́ться**—see **перегиба́ться**

**переговори́ть**   (perf.) to discuss, talk over

**перегово́ры**   negotiations

**вести́ перегово́ры**   to carry on negotiations

*__пе́ред__   before, in front of (place or time) (with inst.)

**Они́ ничто́ перед ним.**   They are nothing compared to him.

**Пе́ред на́ми больша́я зада́ча.** There is a great task before us.

**пе́ред обе́дом**   before dinner

**Стул стои́т пе́ред столо́м.** The chair is standing in front of the table.

**передава́ть (переда́ть)**   to pass, give

**передава́ть по ра́дио**   to broadcast

**Переда́йте, пожа́луйста, соль.** Please pass the salt.

**передава́ть приве́т**   to send regards

**переда́ть**—see **передава́ть**

**переда́ча**   transmission; broadcast

**передвига́ть (передви́нуть)**   to move, shift

**Стол на́до передви́нуть.** The table should be moved.

**передви́нуть**—see **передвига́ть**

**переде́лать**   (perf.) to do again, alter

**переде́лать пла́тье**   to alter a dress

**пере́дник**   apron

**пере́дняя**   entrance room, foyer

**передово́й**   headmost, forward, progressive

**передова́я статья́**   editorial

**передова́я те́хника**   advanced technique

**переду́мать**   (perf.) to change one's mind

**переезжа́ть (перее́хать)**   to move

**переезжа́ть на но́вую кварти́ру** to move to a new apartment

**перее́хать**—see **переезжа́ть**

**пережа́ренный**   overcooked, overfried

**пережива́ние**   experience

**пережива́ть (пережи́ть)**   to experience, endure, outlive

**тяжело́ пережива́ть что́-либо** to feel something keenly

**пережи́ть**—see **пережива́ть**

**переименова́ть**   (perf.) to rename

**перейти́**—see **переходи́ть**

**пе́рекись водоро́да**   hydrogen peroxide

**перекусывать (перекуси́ть)**   to have a bite to eat

**перелиста́ть**—see **перели́стывать**

**перели́стывать (перелиста́ть)**   to turn over pages, leaf through

**переломá́ть**   (perf.) to break

**переме́на**   change

**перемени́ть**—see **меня́ть**

**перемудри́ть**   (perf.) to be too clever

**перенапряже́ние**   overstrain, overexertion

**перенасы́щенный**   oversaturated

**перенести́**—see **переноси́ть**

**переноси́ть (перенести́)**   to endure, bear, bring over (by hand)

**перено́сный**   portable

**в перено́сном смы́сле** figuratively

**переночева́ть**   (perf.) to spend the night

**переоде́ть(ся)**   (perf.) to change (one's) clothes

**перепеча́тать**   (perf.) to reprint, type again

**переписа́ть**—see **перепи́сывать**

**перепи́ска**   correspondence

перепи́сывать (переписа́ть) to copy over

перепи́сываться (imp.) to correspond

переплати́ть—see перепла́чивать

перепла́чивать (переплати́ть) to overpay

переплёт binding (book cover)

перепо́лнить—see переполня́ть

переполня́ть (перепо́лнить) to overfill

переры́в interruption, intermission

переста́ть (perf.) to stop, cease

переступа́ть (переступи́ть) to overstep, transgress

переступа́ть грани́цы to overstep the limits

переступи́ть—see переступа́ть

переу́лок lane, alley

переутомле́ние overstrain

перехо́д crossing, transition

переходи́ть (перейти́) to cross, get over, pass on to

переходи́ть грани́цу to cross the frontier

переходи́ть к друго́му владе́льцу to change hands

перехо́дный transitional

пе́рец pepper

пери́од period, spell

периоди́ческий periodical

перпендикуля́рно perpendicular

пе́рсик peach

перспекти́ва perspective, outlook

перча́тка glove

пёс dog

*пе́сня song

тяну́ть всё ту же пе́сню to harp on one theme

Э́то ста́рая пе́сня. It's the same old story.

песо́к sand

са́харный песо́к granulated sugar

пёстрый many-colored

нести́циды (pl.) pesticides

пе́тля loop, buttonhole

*петь (спеть) to sing, chant

петь ба́сом to sing in a bass voice

петь сла́ву to sing the praises

печа́ль (f.) grief, sorrow

печа́льный sad, wistful, mournful

печа́тать (напеча́тать) to print, type

печа́ть (f.) press, seal

быть в печа́ти to be in print

свобо́да печа́ти freedom of the press

печёнка liver

печёный baked

пече́нье baking, pastry, cookie

печь stove, oven

печь (испе́чь) to bake

пешко́м on foot

ходи́ть пешко́м to go on foot

пиани́но upright piano

пиани́ст pianist (m., f.)

пи́во beer

пиджа́к suit coat

пижа́ма pajamas

пика́нтный piquant, savory

пика́нтный анекдо́т spicy story

пикни́к picnic

пилю́ля pill

пирами́да pyramid

пиро́г pie, cake

пиро́жное pastry, fancy cake

писа́тель (m.) writer, author

*писа́ть (написа́ть) to write, paint

Ру́чка хорошо́ пи́шет. The pen writes well.

писа́ть карти́ны to paint pictures

писа́ть под дикто́вку to take dictation

писа́ть разбо́рчиво to write plainly

писа́ть стихи́ to write verses

писа́ться (imp.) to be spelled

Как э́то сло́во пи́шется? How do you spell that word?

пи́сьменно in writing

пи́сьменный written

пи́сьменная рабо́та written work

пи́сьменный стол desk

письмо́ letter

пита́ние nourishment

пита́ть (imp.) to feed, nourish

пита́ть симпа́тию to have a friendly feeling for

пита́ть чу́вство to entertain a feeling

*пить (вы́пить) to drink

Мне хо́чется пить. I'm thirsty.

пи́ща food

61

горя́чая пи́ща  hot meal
дава́ть пи́щу слу́хам  to feed
rumors
духо́вная пи́ща  spiritual
nourishment
пла́вание  swimming, sailing
пла́вать (плыть)  to swim, sail
Всё плывёт пе́редо мно́й.
Everything is swimming before
my eyes.
пла́вки  swimming trunks
пла́кать  (imp.) to cry, weep
го́рько пла́кать  to weep bitterly
Хоть плачь!  It is enough to make
one cry!
план  plan, scheme
плане́та  planet
пласти́нка  phonograph record,
plate
пласти́ческий  plastic
*плати́ть (заплати́ть)  to pay
плати́ть в рассро́чку  to pay in
installments
плати́ть добро́м за зло  to return
good for evil
*плато́к  shawl, kerchief
носово́й плато́к  handkerchief
платфо́рма  platform
*пла́тье  dress, clothes
племя́нник, племя́нница  nephew,
niece
*плечо́  shoulder
выноа́сить на свои́х плеча́х  to
endure, carry on one's shoulders
пожима́ть плеча́ми  to shrug
one's shoulders
с плеча́  straight from the
shoulder
плодоро́дность  (f.) fertility
пло́ский  flat
пло́ская пове́рхность  plane
surface
пло́ская шу́тка  flat joke
пло́скость  (f.) flatness
пло́тник  carpenter
пло́хо  badly, poorly
пло́хо обраща́ться  to ill-treat
пло́хо себя́ чу́вствовать  to feel
ill
плохо́й  bad, poor
плоха́я пого́да  bad weather
плохо́е здоро́вье  poor health

пло́щадь  (f.) square, public square,
area
плыть—see пла́вать
плюс  plus
пляж  beach
*по  along, down, about, on,
according to, by (with dat.)
говори́ть по-ру́сски  to speak in
Russian
е́хать по у́лице  to ride along the
street
идти́ по траве́  to walk on the
grass
Кни́ги разло́жены по всему́
столу́.  Books are lying all over
the table.
по-мо́ему  in my opinion
по оши́бке  by mistake
по приро́де  by nature
по по́чте  by mail
по пять рубле́й  at five rubles each
побе́да  victory
победи́ть—see побежда́ть
побежда́ть (победи́ть)  to conquer,
win a victory
побли́зости  near at hand
побо́льше  somewhat larger,
somewhat more
побужде́ние  motive, incentive
пова́льно  without exception
по́вар  cook, chef
по-ва́шему  in your opinion
поведе́ние  conduct, behavior
пове́рить—see ве́рить
поверн́у́ть(ся)—see
повора́чивать(ся)
*пове́рх  over (with gen.)
пове́рх пла́тья на ней бы́ло
наде́то пальто́.  She wore a coat
over her dress.
пове́рхностно  superficially
пове́рхность  (f.) surface
по́весть  (f.) story, novella
по-ви́димому  apparently
пови́нность  (f.) duty, obligation
повора́чивать (поверну́ть)  to
turn, change
повора́чиваться (поверну́ться)  to
turn around
поворо́т  bend, curve, turn
поврежде́ние  damage, injury
повсю́ду  everywhere

62

повторение  repetition
повторить—see повторять
повторять (повторить)  to repeat
повысить—see повышать
повышать (повысить)  to raise,
    heighten
  повысить голос  to raise one's
    voice
  повышать по службе  to advance
    in one's work
  повышать условия жизни  to
    raise the standards of living
повыше  a little higher
погибать (погибнуть)  to perish
погибельный (гибельный)
    disastrous, fatal
погибнуть—see погибать
погладить—see гладить
поглядеть—see глядеть
поговорить  (perf.) to have a talk
*погода  weather
погулять  (perf.) to walk a while
*под  under—location (with inst.),
    under—direction (with acc.)
  Он пошёл под дерево.  He went
    under the tree.
  Он стоял под деревом.  He stood
    under the tree.
  под арестом  under arrest
подавать (подать)  to give, serve
  подавать мяч  to serve the ball
  подавать надежду  to give hope
  подавать на стол  to wait on a
    table
  подать прошение  to forward a
    petition
  подать руку  to offer one's hand
подарить—see дарить
подарок  gift
  в подарок  as a gift
подбородок  chin
подвал  basement
подготовить  (perf.) to prepare
  подготовить почву  to pave the
    way
поддержать—see поддерживать
поддерживать (поддержать)  to
    support, maintain
  поддержать разговор  to keep up
    the conversation
  поддерживать морально  to
    encourage

поддержка  backing, support
подействовать—see действовать
подержанный  secondhand, used
поджарить  (perf.) to fry, roast, grill
поджечь  (perf.) to set on fire
поджог  arson
подкладка  lining
подкрепление  confirmation,
    reinforcement
*подле  beside (prep. with gen.)
подлец  villain
подливка  sauce, gravy
подлость  (f.) meanness, baseness
подмести—see подметать
подметать (подмести)  to sweep
*поднимать (поднять)  to lift, raise
  поднимать всех на ноги  to raise
    an alarm
  поднимать руку  to raise one's
    hand
  поднять вопрос  to raise a
    question
подниматься (подняться)  to rise,
    climb
  подниматься на гору  to climb a
    mountain
  подниматься на ноги  to rise to
    one's feet
  Тесто поднялось.  The dough has
    risen.
  Цены поднялись.  Prices went up.
поднос  tray
поднять—see поднимать(ся)
подобно  like, similarly
подобный  like, similar
  и тому подобное (и т. п.)  and so
    on, and so forth
  ничего подобного  nothing of the
    kind
  Он ничего подобного не видел.
    He has never seen anything like
    it.
*подождать  (perf.) to wait for
подозвать  (perf.) to call up,
    beckon
подозревать  to suspect
подозрение  suspicion
подозрительно  suspiciously
подойти—see подходить
подол  hem (of a skirt)
подписаться  (perf.) to sign,
    subscribe

подпи́ска  subscription

по́дпись  signature

подража́ние  imitation

подража́ть  to imitate

подро́бно  in detail, at length

подро́бность  (f.) detail

вдава́ться в подро́бности  to go into detail

подро́бный  detailed

подро́сток  teenager

*подру́га  female friend

по-дру́жески  in a friendly way

подружи́ться  (perf.) to make friends

*подря́д  in succession, in a row

пять часо́в подря́д  five hours in succession, in a row

подсказа́ть  (perf.) to prompt

подслу́шать  (perf.) to eavesdrop

поду́мать—see ду́мать

поду́шка  pillow, cushion

подхо́д  approach, point of view

подхо́д к вопро́су  approach to the problem

*подходи́ть (подойти́)  to come up to, approach, fit

подходи́ть к концу́  to come to an end

Э́то ему́ не подхо́дит.  This won't do for him.

подходя́щий  suitable, appropriate

подчёркивать (подчеркну́ть)  to underline, emphasize

подчеркну́ть—see подчёркивать

подчини́ться—see подчиня́ться

подчиня́ться (подчини́ться)  to obey, submit to

подшива́ть (подши́ть)  to sew underneath, hem

подши́вка  hem, hemming

подши́ть—see подшива́ть

подъём  ascent, raising, instep

*по́езд  train

пое́здка  journey

*пое́хать  (perf.) to set off, depart (by vehicle)

Пое́хали!  Come along! Let's go!

пожале́ть—see жале́ть

пожа́ловаться—see жа́ловаться

пожа́луй  perhaps, very likely

Пожа́луй, вы пра́вы.  You may be right.

Пожа́луй, он придёт.  I think he will come.

*пожа́луйста  please; don't mention it

Да́йте мне, пожа́луйста, воды́.  Give me some water, please.

Спаси́бо. Пожа́луйста.  Thank you. Don't mention it.

пожа́р  fire

пожа́рная кома́нда  fire brigade

пожа́ть—see пожима́ть

пожела́ние  wish, desire

пожела́ть—see жела́ть

пожива́ть  to get along, fare

пожило́й  elderly

пожима́ть (пожа́ть)  to press

вме́сто отве́та пожа́ть плеча́ми  to shrug off the question

пожима́ть плеча́ми  to shrug one's shoulders

пожима́ть ру́ки  to shake hands

по́за  pose, attitude

позави́довать—see зави́довать

позавчера́  the day before yesterday

позади́  behind (adv.), behind (prep. with gen.)

Всё тяжёлое оста́лось позади́.  Hard times are past.

Позади́ стола́ стои́т стул.  A chair is behind the table.

позва́ть—see звать

позволе́ние  permission, leave

проси́ть позволе́ния  to ask permission

позво́лить—see позволя́ть

позволя́ть (позво́лить)  to allow, permit

позволя́ть себе́  to indulge, afford

позволя́ть себе́ во́льность  to take liberties

позвони́ть—see звони́ть

по́здний  late, tardy (adj.)

по́здний гость  late arrival (guest)

спать до по́зднего утра́  to sleep late in the morning

*по́здно  late, it is late (adj.)

Лу́чше по́здно, чем никогда́.  Better late than never.

поздоро́ваться—see здоро́ваться

поздра́вить—see поздравля́ть

поздравле́ние  congratulations

**поздравля́ть (поздра́вить)** to congratulate
  **поздравля́ть с днём рожде́ния** to congratultae someone on his birthday
**по́зже** later, later on
**познако́миться**—see **знако́миться**
**позо́р** shame, disgrace
**пойма́ть**—see **лови́ть**
**пойстине** indeed, in truth
**пойти́** to set out, go, start
*__пока́__ while, for the time being
  **Пока́ всё.** That is all for the time being.
  **пока́ . . . не** until
  **Он ждал, пока́ она́ не вы́шла.** He waited until she came out.
  **пока́ что** meanwhile
**показа́тельный** model, demonstration (adj.)
**показа́ть**—see **пока́зывать**
**пока́зывать (показа́ть)** to show, point to, display
  **показа́ть себя́** to put one's best foot forward
  **пока́зывать хра́брость** to display courage
  **Часы́ пока́зывают де́сять.** The clock is set at ten.
**показа́ться**—see **каза́ться**
**поката́ться**—see **ката́ться** to go for a short drive
**покача́ть** to rock, swing
  **Покача́й ребёнка.** Swing the child.
  **покача́ть голово́й** to shake one's head
**поки́нутый** abandoned, deserted
**поки́нуть** (perf.) to abandon, forsake
**покло́н** bow, greetings
  **Переда́йте ему́ покло́н.** Give him my regards.
**поклони́ться**—see **кла́няться**
**покло́нник** admirer, worshipper
**поко́й** (m.) rest, peace
  **не дава́ть поко́я** to give no rest, to haunt
  **оста́вить в поко́е** to leave alone
**поко́йник** the deceased
**поколе́ние** generation
**поко́рно** humbly, obediently

**поко́рный** submissive, obedient, resigned
  **поко́рный судьбе́** resigned to one's fate
**покра́сить(ся)**—see **кра́сить(ся)**
**покрасне́ть**—see **красне́ть**
**покрови́тельство** patronage, protection
**покрыва́ло** shawl, veil, bedspread
**покрыва́ть (покры́ть)** to cover, coat, roof
  **покрыва́ть себя́ сла́вой** to cover oneself with glory
  **покры́ть та́йной** to shroud in mystery
**покры́ть**—see **покрыва́ть**
**покры́шка** covering
*__покупа́ть (купи́ть)__ to buy
**поку́пка** purchase
  **де́лать поку́пки** to go shopping
**покури́ть** (perf.) to have a smoke
**пол** floor
  **Она́ сиде́ла на полу́.** She was sitting on the floor.
*__пол__ sex
  **же́нского и́ли мужско́го по́ла** of female or male sex (gender)
  **прекра́сный пол** the fair sex
**полага́ть** to suppose, think
  **Полага́ют, что он в Москве́.** He is believed to be in Moscow.
**полага́ться (положи́ться)** to rely on
  **Здесь не полага́ется кури́ть.** One is not supposed to smoke here.
  **полага́ется** one is supposed
  **Положи́тесь на меня́.** Depend on me.
  **Так полага́ется.** It is the custom.
**полго́да** half a year
**по́лдень** midday, noon
**по́ле** field
  **по́ле зре́ния** field of vision
  **спорти́вное по́ле** playground
**поле́зно** healthful, useful
**поле́зный** useful, healthy
**полете́ть**—see **лета́ть**
**по́лзать (ползти́)** to crawl, creep
  **По́езд ползёт.** The train is crawling.

**Тума́н ползёт.** The fog is creeping up.

**политехни́ческий** polytechnic

**поли́тика** politics

**полице́йский** policeman

**по́лка** shelf

  **кни́жные по́лки** bookshelves

**полне́ть (пополне́ть)** to become fat, put on weight

**полно́** filled, packed

**по́лно** enough!, that will do!

**по́лностью** completely, in full

**по́лночь** midnight

*__по́лный__ full, complete, stout

  **В ко́мнате полно́ наро́ду.** The room is full of people.

  **по́лная луна́** full moon

  **по́лное разоре́ние** utter ruin

  **по́лное собра́ние сочине́ний** complete works

**полови́на** half

**положе́ние** position, situation, condition

  **будь он в ва́шем положе́нии** if he were in your place

  **Он челове́к с положе́нием.** He is a man of high standing.

  **по положе́нию** by one's position

**поло́женный** fixed, prescribed

**поло́жим** let us assume

**положи́тельно** positively, absolutely

**положи́тельный** positive, sedate

  **положи́тельная сте́пень сравне́ния** positive degree (grammatical)

  **положи́тельный отве́т** affirmative answer

*__положи́ть (класть)__ to lay down, put down, put in a horizontal position

**положи́ться—see полага́ться** to rely on

  **не́ на кого положи́ться** no one to rely on

**полоса́** stripe, strip

**полоте́нце** towel

**полтора́** one and a half

**полу-** gives meaning of semi- or half-

  **полугра́мотный** semi-literate

**полуоде́тый** half-dressed

**полусве́т** twilight

*__получа́ть (получи́ть)__ to receive, get, obtain

  **получа́ть пре́мию** to receive a prize

  **получи́ть интере́сные вы́воды** to obtain valuable conclusions

*__получа́ться (получи́ться)__ to come, arrive, turn out

  **Результа́ты получи́лись блестя́щие.** The results were brilliant.

**получи́ть(ся)—see получа́ть(ся)**

**полчаса́** half-hour

**по́льза** use, benefit

  **в по́льзу** in favor of

  **обще́ственная по́льза** public benefit

  **приноси́ть по́льзу** to be of use

  **Что по́льзы говори́ть об э́том?** What's the use of talking about that?

**по́льзоваться (воспо́льзоваться)** to make use of

  **по́льзоваться дове́рием** to enjoy one's confidence

  **по́льзоваться слу́чаем** to take the opportunity

  **по́льзоваться успе́хом** to be a success

**по́льский** Polish (adj.)

**полюби́ть** (perf.) to fall in love

**пома́да** pomade, cream

  **губна́я пома́да** lipstick

**пома́зать—see ма́зать**

**поме́длить—see ме́длить**

**поме́ньше** somewhat less, somewhat smaller

**поменя́ть—see меня́ть**

**помести́ть(ся)—see помеща́ть(ся)**

**помеща́ть (помести́ть)** to place, locate

**помеща́ться** (imp.) to be located; to be accommodated

  **Стул туда́ помеща́ется.** The chair fits in there.

**помеще́ние** location, lodging

**поме́щик** landowner, landlord

**помидо́р** tomato

**поми́ловать** (perf.) to pardon, forgive

**помилуй, помилуйте** for goodness' sake

\*помимо besides, apart from (with gen.)

  помимо других соображений apart from other considerations

**помину́тно** every minute

**помири́ться**—see мири́ться

**по́мнить** (imp.) to remember, keep in mind

  Он по́мнит об э́том. He remembers it.

**помога́ть (помо́чь)** to help, assist

**по-мо́ему** in my opinion

**помо́чь**—see помога́ть

**помо́щник, помо́щница** assistant, helper (m., f.)

**по́мощь** (f.) help, aid, relief

**помы́ть(ся)**—see мы́ть(ся)

**понаде́яться** (perf.) to count on

**по-настоя́щему** in the right way, as it should be

**понево́ле** against one's will

**понеде́льник** Monday

**понемно́гу** a little at a time, little by little

**пониже́ние** lowering, reduction

**понима́ние** understanding, comprehension

\*понима́ть (поня́ть) to understand, comprehend

**поно́шенный** shabby, worn

**поправиться**—see нра́виться

**по́нчик** doughnut

**поню́хать**—see ню́хать

**поня́тие** idea, concept

  Поня́тия не име́ю. I have no idea.

**поня́тно** understandable, it is clear

**поня́тный** clear, understandable

**поня́ть**—see понима́ть

**пообе́дать**—see обе́дать

**поощри́ть**—see поощря́ть

**поощря́ть (поощри́ть)** to encourage

**попада́ть (попа́сть)** to get somewhere (by chance), to find oneself

  Как попа́сть на вокза́л? How does one get to the railroad station?

  попа́сть на по́езд to catch a train

  попа́сть в цель to hit the mark

**попа́сть**—see попада́ть

**попола́м** in halves

**пополне́ть**—see полне́ть

**поправиться**—see поправля́ться

**поправля́ть (попра́вить)** to repair, mend, correct

  поправля́ть де́нежные дела́ to better one's financial situation

  поправля́ть причёску to smooth one's hair

**поправля́ться (попра́виться)** to recover, get well, gain weight, improve

**по-пре́жнему** as before, as usual

**попрека́ть (попрекну́ть)** to reproach

**попро́бовать**—see про́бовать

**попроси́ть**—see проси́ть

**попроща́ться**—see проща́ться

**попуга́й** parrot

  повторя́ть как попуга́й to parrot someone's words

**популя́рность** popularity

**популя́рный** popular

**попыта́ться**—see пыта́ться

**попы́тка** attempt, endeavor

**пора́** time

  Давно́ пора́. It is high time.

  до сих пор until now

  Пора́ идти́. It is time to go.

  с каки́х пор since when

**поража́ть (порази́ть)** to startle, strike, stagger

**поража́ться (порази́ться)** to be surprised, astonished

**порази́тельный** striking, startling

  порази́тельное схо́дство striking likeness

**порази́ть(ся)**—see поража́ть(ся)

**поре́зать** (perf.) to cut

  Он поре́зал себе́ па́лец. He cut his finger.

**поро́г** threshold

**поро́к** vice, defect

**порт** port, harbor

**по́ртить (испо́ртить)** to spoil, corrupt

  Не по́ртите себе́ не́рвы. Don't worry. Don't take it to heart.

  по́ртить аппети́т to spoil one's appetite

**по́ртиться (испо́ртиться)** to deteriorate, decay, become corrupt, become spoiled

**портни́ха** (f.) dressmaker

**портно́й** tailor

**портре́т** portrait

**портфе́ль** (m.) briefcase

**по-ру́сски** Russian, in Russian

**поруче́ние** commission, errand

**по́рция** portion, helping

**поры́в** gust, rush

  **в поры́ве ра́дости** in a burst of joy

***поря́док** order

  **алфави́тный поря́док** alphabetical order

  **быть не в поря́дке** to be out of order (not working)

  **Всё в поря́дке.** Everything is well.

  **в спе́шном поря́дке** quickly (rush order)

  **приводи́ть в поря́док** to put in order

  **ста́рый поря́док** old regime, order

**поря́дочно** honestly, decently

**поря́дочный** sizable, honest, respectable

**поса́дочный тало́н** boarding stub (airport)

**по-сво́ему** in one's own way

**посети́тель, посети́тельница** visitor (m., f.)

**посети́ть**—see **посеща́ть**

**посеща́ть (посети́ть)** to call on, visit

**поскака́ть**—see **скака́ть**

**поско́льку** so far as

**поскоре́е** somewhat quicker, quick! make haste!

**поскрипе́ть**—see **скрипе́ть**

**посла́ть**—see **посыла́ть**

***по́сле** after (time, with gen.); also: adverb—later, afterward

  **Он придёт по́сле рабо́ты.** He will come after work.

  **Это мо́жно сде́лать по́сле.** You can do it afterward.

***после́дний** last, latest

  **за после́днее вре́мя** of late, lately

  **после́дние изве́стия** latest news

**послеза́втра** the day after tomorrow

**посло́вица** proverb

**послужи́ть**—see **служи́ть**

**послу́шать**—see **слу́шать**

**посме́ть**—see **сметь**

**посмотре́ть**—see **смотре́ть**

**посове́товать**—see **сове́товать**

**посо́л** ambassador

**посо́льство** embassy

**поспа́ть** (perf.) to take a nap

**поспе́шно** hastily

**поспо́рить**—see **спо́рить**

**поспе́шный** hasty, thoughtless

  **сде́лать поспе́шное заключе́ние** to draw a hasty conclusion

***посреди́** in the middle of (prep. with gen.)

**посре́дством** by means of

**поста́вить**—see **ста́вить**

**постара́ться**—see **стара́ться**

**по-ста́рому** as before, as of old

**посте́ль** (f.) bed

**постепе́нно** gradually

**посторо́нний** strange, outside, outsider

**постоя́нно** constantly, always

**постоя́нный** constant, permanent

**пострада́ть**—see **страда́ть**

**постро́енный** built

**постро́ить**—see **стро́ить**

**поступа́ть (поступи́ть)** to act, join

  **поступа́ть в произво́дство** to go into production

  **поступа́ть в университе́т** to enter the university

  **поступа́ть на вое́нную слу́жбу** to join (enlist) in the military

  **поступа́ть пло́хо с ке́м-либо** to treat someone badly

**поступи́ть**—see **поступа́ть**

**постуча́ть**—see **стуча́ть**

**посу́да** dishes

**посчита́ться**—see **счита́ться**

**посыла́ть (посла́ть)** to send, dispatch

**пот** perspiration

**потемне́ть**—see **темне́ть**

**потеря́нный** lost, embarrassed, perplexed

**потеря́ть(ся)**—see **теря́ть(ся)**

**потеть (вспоте́ть)** to perspire, to become misty with steam

**О́кна поте́ют.** The windows are misty.

**потихо́ньку** slowly, silently, stealthily

**потоло́к** ceiling

*****пото́м** then, afterward

**пото́мство** posterity

**потолсте́ть**—see **толсте́ть**

**потому́** that is why

  **Потому́ он и прие́хал неме́дленно.** That's why he came immediately.

  **потому́ что** because

**потре́бность** (f.) want, necessity

**потре́бовать**—see **тре́бовать**

**потрево́жить**—see **трево́жить**

**потуши́ть**—see **туши́ть**

**потяну́ть(ся)**—see **тяну́ть(ся)**

**поу́жинать**—see **у́жинать**

**похвали́ть**—see **хвали́ть**

**похва́стать(ся)**—see **хва́стать(ся)**

**похо́дка** walk, step

  **лёгкая похо́дка** light step

**похо́жий** resembling, like

  **На что вы похо́жи!** Just look at yourself!

  **Они́ о́чень похо́жи друг на дру́га.** They are very much alike.

  **Похо́же на то, что пойдёт дождь.** It looks as if it will rain.

**похорони́ть**—see **хорони́ть**

**похороше́ть**—see **хороше́ть**

**похуде́ть**—see **худе́ть**

**поцелова́ть(ся)**—see **целова́ть(ся)**

**поцелу́й** kiss

**по́чва** soil, ground

  **не теря́ть по́чвы под нога́ми** to stand on sure ground

  **плодоро́дная по́чва** fertile soil

  **подгото́вить по́чву** to pave the way

*****почему́** why

  **почему́-то** for some reason or other

**по́черк** handwriting

**почеса́ться**—see **чеса́ться**

**почи́стить**—see **чи́стить**

**по́чта** post office, mail

**почте́ние** respect, consideration

*****почти́** almost, nearly

**почти́тельный** respectful, deferential

**на почти́тельном расстоя́нии** at a respectful distance

**почу́вствовать**—see **чу́вствовать**

**пощади́ть**—see **щади́ть**

**пощекота́ть**—see **щекота́ть**

**пощёчина** slap in the face

**поэ́зия** poetry

**поэ́т** poet

**поэ́тому** therefore

**появи́ться**—see **появля́ться**

**появля́ться (появи́ться)** to appear, emerge

**по́яс** belt, waistband

*****пра́вда** truth

  **иска́ть пра́вды** to seek justice

  **не пра́вда ли?** isn't that so?

**пра́вило** rule

**пра́вильно** correctly, you are right

**пра́вильный** correct, right, regular

**прави́тельство** government

**пра́вить** (imp.) to drive, govern

**пра́во** right, license, law

  **води́тельские права́** driver's license

  **обы́чное пра́во** common law

  **по пра́ву** by right

*****пра́вый** right, correct

**пра́здник** holiday

**пра́здновать (отпра́здновать)** to celebrate

**пра́ктика** practice, experience

**пребыва́ние** stay, sojourn

**превосхо́дный** excellent, magnificent

**пре́данный** devoted, staunch

**предви́дение** foresight

**преде́л** limit, end

**предисло́вие** preface, foreword

**предлага́ть (предложи́ть)** to offer, propose, suggest

**предло́г** preposition, pretense

**предложе́ние** offer, suggestion, proposal

**предложе́ние** sentence, clause

**предложи́ть**—see **предлага́ть**

**предме́т** object, subject, theme

**преднаме́ренный** premeditated

**предполага́емый** supposed, conjectured

**предполага́ть (предположи́ть)** to suppose, conjecture

**предположе́ние** supposition

предположи́ть—see предполага́ть

предпосле́дний   next to the last

предпоче́сть—see предпочита́ть

предпочита́ть (предпоче́сть)   to prefer

предпочте́ние   preference

предрассу́док   prejudice

председа́тель   (m.) chairman, president

предсказа́ние   prophecy, prediction

предсказа́ть   (perf.) to foretell, predict

представи́тель   (m.) representative

предста́вить—see представля́ть

представля́ть (предста́вить)   to present, introduce

    предста́вить кого́-либо   to introduce someone

    представля́ть на рассмотре́ние   to submit for consideration

    Предста́вьте себе́ моё удивле́ние.   Imagine my astonishment.

    Что он собо́й представля́ет?   What kind of person is he?

    Э́то не представля́ет тру́дности.   It presents no difficulty.

предупреди́ть—see предупрежда́ть

предупрежда́ть (предупреди́ть)   to notify, forewarn, prevent, anticipate

предупрежде́ние   notice, warning

предыду́щий   previous

*пре́жде   earlier, before (of time), formerly

президе́нт   president

презира́ть   to despise

презре́ние   contempt, disdain

презри́тельный   contemptuous, scornful

преиму́щество   preference, priority

прекра́сно   fine, excellently, beautiful

прекра́сный   excellent, beautiful

    в оди́н прекра́сный день   one fine day

преле́стный   charming, delightful, lovely

пре́лесть   (f.) charm, fascination

пре́мия   premium, bonus, prize

премье́р   prime minister, premier

преобража́ть (преобрази́ть)   to transform, change

преображе́ние   transformation

преобрази́ть—see преобража́ть

преодолева́ть (преодоле́ть)   to overcome, surmount

преодоле́ть—see преодолева́ть

преподава́ние   teaching

преподава́тель, преподава́тельница   teacher (m., f.)

преподава́ть   to teach

препя́тствие   obstacle, hindrance, barrier

прерва́ть—see прерыва́ть

прерыва́ть (прерва́ть)   to interrupt

    прерыва́ть заня́тия   to interrupt one's studies

    прерыва́ть молча́ние   to break the silence

    прерыва́ть разгово́р   to interrupt a conversation

преры́висто   in a broken way

пресле́дование   persecution

пресле́довать   (imp.) to pursue, haunt

    пресле́довать цель   to pursue one's goal

    Э́та мысль пресле́дует меня́.   This thought haunts me.

пре́сный   fresh, sweet, insipid

    пре́сная вода́   fresh water

прести́жный   prestigious

престо́л   throne

преступа́ть (преступи́ть)   to transgress, violate

преступи́ть—see преступа́ть

преступле́ние   crime, offense

престу́пник   criminal

прете́нзия   claim, pretension

преувеличе́ние   exaggeration, overstatement

преувели́ченный   exaggerated

преувели́чивать (преувели́чить)   to exaggerate

преувели́чить—see преувели́чивать

преуменьша́ть (преуме́ньшить)   to underestimate

преуменьше́ние   underestimation

преуме́ньшить—see приуменьша́ть

*при   in the presence of, at, by (with prep.)

    Он э́то сказа́л при свое́й ма́тери.   He said it in his mother's presence.

**при дневно́м све́те** by daylight

**при Петре́ Пе́рвом** during the reign of Peter the First

**При университе́те нахо́дится це́рковь.** There is a church in the university.

**При чём тут я?** What do I have to do with it?

**приба́вить**—see **прибавля́ть**

**приба́вка** addition, supplement

**прибавля́ть (приба́вить)** to add, increase

**приба́вочный** additional, supplementary

**прибежа́ть** (perf.) to approach running

**приближа́ть (прибли́зить)** to draw nearer

**приближа́ться (прибли́зиться)** to approach, draw near, approximate

**приближа́ться к и́стине** approximate the truth

**Шум прибли́зился.** The noise drew nearer.

**приблизи́тельно** approximately

**приблизи́тельный** approximate

**прибли́зить(ся)**—see **приближа́ть(ся)**

**прибо́р** device, apparatus

**при́быльный** profitable

**привезти́**—see **привози́ть**

**привести́**—see **приводи́ть**

**приве́т** greeting

**приве́тливость** (f.) affability

**приве́тливый** friendly

**приве́тствие** greeting, salutation

**приве́тствовать** (perf.) to greet, welcome

**привиде́ние** ghost, specter

**привлека́тельный** attractive, alluring, inviting

**привлека́ть (привле́чь)** to attract, draw to

**привле́чь**—see **привлека́ть**

**приводи́ть (привести́)** to bring (on foot)

**приводи́ть в поря́док** to put in order

**приводи́ть кого́-либо в чу́вство** to bring someone to his senses

**привози́ть (привезти́)** to bring (by vehicle)

**привыка́ть (привы́кнуть)** to become accustomed

**Он уже́ привы́к к тому́.** He has already become used to it.

**Ребёнок привы́к к ба́бушке.** The child became accustomed to his grandmother.

**привы́кнуть**—see **привыка́ть**

**привы́чка** habit

**по привы́чке** by force of habit

**привя́занность** (f.) attachment

**привя́занный** attached

**привяза́ть**—see **привя́зывать**

**привя́зывать (привяза́ть)** to attach, to fasten

**пригласи́ть**—see **приглаша́ть**

**приглаша́ть (пригласи́ть)** to ask, invite

**приглаше́ние** invitation

**при́город** suburb

**приго́товить**—see **гото́вить**

**приготовле́ние** preparation

**приготовля́ть(ся) (пригото́вить(ся))** to prepare something (also of cooking); to prepare (oneself)

**приду́мать**—see **приду́мывать**

**приду́мывать (приду́мать)** to devise, invent

**прие́зд** arrival

**приезжа́ть (прие́хать)** to arrive

**приём** reception

**приёмный** receiving, reception

**приёмная мать** foster mother

**приёмные часы́** office hours (of a doctor)

**прие́хать**—see **приезжа́ть**

**прижима́ть (прижа́ть)** to press, clasp

**прижима́ть к груди́** to clasp to one's breast

**прижа́ть**—see **прижима́ть**

**призва́ние** vocation, calling

**признава́ть (призна́ть)** to acknowledge, recognize

**признава́ть свои́ оши́бки** to admit one's mistakes

**при́знак** sign, indication

**призна́ние** acknowledgment, recognition

**призна́ть**—see **признава́ть**

**прийти́сь**—see **приходи́ть**

**прика́з** order, command

**приказа́ть**—see **прика́зывать**

**прика́зывать (приказа́ть)** to order, command

**приле́жный** diligent

**прили́чие** decency, decorum

**прили́чно** decently, properly

**прили́чный** decent, proper, becoming

*\*****приме́р** example

  **брать приме́р с кого́-либо** to follow someone's example

  **наприме́р** for example, for instance

  **подава́ть приме́р** to set an example

**приме́рить**—see **ме́рить**

**приме́рить**—see **примеря́ть**

**приме́рно** exemplarily, approximately

  **приме́рно вести́ себя́** to be an example, to conduct oneself exemplarily

**примеря́ть (приме́рить)** to try on, fit

  **Семь раз приме́рь, а оди́н отре́жь.** (Try it on seven times, cut once.) Look before you leap.

**примеча́ние** note, comment

**примире́ние** reconciliation

**примиря́ться (примири́ться)** to become reconciled, to put up with

**принадлежа́ть** to belong

**принести́**—see **приноси́ть**

*\*****принима́ть (приня́ть)** to take, admit

  **за кого́ вы меня́ принима́ете?** Whom do you take me for?

  **принима́ть ва́нну** to take a bath

  **принима́ть во внима́ние** to take into consideration

  **принима́ть в шко́лу** to admit to the school

  **принима́ть госте́й** to receive guests

  **принима́ть как до́лжное** to accept as one's due

  **принима́ть на себя́ что́-либо** to take something on oneself

  **принима́ть реше́ние** to come to a decision

  **принима́ть чью́-либо сто́рону** to take someone's side

  **приня́ть гражда́нство** to become a citizen

  **приня́ть уча́стие** to take part

**приноси́ть (принести́)** to bring, fetch

  **приноси́ть дохо́д** to make profit

  **приноси́ть обра́тно** to bring back

  **Это не принесло́ ему́ по́льзы.** He got no benefit from it.

**принуди́ть**—see **принужда́ть**

**принужда́ть (принуди́ть)** to compel, coerce

**принуждённый** constrained, forced

**при́нцип** principle

**при́нятый** accepted, adopted

**приня́ть**—see **принима́ть**

**приобрести́**—see **приобрета́ть**

**приобрета́ть (приобрести́)** to acquire, gain

**припа́док** fit, attack

**припра́ва** seasoning, flavoring

*\*****приро́да** nature

  **Он лени́в от приро́ды.** He is lazy by nature.

  **явле́ние приро́ды** natural phenomenon

**прислу́га** servant

**присоедине́ние** addition, joining

**присоедини́ться**—see **присоединя́ться**

**присоединя́ться (присоедини́ться)** to join, add

**при́стально** fixedly, intently

**при́стальный** fixed, intent

**прису́тствие** presence

**прису́тствовать** to be present

**прихо́д** coming, arrival

**приходи́ть (прийти́)** to come, arrive

  **приходи́ть в го́лову** to come into someone's mind

  **приходи́ть в себя́** to come to one's senses

  **приходи́ть к заключе́нию** to come to the conclusion

**приходи́ться (прийти́сь)** to have to, fit

  **Ему́ пришло́сь уе́хать.** He had to leave.

  **Он прихо́дится мне двою́родным бра́том.** He is my cousin.

**причеса́ть(ся)** — see
   **причёсывать(ся)**
**причёска** coiffure, hairdo
**причёсывать(ся) (причеса́ть(ся))**
   to comb someone's hair; to comb
   (one's own) hair
**причи́на** cause, reason
**прия́тель, прия́тельница** friend
   (m., f.)
***прия́тно** (adv.) pleasantly, it's
   pleasant
**прия́тный** pleasant, agreeable
***про** about, concerning (with acc.)
   **Он слы́шал про э́то.** He has
   heard about it.
   **про себя́** to oneself
**про́ба** test, trial
**пробега́ть (пробежа́ть)** to run
   past, run through
**проби́рка** test tube
**про́бка** cork, stopper, plug
**пробле́ма** problem
**про́бовать (попро́бовать)** to
   attempt, try, taste
**пробужде́ние** awakening
**пробы́ть** (perf.) to stay, remain
   **Он про́был там три дня.** He
   stayed there three days.
**прове́рить** — see **проверя́ть**
**проверя́ть (прове́рить)** to verify,
   check
**провести́** — see **проводи́ть**
**про́вод** wire, conductor
**проводи́ть (провести́)** to spend
   time
   **Мы хорошо́ провели́ вре́мя.** We
   had a good time.
**проводи́ть** — see **провожа́ть**
**провожа́ть (проводи́ть)** to
   accompany, see someone off
   **провожа́ть глаза́ми** to follow
   with one's eyes
   **провожа́ть до угла́** to accompany
   to the corner
**програ́мма** program
   **театра́льная програ́мма**
   playbill
   **уче́бная програ́мма** curriculum
**прогре́сс** progress
**прогу́лка** walk, outing
   **на прогу́лку** for a walk, outing
**продава́ть (прода́ть)** to sell

**прода́жа** selling, sale
   **идти́ в прода́жу** to be put up for
   sale
**про́данный** sold
***прода́ть** — see **продава́ть**
***продолжа́ть (продо́лжить)** to
   continue
**продолже́ние** continuation, sequel
**продолжи́тельный** long,
   prolonged
**продо́лжить** — see **продолжа́ть**
**проду́кты** provisions, foodstuffs
**проду́мать** (perf.) to think over
**прое́зд** passage, thoroughfare
**проезжа́ть (прое́хать)** to pass, go
   by, cover a distance
**прое́зжий** traveler, passerby
**прое́хать** — see **проезжа́ть**
**про́за** prose
**прозра́чный** transparent
**проигра́ть** (perf.) to lose (at
   playing)
**произведе́ние** work, production
   **и́збранные произведе́ния**
   selected works
   **музыка́льное произведе́ние**
   musical composition
**произвести́** — see **производи́ть**
**производи́ть (произвести́)** to
   carry out, make, manufacture
   **производи́ть впечатле́ние** to
   make an impression
   **производи́ть о́пыты** to conduct
   experiments
**произво́дство** production,
   manufacture
**произнести́** — see **произноси́ть**
**произноси́ть (произнести́)** to
   pronounce, utter
   **произноси́ть речь** to deliver a
   speech
**произноше́ние** pronunciation
**произойти́** — see **происходи́ть**
**происходи́ть (произойти́)** to
   happen, occur, be going on, be
   descended from
   **Что здесь происхо́дит?** What's
   going on here?
**происхожде́ние** origin, descent
   **по происхожде́нию** by birth
**пройти́** — see **проходи́ть**
**прока́т** hire

взять напрока́т   to rent, to hire

**прокля́тый** cursed, damned

**пролива́ть (проли́ть)**   to spill, shed

  пролива́ть свет   to throw light

  пролива́ть слёзы   to shed tears

**проли́ть**—see **пролива́ть**

**проме́длить**   (perf.) to linger, delay

**промелькну́ть**   (perf.) to flash, pass quickly

  промелькну́ть в голове́   to flash through one's mind

  Промелькну́ли две неде́ли   Two weeks flew by.

**промы́шленность**   (f.) industry

**пронзи́тельно**   (adv.) shrilly, stridently

**пронзи́тельный**   shrill, sharp, piercing

**пропада́ть (пропа́сть)**   to be lost, be wasted

  Весь день пропа́л у меня́.   The whole day has been wasted.

  Где вы пропада́ли?   Where on earth have you been?

  Я пропа́л!   I am in trouble!

**пропа́сть**—see **пропада́ть**

**пропорциона́льно**   (adv.) in proportion

  обра́тно пропорциона́льно   inversely

**пропо́рция**   proportion, ratio

**пропуска́ть (пропусти́ть)**   to let go, let pass, miss, leave out

  не пропуска́ть во́ду   to be waterproof

  Пропуска́йте подро́бности.   Omit the details.

  пропусти́ть ле́кцию   to miss a lecture

  пропусти́ть стро́чку   to skip a line

**пропусти́ть**—see **пропуска́ть**

**проро́к**   prophet

**просвеще́ние**   enlightenment

**проси́ть (попроси́ть)**   to ask, beg, request

**просма́тривать (просмотре́ть)**   to look over, run through

**просмотре́ть**—see **просма́тривать**

**просну́ться**—see **просыпа́ться**

**прости́ть**—see **проща́ть**

**про́сто**   simply, it is simple

Ему́ о́чень про́сто э́то сде́лать.   It costs him nothing (It is very simple for him) to do it.

  Он про́сто ничего́ не зна́ет.   He simply doesn't know anything.

**простоду́шие**   openheartedness, artlessness

**простоду́шный**   openhearted, unsophisticated

**просто́й**   simple, common, plain

  просто́е любопы́тство   mere curiosity

  просты́е лю́ди   unpretentious people

  просты́е мане́ры   unaffected manners

**простота́**   simplicity

**просту́да**   cold, chill

**простуди́ться**   (pf.) to catch cold

**просыпа́ться (просну́ться)**   to wake up

**про́сьба**   request

  У меня́ к вам про́сьба.   I have a favor to ask of you.

**про́тив**   against, opposite, opposed to (with gen.)

  друг про́тив дру́га   face to face

  Он ничего́ не име́ет про́тив э́того.   He has nothing against it. He doesn't mind.

  про́тив его́ ожида́ний   contrary to his expectations

  про́тив тече́ния   against the current

  спо́рить про́тив чего́-либо   to argue against something

**проти́вный**   opposite, contrary, adverse, nasty, repulsive

  в проти́вном слу́чае   otherwise

  проти́вная сторона́   opposite party

**противополо́жность**   (f.) contrast, opposition

**противоре́чие**   contradiction, opposition

**противоре́чить**   to contradict

**профе́ссия**   profession, occupation

**профе́ссор**   professor

**прохла́да**   coolness

**прохлади́ться**—see **прохлажда́ться**

**прохла́дно**   (adv.) cool, chilly, it is cool

прохла́дный  fresh, cool

прохлажда́ться (прохлади́ться)  to refresh oneself

*проходи́ть (пройти́)  to pass, go by, pass through

Доро́га прохо́дит че́рез лес.  The road lies through a wood.

Его́ боле́знь прошла́.  His illness has passed.

Не прошло́ ещё и го́да.  A year has not yet passed.

пройти́ курс  to study a course

пройти́ ми́мо  to go past

проходно́й  connecting

процеду́ра  procedure

проце́нт  percentage, rate

проце́сс  process

про́чий  other

все про́чие  the others

и про́чее (и проч.)  et cetera

ме́жду про́чим  by the way

проче́сть—see чита́ть

прочита́ть—see чита́ть

прочь  away, off

Прочь отсю́да!  Get out of here!

Ру́ки прочь!  Hands off!

проше́дший  past (adj.)

проше́дшее вре́мя  past tense

про́шлое  the past

в недалёком про́шлом  not long ago

про́шлый  last, past

в про́шлом году́  last year

Де́ло про́шлое.  Let bygones be bygones.

проща́й, проща́йте  good-bye, farewell

проща́льный  parting

*проща́ть (прости́ть)  to forgive, pardon

Прости́те!  Forgive me!

проща́ться (попроща́ться)  to say goodbye, take leave

про́ще  simpler, plainer

проще́ние  forgiveness, pardon

проэкзаменова́ть—see экзаменова́ть

прояви́ть—see проявля́ть

проявле́ние  manifestation, development

проявля́ть (прояви́ть)  to display, reveal, develop

проявля́ть плёнку  to develop film

проявля́ть ра́дость  to show joy

проявля́ть себя́  to show one's worth

проявля́ть си́лу  to display strength

проясне́ть  (perf.) to clear up, brighten up

пруд  pond

пры́гать (пры́гнуть)  to jump, spring, leap

пры́гнуть—see пры́гать

прыжо́к  jump, spring

*пря́мо  straight, exactly

держа́ться пря́мо  to hold oneself erect

Он пря́мо геро́й.  He is a real hero.

попада́ть пря́мо в цель  to hit the mark

пря́мо к де́лу  straight to the point

сказа́ть пря́мо  to say frankly

прямоду́шный  straightforward

прямо́й  straight, upright, sincere

прямоуго́льник  rectangle

прямоуго́льный  rectangular, right-angled

пря́ник  gingerbread

пря́ность  (f.) spice

пря́ный  spicy

пря́тать(ся) (спря́тать(ся))  to hide (something); to conceal (oneself)

психиа́тр  psychiatrist

психо́з  psychosis

психо́лог  psychologist

психоло́гия  psychology

*пти́ца  bird, fowl

пу́блика  public, audience

публикова́ть (опубликова́ть)  to publish

публи́чно  (adv.) publicly, openly

пуга́ть (испуга́ть)  to frighten, intimidate

пуга́ться (испуга́ться)  to be frightened, to take fright

пу́говица  button

пу́дра  powder

пу́дреница  powder case, compact

пу́дриться (напу́дриться)  to powder one's face

**пузы́рь** (m.) bubble, blister,
  bladder
**пульс** pulse
**пункт** point, station
  **медици́нский пункт** dispensary
  **нача́льный пункт** starting point
  **по пу́нктам** paragraph after
    paragraph
**пунктуа́льно** (adv.) punctually
**пурга́** blizzard
*****пуска́ть (пусти́ть)** to allow,
  permit, set free, put in action
  **Не пуска́йте его́ сюда́.** Don't
    allow him to enter.
  **пуска́ть во́ду** to turn on the
    water
  **пуска́ть маши́ну** to start an
    engine
  **пуска́ть слух** to spread a rumor
**пусти́ть**—see **пуска́ть**
**пусто́й** empty, hollow
  **пуста́я болтовня́** idle talk
  **пусты́е мечты́** castles in the air
**пустота́** emptiness, void
**пусты́ня** desert, wilderness
*****пусть** let (him, her, them)
  **Пусть он идёт.** Let him go.
**пу́таный** confused, tangled
**пу́тать (запу́тать)** to tangle,
  confuse, mix up
**путеше́ственник** traveler
**путеше́ствовать** to travel
**пу́тник** traveler
**путь** (m.) trip, road, path
  **Друго́го пути́ нет.** There is no
    other way.
  **дыха́тельные пути́** respiratory
    tract
  **по пути́** on the way
  **стоя́ть на чьём-либо пути́** to
    stand in someone's way
**пу́хленький** plump, chubby
**пу́хнуть** (imp.) to swell
**пчела́** bee
**пыл** ardor, passion
**пылесо́с** vacuum cleaner
**пылесо́сить** to vacuum
**пы́лкий** ardent, passionate
  **пы́лкая речь** fervent speech
**пыль** (f.) dust
**пыта́ться (попыта́ться)** to
  attempt, try, endeavor

**пы́шность** (f.) splendor,
  magnificence
**пье́са** play
  **дава́ть пье́су** to give a play
  **ста́вить пье́су** to stage a play
**пья́ница** drunkard
**пья́ный** drunk, tipsy
**пя́тка** heel
**пятна́дцать** fifteen
**пятна́дцатый** fifteenth
*****пя́тница** Friday
  **в пя́тницу** on Friday
**пятно́** spot, stain, blotch
*****пять** five
**пятьдеся́т** fifty
**пятьсо́т** five hundred
*****пя́тый** fifth

# Р

**раб** slave
*****рабо́та** work, working
  **ажу́рная рабо́та** openwork,
    tracery
  **дома́шняя рабо́та** homework
  **лепна́я рабо́та** stucco work
  **Она́ за рабо́той.** She is at work.
  **нау́чная рабо́та** scientific work
*****рабо́тать** to work
  **рабо́тать над кни́гой** to work on
    a book
  **рабо́тать по на́йму** to work for
    hire
  **Телефо́н не рабо́тает.** The
    telephone is out of order.
*****рабо́чий** working man
**ра́бство** slavery
*****ра́венство** equality
*****равно́** (adv.) alike, in like
  manner
  **Всё равно́.** It makes no
    difference. It is all the same.
  **Он всё равно́ придёт.** He will
    come anyway.
  **Он поступа́ет ра́вно со все́ми.**
    He treats everyone alike.
**равнобе́дренный треуго́льник**
  isosceles triangle
**равноду́шие** indifference
**равноду́шный** indifferent

равноме́рно (adv.) uniformly, evenly

равноси́льный equivalent

ра́вный equal

на ра́вных усло́виях on equal conditions

относи́ться к кому́-либо как к ра́вному to treat someone as one's equal

ра́вное коли́чество equal quantity

равня́ть (сравня́ть) to equalize, compare

*рад, ра́да, ра́до, ра́ды glad

*ра́ди for the sake of (prep. with gen.)

радика́льный drastic

ра́дио radio, wireless

ра́доваться (обра́доваться) to be glad, rejoice

ра́достный glad, joyous

ра́дость (f.) gladness, joy

раду́шно cordially, invitingly

*раз time (occasion)

ещё раз once again

как раз just exactly

не раз many a time

ни ра́зу not once

раз в год once a year

разбива́ть (разби́ть) to smash, break, divide

разби́ть—see разбива́ть

разбира́ть (разобра́ть) to take apart, sort out, discuss

Он не мо́жет разобра́ть её по́черк. He cannot make out her handwriting.

разбира́ть пробле́му to discuss the problem

разбо́йник robber, bandit

разбо́р analysis, critique

разбуди́ть—see буди́ть

разбо́рчивый fastidious

*ра́зве can it be that, really (usually used in amazement)

развива́ть (разви́ть) to develop, untwist

разви́тие development

развито́й developed

разви́ть—see развива́ть

развлека́ть (развле́чь) to entertain, divert

развлече́ние entertainment, amusement

развле́чь—see развлека́ть

разво́д divorce

разводи́ть to breed or cultivate

*разгова́ривать to converse, speak with

разгово́р conversation, talk

И разгово́ра не́ было об э́том. There was no question of that.

перемени́ть разгово́р to change the subject

разгово́рчивый talkative

раздава́ть (разда́ть) to distribute, give out

разда́ть—see раздава́ть

раздева́ть(ся) (разде́ть(ся)) to undress (oneself), strip

разделе́ние division

раздели́ть(ся)—see дели́ть(ся)

разде́льно (adv.) separately

разделя́ть(ся) (раздели́ть(ся)) to divide, separate

раздели́ть(ся)—see разделя́ть(ся)

разде́ть(ся)—see раздева́ть(ся)

раздража́ть (раздражи́ть) to irritate, annoy, exasperate

раздраже́ние irritation

раздражённый angry, irritated

раздражи́ть—see раздража́ть

разду́мье meditation, thoughtful mood

различа́ть (различи́ть) to differ, distinguish

различа́ться to differ

различа́ется длино́й. It differs in length.

разли́чие distinction

различи́ть—see различа́ть

разли́чный different

разложе́ние decomposition

разложи́ться—see раскла́дываться

разме́р size, dimension

размышле́ние reflection, meditation

*ра́зница difference

разногла́сие difference, discordance (of opinion)

разнообра́зие variety, diversity

разнообра́зный various, diverse

ра́зность (f.) difference

ра́зный different, various

разобра́ть—see разбира́ть
разойти́сь—see расходи́ться
разочарова́ние disappointment
разочаро́ванный disappointed
разочарова́ться (perf.) to be disappointed
разреша́ть (разреши́ть) to allow, permit, authorize, solve
разреше́ние permission, solution
разреши́ть—see разреша́ть
разруша́ть (разру́шить) to destroy, demolish
разруше́ние destruction, demolition
разру́шить—see разруша́ть
разры́в break, rupture
**Между ни́ми произошёл разры́в.** They have come to a breaking point.
ра́зум reason, intelligence
*разуме́ется of course
**Само́ собо́й разуме́ется.** It goes without saying.
рай paradise
райо́н region, district
ра́ма frame
ра́на wound
ра́неный wounded
ра́нний early
**ра́нним у́тром** early in the morning
**с ра́ннего де́тства** from early childhood
*ра́но (adv.) early, it is early
ра́ньше earlier, formerly
**как мо́жно ра́ньше** as early as possible
**Ра́ньше здесь помеща́лась шко́ла.** There was a school here formerly.
раскла́дываться (разложи́ться) to unpack
раскрыва́ть (раскры́ть) to open, reveal, disclose
раскры́ть—see раскрыва́ть
расписа́ние timetable, schedule
распи́ска receipt
расплати́ться—see распла́чиваться
распла́чиваться (расплати́ться) to pay off, get even with
распра́вить—see расправля́ть
расправля́ть (распра́вить) to straighten, smooth out

распрода́жа sale
распростране́ние spreading, diffusion
распространи́ть—see распространя́ть
распространя́ть (распространи́ть) to spread, disseminate
рассве́т dawn, daybreak
рассерди́ться—see серди́ться
рассе́янно (adv.) absently, absent-mindedly
рассе́янность (f.) absent-mindedness, distraction
рассе́янный scattered, diffused, absent-minded
расска́з story, tale
рассказа́ть—see расска́зывать
расска́зывать (рассказа́ть) to tell, narrate, relate
рассма́тривать (рассмотре́ть) to consider, examine, look over
рассмотре́ть—see рассма́тривать
расстёгивать (расстегну́ть) to unfasten, unbutton
расстегну́ть—see расстёгивать
расстоя́ние distance, space
**держа́ться на почти́тельном расстоя́нии** to keep aloof
**на не́котором расстоя́нии** at some distance
рассу́дочный rational
рассчи́танный deliberate, calculated, designed
рассчи́тывать to calculate
**не рассчита́ть свои́х сил** to overrate one's strength
раста́ять—see та́ять
раство́р solution
растёрянный confused, embarrassed, perplexed
*расти́ (вы́расти) to grow, grow up
растере́ть—see растира́ть
растира́ть (растере́ть) to grind
растя́гивать (растяну́ть) to stretch, strain, sprain
**растя́гивать удово́льствие** to prolong a pleasure
**растяну́ть себе́ му́скул** to strain a muscle
растя́нутый stretched, long-drawn out
растяну́ть—see растя́гивать

*расхо́д expense, expenditure

расходи́ться (разойти́сь) to separate, disperse

**Мне́ния расхо́дятся.** Opinions vary.

**на́ши пути́ разошли́сь.** Our ways have parted.

**Он разошёлся со свое́й жено́й.** He separated from his wife.

расцвести́—see расцвета́ть

расцвета́ть (расцвести́) to blossom, bloom, flourish

*расчёт calculation, estimate

**по его́ расчёту** according to his calculations

**пприни́мать в расчёт** to take into consideration

расчётливо (adv.) prudently, economically

расчётливость (f.) economy, thrift

расши́рить—see расширя́ть

расширя́ть (расши́рить) to enlarge, widen, expand

расши́тый embroidered

рациона́льно rationally

*рвать (вы́рвать) to tear, rend, pull out

**рвать (порва́ть) зу́бы** to extract teeth

**рвать на себе́ во́лосы** to tear out one's hair

**рвать (нарва́ть) отноше́ния** to break off relations

**рвать цветы́** to pick flowers

реаге́нт reagent

реа́кция reaction

реалисти́ческий realistic

*ребёнок baby, infant

ребро́ rib

*ребя́та children, boys

ребя́ческий childish

ревни́вый jealous

ревнова́ть to be jealous

революцио́нный revolutionary

регистри́роваться (зарегистри́роваться) to register

регуля́рный regular

редакти́ровать (отредакти́ровать) to edit

реда́ктор editor

реда́кция editorial staff, editorial office

ре́дкий rare, uncommon, sparse

*ре́дко (adv.) seldom, rarely

ре́дкость (f.) rarity, curiosity

режиссёр producer, director

*ре́зать to cut, slice

*рези́на rubber, elastic

рези́нка eraser

ре́зкий sharp, harsh

**ре́зкая кри́тика** severe criticism

**ре́зкие слова́** sharp words

**ре́зкий ве́тер** cutting wind

**ре́зкое измене́ние пого́ды** sharp change in the weather

ре́зко (adv.) sharply, abruptly

результа́т result, outcome

*река́ river, stream

рекла́ма advertisement, publicity

**рекла́мное аге́нтство** advertising agency

реклами́ровать to advertise, publicize, boost

рекоменда́ция recommendation

рекомендова́ть (порекомендова́ть) to advise, recommend

**Тако́й спо́соб не рекоменду́ется.** This method is not recommended.

религио́зный religious

рели́гия religion

ремесло́ trade, handicraft, profession

ремо́нт remodeling, repairs

рентге́н, рентге́новские лучи́, икс-лучи́ X-rays

репертуа́р repertoire

репети́тор tutor

репута́ция reputation

**по́льзоваться хоро́шей репута́цией** to have a good reputation

рестора́н restaurant

рето́рта retort (chemical)

рефо́рма reform

реце́нзия review, theater notice

реце́пт recipe, prescription

ре́чка river

речно́й river (adj.)

речь (f.) speech, oration

**дар ре́чи** gift of speech

**засто́льная речь** dinner speech

**О чём идёт речь?** What are you talking about?

**ча́сти ре́чи** parts of speech

**реша́ть (реши́ть)** to decide, make up one's mind, settle

**Он реши́л уе́хать.** He decided to go.

**реша́ть зада́чу** to solve a problem

**Это реша́ет вопро́с.** That settles the question.

**реше́ние** decision

**реши́тельно** (adv.) resolutely, decidedly, positively

**реши́тельный** decisive, resolute, firm

**реши́ть**—see **реша́ть**

**ри́нг** (sport) ring

**рис** rice

**риск** risk

**рискну́ть**—see **рискова́ть**

**рискова́ть (рискну́ть)** to risk, venture, take a chance

**рисова́ть (нарисова́ть)** to draw, paint

**рису́нок** drawing, picture

**ритм** rhythm

**ри́фма** rhyme

**ро́бкий** shy, timid

**ро́бот** robot

\***ро́вно** (adv.) equally, exactly

**ро́вный** flat, even, plane

**ро́вный хара́ктер** even-tempered

\***род** family, kin, origin, sort, gender

**вся́кого ро́да** of all kinds

**из ро́да в род** from generation to generation

**мужско́го ро́да** masculine gender

\***ро́дина** native country

\***роди́тели** (pl.) parents, father and mother

**роди́ть** (imp. and perf.) to give birth to

**роди́ться** (imp. and perf.) to be born

\***родно́й** native, own

**родно́й брат** brother by birth

**родно́й язы́к** native tongue

**ро́дственник** relative, kinsman

**рожде́ние** birth

**день рожде́ния** birthday

**рождество́** Christmas

**ро́за** rose

**ро́зовый** pink

**ро́кер** rock musician

**рок-звезда́** rock star

**роль** (f.) role, part

**рома́н** novel, romance

**рома́нс** song (art song)

**романти́ческий** romantic

**роня́ть (урони́ть)** to drop, let fall, shed

**роса́** dew

**ро́скошь** (f.) luxury, splendor

**Росси́я** Russia

**рост** growth, development, height

**ро́стбиф** roast beef

\***рот** mouth

**роя́ль** (m.) grand piano

**игра́ть на роя́ле** to play the piano

**руба́шка** shirt

**рубе́ж** boundary, borderline

**руби́ть** chop, hack, slash

**ру́бленый** minced, chopped

**рубль** (m.) ruble

**руга́ть (отруга́ть)** to scold, abuse

**руга́ться** to swear, call names

**Они́ постоя́нно руга́ются.** They are always abusing each other. They are always quarreling with each other.

**ружьё** gun

\***рука́** hand, arm

**брать себя́ в ру́ки** to pull oneself together

**быть в хоро́ших рука́х** to be in good hands

**держа́ть на рука́х** to hold in one's arms

**из рук в ру́ки** from hand to hand

**пода́ть ру́ку по́мощи** to lend a helping hand

**под руко́й** near at hand, handy

**предлага́ть ру́ку кому́-либо** to offer someone one's hand in marriage

**Ру́ки прочь!** Hands off!

**умы́ть (perf) ру́ки** to wash one's hands of it

**У него́ ру́ки че́шутся.** His fingers itch.

**Это не его́ рука́.** That is not his writing.

**рука́в** sleeve

**руководи́тель** (m.) leader

**руководи́ть** to lead, guide

**руково́дство**  guidance, guiding principle

  **под руково́дством**  under the leadership

**ру́копись**  (f.) manuscript

*   **ру́сский, ру́сская**  Russian (m., f.) (noun and adj.)

**руча́тельство**  guarantee

**ручей́**  brook, stream

*   **ру́чка**  handle, arm, penholder, pen

  **автомати́ческая ру́чка**  fountain pen

**ручно́й**  hand (adj.), tame

*   **ры́ба**  fish

  **лови́ть ры́бу в му́тной воде́**  to fish in troubled waters

  **ни ры́ба ни мя́со**  neither fish nor fowl

**рыда́ние**  sobbing

**рыда́ть**  to sob

**ры́жий**  red-haired

**ры́нок**  market

**ры́сью**  (adv.) at a trot

**ры́царь**  (m.) knight

**рю́мка**  wineglass

**ряд**  row, line

**ря́дом**  (adv.) side by side, beside

  **сиде́ть ря́дом с ке́м-либо**  to sit side by side with someone

  **Это совсе́м ря́дом.**  It is close by.

# С

*   **с**  from, off, since (with gen.), with, together with, and (with inst.)

  **Брат с сестро́й ушли́.**  Brother and sister went away.

  **Он её не ви́дел с про́шлого го́да.**  He hasn't seen her since last year.

  **Он пришёл с детьми́.**  He came with the children.

  **прие́хать с рабо́ты**  to come from work

  **с доса́ды**  out of vexation

  **с пе́рвого взгля́да**  at first sight

  **с удово́льствием**  with pleasure

  **упа́сть**  (perf.) **с кры́ши**  to fall off the roof

  **Что с тобо́й?**  What's the matter with you?

*   **сад**  garden

  **де́тский сад**  kindergarten

*   **сади́ться (сесть)**  to sit down, take a seat

  **сади́ться (сесть) на дие́ту**  to go on a diet

  **сади́ться в лу́жу**  to get into a fix

  **Он сел на по́езд.**  He took the train.

  **Он сел на стул.**  He sat down on a chair.

**са́жа**  soot

**сала́т**  lettuce, salad

**са́ло**  fat, lard

**салфе́тка**  napkin

**са́льный**  greasy

*   **сам, сама́, само́, са́ми**  self (m., f., n., pl.)

  **Он сам хоте́л э́то сде́лать.**  He wanted to do it himself.

  **Это говори́т само́ за себя́.**  It speaks for itself.

  **Я сам себе́ хозя́ин.**  I am my own master.

**самова́р**  samovar

**самоде́льный**  homemade

**самоде́ятельность**  (f.) spontaneous activity, amateur stage

**самодово́льный**  self-satisfied

**самодово́льство**  self-satisfaction, complacency

**самозва́нец**  impostor

**самолёт**  airplane

**самолюби́вый**  proud, touchy

**самолю́бие**  self-respect, pride

  **ло́жное самолю́бие**  false pride

**самооблада́ние**  self-control, composure

**самостоя́тельно**  (adv.) independently

**самостоя́тельный**  independent

**самоуби́йство**  suicide

**самоуве́ренно**  (adv.) with self-confidence

**самоуве́ренность**  (f.) self-confidence, self-assurance

**самоуправле́ние**  self-government

*   **са́мый**  the very, the same

  **в са́мом де́ле!**  indeed! really!

  **в са́мом нача́ле**  at the very beginning

**в то же са́мое вре́мя, когда́** just when

**до са́мого до́ма** all the way home

**на са́мом де́ле** actually

**та же са́мая кни́га** the same book

*in superlatives:*

**са́мая хоро́шая кни́га** the best book

**са́мый тру́дный** most difficult

**са́ни** (only pl.) sleigh

**сапо́г** high boot

**сара́й** shed, barn

**са́хар** sugar

**са́харница** sugar bowl

**сближа́ться (сбли́зиться)** to draw together, approach, become good friends

**сбли́зиться**—see **сближа́ться**

**сбо́ку** (adv.) from one side, on one side

**сбо́рник** collection

**сва́дьба** wedding

**све́дение** information

**све́жий** fresh

**све́жая ры́ба** fresh fish

**све́жий во́здух** fresh air

**свежо́ в па́мяти** fresh in one's mind

**сверка́ть** to sparkle, twinkle, glitter, glare

**сверкну́ть** (perf.) to flash

**Сверкну́ла мо́лния.** Lightning flashed.

**сверх** over, besides, beyond (with gen.)

**сверх ожида́ния** beyond expectation

**сверх програ́ммы** in addition to the program

**\*све́рху** (adv.) from above, on top

**вид све́рху** view from above

**пя́тая строка́ све́рху** fifth line from the top

**све́рху до́низу** from top to bottom

**\*свет** light

**броса́ть свет на что́-либо** to throw light on something

**дневно́й свет** daylight

**представля́ть что́-либо в вы́годном све́те** to show

something to best advantage

**при све́те луны́** by moonlight

**\*свет** world, society

**весь свет** the whole world

**выпуска́ть в свет** to publish

**вы́сший свет** high society

**ни за что на све́те** not for the world

**тот свет** the next world

**свети́ть(ся)** to shine

**Его́ глаза́ свети́лись от ра́дости.** His eyes shone with joy.

**Луна́ све́тит.** The moon is shining.

**светло́** (adv.) it is light, brightly

**На дворе́ светло́.** It is daylight.

**све́тлый** light

**све́тлая ко́мната** light room

**све́тлый ум** bright spirit

**све́тлое пла́тье** light-colored dress

**све́тский** secular, worldly

**све́тская же́нщина** woman of the world

**све́тское о́бщество** society

**свеча́** candle

**\*свида́ние** meeting, appointment; date, engagement

**до свида́ния** good-bye

**до ско́рого свида́ния** see you soon

**свиде́тель** (m.) witness

**свиде́тельство** evidence, certificate, license

**свини́на** pork

**свинья́** pig, swine

**свист** whistle

**свиста́ть, свисте́ть** to whistle, pipe

**сви́тер** sweater

**свобо́да** freedom, liberty

**выпуска́ть на свобо́ду** to set free

**предоставля́ть кому́-либо по́лную свобо́ду де́йствий** to give someone a free hand

**свобо́да печа́ти** freedom of the press

**свобо́дно** (adv.) freely, fluently, with ease

**говори́ть свобо́дно** to speak fluently

свобо́дный  free
　свобо́дное вре́мя  free time
　свобо́дные де́ньги  spare cash
своевре́менно  (adv.) in good time,
　opportunely
*свой, своя́, своё, свои́  one's own
　(m., f., n., pl.)
　Всё придёт в своё вре́мя.
　Everything comes in its time.
　Он признаёт свои́ недоста́тки.
　He acknowledges his faults.
　Он там свой челове́к.  He is
　quite at home there.
сво́йство  property, characteristics
свя́занный  combined, constrained
связа́ть—see свя́зывать
свя́зывать (связа́ть)  to bind, tie
　together, connect
　свя́зывать обеща́нием  to bind
　by a promise
　Этот вопро́с те́сно свя́зан с
　други́ми.  This problem is bound
　up with others.
связь  (f.) tie, bond, connection,
　relation
　в э́той связи́  in this connection
　причи́нная связь  casual
　relationship
　с хоро́шими свя́зями  with good
　connections
святы́ня  sacred object or place;
　place of worship
свяще́нник  priest
сгиба́ться (согну́ться)  to bend
　down, stoop
сгора́ть (сгоре́ть)  to burn (down)
　Дом сгоре́л.  The house burned
　down.
　сгора́ть от стыда́  to burn with
　shame
сгоре́ть—see сгора́ть
сдава́ть (сдать)  to deal (cards),
　hand over, turn over, surrender,
　hand in
　сдава́ть буты́лки  to recycle
　bottles
сдать—see сдава́ть
*сда́ча  surrender, renting, deal (in
　cards)
　Ва́ша сда́ча.  It's your deal.
　дать сда́чу  to give change
　сда́ча в аре́нду  leasing

сде́лано  finished
сде́лать(ся)—see де́лать(ся)
сде́ржанно  (adv.) with restraint,
　with discretion
сде́ржанность  (f.) restraint, reserve
сде́рживать(ся)—see сде́рживать(ся)
сде́рживать (сдержа́ть)  to hold in,
　restrain, contain
　сдержа́ть своё сло́во  to keep
　one's word
сде́рживаться (сдержа́ться)  to
　control oneself
сдружи́ться  (perf.) to become
　friends with
*себя́  self, oneself (reflexive
　pronoun)
се́вер  north
се́верный  northern
*сего́дня  today
　сего́дня ве́чером  this evening
　сего́дня у́тром  this morning
сего́дняшний  today's
седина́  gray hair
седо́й  gray (only of hair)
　Он седо́й.  He has gray hair.
седьмо́й  seventh
сейф  safe, vault, safety-deposit box
*сейча́с  now, presently, right now
　Где он сейча́с живёт?  Where
　does he live now?
　сейча́с же  immediately, at once
секре́т  secret
　по секре́ту  secretly, in confidence
　секре́т успе́ха  secret of success
секрета́рша  secretary
секре́тно  secretly, covertly
секу́нда  second
селёдка  herring
село́  village
　ни к селу́ ни к го́роду  neither
　here nor there
сельдере́й  celery
се́льский  rural
　се́льская жизнь  village life
сельскохозя́йственный
　agricultural
семидеся́тый  seventieth
семе́йный  domestic, family
　семе́йные свя́зи  family ties
　семе́йный челове́к  family man
семе́стр  term, semester
семна́дцать  seventeen

семна́дцатый seventeenth

семь seven

се́мьдесят seventy

семьсо́т seven hundred

семья́ family

се́но hay

сентимента́льный sentimental

сентя́брь (m.) September

серде́чный cordial, hearty, of the heart

   серде́чная боле́знь heart disease

   серде́чный приве́т hearty greetings

серди́тый angry

серди́ться (рассерди́ться) to get angry, be cross

*се́рдце heart

   до́брое се́рдце kind heart

   от всего́ се́рдца from the bottom of one's heart

   принима́ть что́-либо к се́рдцу to take something to heart

   С глаз доло́й, из се́рдца вон. Out of sight, out of mind.

   У него́ отлегло́ от се́рдца. He felt relieved.

   У него́ се́рдца нет. He has no heart.

   У него́ се́рдце упа́ло. His heart sank.

серебро́ silver

сере́бряный silver (adj.)

   сере́бряная посу́да silver plate

*середи́на middle

   в са́мой середи́не in the very middle

   золота́я середи́на golden mean

се́рия series

се́рный sulphuric

   се́рная кислота́ sulphuric acid

се́рый gray

   се́рая жизнь dull life

серьга́ earring

серьёзно (adv.) seriously, earnestly

серьёзный serious, earnest

*сестра́ sister

   двою́родная сестра́ cousin

   медици́нская сестра́ (медсестра́) nurse

сесть—see сади́тся

сжать—see сжима́ть

сжечь—see жечь

сжима́ть (сжать) to squeeze, compress

   сжима́ть гу́бы to compress one's lips

   сжима́ть кулаки́ to clench one's fists

сза́ди (adv.) from behind

   вид сза́ди view from behind

   пя́тый ваго́н сза́ди fifth car from the end

   толка́ть сза́ди to push from behind

сига́ра cigar

сигаре́та cigarette

сигна́л signal

*сиде́ть to sit, be perched, fit

   Пла́тье хорошо́ сиди́т. The dress fits well.

   сиде́ть в тюрьме́ to be imprisoned

   сиде́ть до́ма to stay at home

   сиде́ть за столо́м to sit at the table

си́ла strength, force

   брать си́лой to take by force

   быть ещё в си́лах to be still vigorous enough

   входи́ть в си́лу to come into force

   изо всех сил with all one's strength

   лошади́ная си́ла horsepower

   морски́е си́лы naval force

   си́ла во́ли will power

   си́ла привы́чки force of habit

   си́ла тя́жести gravity

   Э́то сверх сил. This is beyond one's powers.

си́льно (adv.) strongly, very, violently, greatly

   си́льно нужда́ться to be in extreme need

   си́льно пить to drink heavily

   си́льно чу́вствовать to feel keenly

*си́льный strong, powerful, keen, intense, heavy

   силён в матема́тике good at mathematics

   си́льная страсть violent passion

   си́льный за́пах strong smell

си́мвол symbol

симпати́чный   sympathetic, likable

симпо́зиум   symposium

симфо́ния   symphony

си́ний   dark blue

сирота́   orphan

систе́ма   system

системати́чный   systematic

си́то   strainer, sieve

ситуа́ция   situation

\*сказа́ть   to say, tell—see
   говори́ть

  Ле́гче сказа́ть, чем сде́лать.
   Easier said than done.

  пра́вду сказа́ть   to tell the truth

  Ска́зано-сде́лано.   No sooner said
   than done.

  Тру́дно сказа́ть.   It's hard to say.

ска́зка   fairy tale, story

скака́ть (поскака́ть)   to skip, jump,
  hop

скамья́   bench

  посади́ть на скамью́ подсуди́мых
   to put into the dock

  со шко́льной скамьи́   since
   schooldays

сканда́л   scandal

  Како́й сканда́л!   What a disgrace!

ска́терть   (f.) tablecloth

скве́рно   (adv.) badly

  Пальто́ скве́рно сиди́т на нём.
   The coat fits him badly.

  па́хнуть скве́рно   to smell bad

  скве́рно чу́вствовать себя́   to feel
   bad

скве́рный   bad, nasty

сквози́ть   to blow through, go
  through

  Здесь сквози́т.   There is a draft
   here.

\*сквозь   through (with acc.)

  говори́ть сквозь зу́бы   to speak
   through clenched teeth

  Как сквозь зе́млю провали́лся.
   He disappeared without leaving a
   trace (as though through the
   earth).

скепти́ческий   skeptical

ски́дка   rebate, reduction, discount

  де́лать ски́дку   to give a reduction

  со ски́дкой   with rebate, with
   discount

скла́дка   fold, pleat, crease, wrinkle

\*складно́й   folding, collapsible,
  portable

скло́нность   (f.) inclination, bent,
  disposition

сковорода́   frying pan

скользи́ть (скользну́ть)   to slip,
  slide

ско́льзкий   slippery

  говори́ть на ско́льзкую те́му   to
   be on slippery ground

  ско́льзкая доро́га   slippery road

скользну́ть—see скользи́ть

\*ско́лько   how much, how many

  не сто́лько … ско́лько …   not
   so much … as …

  Ско́лько мы вам должны́?   How
   much do we owe you?

  Ско́лько с меня́?   How much do I
   owe?

  Ско́лько сто́ит?   How much does
   it cost?

  ско́лько уго́дно   as much as you
   like

сконфу́женный   abashed,
  disconcerted, embarrassed

сконфу́зить(ся)—see
  конфу́зить(ся)

сконча́ться   (perf.) to pass away,
  die

скопи́ровать—see копи́ровать

ско́рбный   sorrowful, mournful

скорбь   (f.) sorrow, grief

скоре́е   rather, sooner, quicker

  как мо́жно скоре́е   as soon as
   possible

  Он скоре́е умрёт, чем сда́стся.
   He would rather die than
   surrender.

ско́ро   (adv.) quickly, soon

  Он ско́ро придёт.   He will come
   soon.

скоропо́ртящийся   perishable

ско́рость   (f.) speed, rate

  максима́льная ско́рость   top
   speed

  ско́рость движе́ния   rate of
   movement

ско́рый   fast, rapid

  в ско́ром вре́мени   soon, before
   long

  До ско́рого свида́ния.   See you
   soon.

**ско́рая по́мощь**    first aid
**ско́рый по́езд**    fast train, express
**ско́рый шаг**    quick step
**скот**    cattle
**скрепля́ть (скрепи́ть)**    to fasten together, strengthen
**скрипа́ч**    violinist
**скрипе́ть (поскрипе́ть)**    to squeak, creak
**скри́пка**    violin
  **игра́ть на скри́пке**    to play the violin
**скро́мность**    (f.) modesty
  **ло́жная скро́мность**    false modesty
**скро́мный**    modest, frugal, unpretentious
**скрыва́ть (скрыть)**    to hide, conceal, keep back
  **не скрыва́ть того́, что**    to make no secret of the fact that
  **Он засмея́лся, что́бы скры́ть своё беспоко́йство.**    He laughed to cover his anxiety.
**скрыва́ться (скры́ться)**    to hide oneself
**скры́тый**    secret, latent
**скрыть(ся)** — see **скрыва́ть(ся)**
**ску́ка**    boredom, tedium
**ску́льптор**    sculptor
**ску́по**    (adv.) stingily, sparingly
**скупо́й**    stingy, miserly
**ску́пость**    (f.) stinginess, miserliness
*\*скуча́ть**    (imp.) to be bored, to miss
  **Я скуча́ла по тебе́.**    I missed you.
**ску́чно**    (adv.) boring, dull
  **Мне ску́чно.**    I am bored.
**ску́чный**    boring, tiresome
**слабе́ть (ослабе́ть)**    to grow weak, grow feeble, slack off
**сла́бо**    faintly, weakly
**сла́бость**    (f.) weakness, feebleness
*\*сла́бый**    weak, faint, feeble
  **сла́бое оправда́ние**    lame excuse
  **сла́бые глаза́**    weak eyes
  **сла́бый учени́к**    poor pupil
**сла́ва**    glory, fame
**сла́вный**    famous, renowned, nice
  **сла́вный ма́лый**    nice fellow
*\*сла́дкий**    sweet, honeyed
  **на сла́дкое**    for dessert

**спать сла́дким сном**    to be fast asleep
**сла́достный**    sweet, delightful
**сла́дость**    (f.) sweetness, delight
**слегка́**    (adv.) somewhat, slightly
  **Он слегка́ уста́л.**    He is somewhat tired.
  **слегка́ тро́нуть**    to touch gently
**след**    track, trace, sign, vestige
*\*следи́ть**    to watch, follow
  **внима́тельно следи́ть**    to watch closely
  **следи́ть глаза́ми за кем-либо**    to follow someone with one's eyes
  **следи́ть за детьми́**    to look after children
  **следи́ть за чьи́ми-либо мы́слями**    to follow the thread of someone's thoughts
**сле́довательно**    consequently, therefore, it follows that
**сле́довать (после́довать)**    to follow, come next
  **во всём сле́довать отцу́**    to take after one's father in everything
  **как сле́дует из ска́занного**    as appears from the above
  **Ле́то сле́дует за весно́й.**    Summer follows spring.
  **обраща́ться куда́ сле́дует**    to apply to the proper quarter
**сле́дующий**    following, next
  **сле́дующий день**    the next day
**слеза́**    tear
  **до слёз бо́льно**    enough to make anyone cry
**слеза́ть (слезть)**    to get off, get down
**слезть** — see **слеза́ть**
**сле́по**    (adv.) blindly
  **слепо́е подража́ние**    blind imitation
**слепо́й**    blind
**слепота́**    blindness
**сли́ва**    plum
**сли́вки**    cream
*\*сли́шком**    (adv.) too, too much
**слова́рь**    (m.) dictionary, vocabulary
*\*сло́во**    word
  **дава́ть сло́во**    to give the floor, promise
  **други́ми слова́ми**    in other words

одни́м сло́вом   in a word

Помяни́те моё сло́во!   Mark my words!

сдержа́ть сло́во   to keep one's word

сло́во в сло́во   word for word

че́стное сло́во   word of honor

сложе́ние   adding, addition, build

сло́жно   (adv.) in a complicated manner, it is complicated

сло́жный   complicated, intricate

слой   layer

слома́ть(ся)—see лома́ть(ся)

слон   elephant

служа́нка   maid

слу́жащий   employee

слу́жба   service, work

бы́ть на вое́нной слу́жбе   to be in the military service

иска́ть слу́жбу   to look for work

служе́бный а́дрес   work address

*служи́ть (послужи́ть)   to serve, be in use

служи́ть на фло́те   to serve in the navy

служи́ть кому́-либо ве́рой и пра́вдой   to serve someone faithfully

служи́ть приме́ром   to serve as an example

служи́ть це́ли   to serve a purpose

*слух   hearing, rumor

игра́ть по слу́ху   to play by ear

Ни слу́ху ни ду́ху.   Nothing has been heard.

о́рган слу́ха   organ of hearing

по слу́хам   it is rumored

пусти́ть слух   to set a rumor going

*слу́чай   (m.) event, chance, case

во вся́ком слу́чае   at any event

воспо́льзоваться удо́бным слу́чаем   to seize an opportunity

на вся́кий слу́чай   in case

на слу́чай   in case of

несча́стный слу́чай   accident

ни в ко́ем слу́чае   on no account

по слу́чаю чего́-либо   on the occasion of something

при вся́ком удо́бном слу́чае   with every opportunity

случа́йно   by chance, accidentally

Вы случа́йно не зна́ете его́?   Do you know him, by any chance?

не случа́йно, что   it is no mere chance that

случа́йный   accidental, fortuitous

случа́ться (случи́ться)   to happen, to take place

Как э́то случи́лось?   How did it happen?

случи́ться—see случа́ться

*слу́шать (послу́шать)   to listen, pay attention

*слы́шать (услы́шать)   to hear

слы́шно   (adv.) audibly, one can hear, it is said

Слы́шно как му́ха пролети́т.   You might have heard a pin drop. (One can hear how a fly flies by.)

Что слы́шно?   What's the news?

слюна́   saliva

слю́ни, слю́нки   (dim. of слюна́) used in: У него́ слю́нки теку́т.   His mouth is watering.

сме́ло   (adv.) boldly, bravely, daringly, fearlessly

говори́ть сме́ло   to speak boldly

я могу́ сме́ло сказа́ть   I can safely say

сме́лость   (f.) boldness, courage, daring

сме́лый   bold, courageous, daring (adj.)

сме́рить—see ме́рить

смерть   (f.) death

надоеда́ть до́ смерти   to pester to death

смета́на   sour cream

сметь (посме́ть)   to dare

смех   laughter

Ему́ не до сме́ху.   He is in no mood for laughter.

Смех да и то́лько.   It's simply absurd.

сме́шанный   mixed, compound

смеша́ть—see сме́шивать

сме́шивать (смеша́ть)   to mix, mix together, blend

смешно́   (adv.) it is ridiculous, it makes one laugh, in a funny manner, comically

смешно́й   funny, ridiculous

**В э́том нет ничего́ смешно́го.** There is nothing to laugh at.

**Как он смешо́н.** How absurd he is.

\***смея́ться** to laugh

**смея́ться исподтишка́** to laugh up one's sleeve

**смея́ться над ке́м-либо** to make fun of someone

**Хорошо́ смеётся тот, кто смеётся после́дним.** He who laughs last laughs best.

**смире́ние** humility, humbleness

**смолка́ть (смо́лкнуть)** to grow silent, fall silent

**смо́лкнуть**—see **смолка́ть**

**смо́лоду** since one's youth

**сморо́дина** currant

\***смотре́ть (посмотре́ть)** to look, look at

**Как вы на э́то смо́трите?** What do you think of it?

**смотре́ть в о́ба** to be on one's guard

**смотре́ть за поря́дком** to keep order

**смотри́!, смотри́те!** look out!

**смотря́** according to

**смочь**—see **мочь**

**сму́глый** swarthy, dark (complexion)

**сму́тно** (adv.) vaguely, dimly, not clearly

**сму́тный** vague, dim

**сму́тное вре́мя** troubled times

**смуще́ние** confusion, embarrassment

**смущённый** confused, embarrassed

**смысл** sense, meaning

**в по́лном смы́сле э́того сло́ва** in the full sense of the word

**В э́том нет смы́сла.** There's no point in it.

**здра́вый смысл** common sense

**Э́то не име́ет никако́го смы́сла.** It makes no sense at all.

**прямо́й смысл** literal meaning

**смягча́ться (смягчи́ться)** to soften, relent, grow mild, ease off

**снару́жи** from the outside

\***снача́ла** (adv.) from the beginning, at first

**снег** snow

**сни́зу** from below

\***снима́ть (снять)** to take, take off, remove, take pictures

**снима́ть кварти́ру** to rent an apartment

**снима́ть ко́пию с чего́-либо** to make a copy of something

**снима́ть шля́пу** to take off one's hat

**сни́мок** photograph, snapshot

**снисходи́тельный** condescending, lenient

**сни́ться (присни́ться)** to dream

**ему́ сни́лось, что** he dreamed that

**Ему́ э́то да́же и не сни́лось.** He had never even dreamed of it.

**сно́ва** (adv.) anew, afresh, again

**начина́ть сно́ва** to begin again

**сновиде́ние** dream

**снять**—see **снима́ть**

\***собира́ть (собра́ть)** to gather, assemble, collect

**собира́ть свои́ ве́щи** to collect one's belongings

**собра́ть всё своё му́жество** to pluck up one's courage

**собра́ть мы́сли** to collect one's thoughts

**собира́ться (собра́ться)** to gather together, assemble, make up one's mind

**Он собира́ется е́хать в Москву́.** He intends to go to Moscow.

**собира́ться в путь** to prepare for a journey

**соблазни́тель** (m.) tempter, seducer

**соблазни́ть** (perf.) to entice, allure, tempt, seduce

**собо́р** cathedral

**собра́ние** meeting, gathering

**собра́ть(ся)**—see **собира́ть(ся)**

**со́бственно** (adv.) properly

**со́бственно говоря́** as a matter of fact, strictly speaking

**со́бственность** (f.) property

**ли́чная со́бственность** personal property

**со́бственный** own, personal

**чу́вство со́бственного досто́инства** self-respect

**собы́тие** event

**текущие собы́тия** current events
**Это бы́ло больши́м собы́тием.**
It was a great event.
**соверша́ть (соверши́ть)** to
accomplish, perform
**соверши́ть по́двиг** to accomplish
a feat or deed
**соверши́ть сде́лку** to strike a
bargain
*совершенно (adv.) absolutely,
quite, totally, utterly
**соверше́нно ве́рно** quite so, of
course
**соверше́нно незнако́мый челове́к**
total stranger
**соверше́нный** absolute, perfect
**соверше́нство** perfection
**соверши́ть—**see **соверша́ть**
**со́весть** (f.) conscience
**по со́вести говоря́** honestly
speaking
*сове́т council, advice, counsel
**сове́товать (посове́товать)** to
advise, counsel
**сове́тский** Soviet
**Сове́тский Сою́з** Soviet Union
**совме́стно** (adv.) commonly,
jointly
**совме́стный** joint, combined
**совме́стное обуче́ние**
coeducation
**совме́стное предприя́тие** joint
venture
**совпада́ть (совпа́сть)** coincide,
concur
**совпаде́ние** coincidence
**совпа́сть—**see **совпада́ть**
**совреме́нный** contemporary,
modern
*совсе́м (adv.) quite, entirely,
totally
**совсе́м не** not in the least
**совсе́м не то** nothing of the kind
**согла́сие** consent, assent
**согаси́ться—**see **соглаша́ться**
**согла́сно** (adv.) in accord,
according, in harmony
**согла́сный** agreeable
**быть согла́сным** to agree with
something
*соглаша́ться (согласи́ться) to
consent, agree, concur

**соглаше́ние** agreement,
understanding
**согну́ться—**see **сгиба́ться**
**согрева́ть (согре́ть)** to warm, heat
**согре́ть—**see **согрева́ть**
**содержа́ние** maintenance, upkeep,
contents
**быть на содержа́нии у кого́-либо**
to be supported by someone
**содержа́ние кислоро́да в во́здухе**
content of oxygen in the air
**содержа́ние кни́ги** subject matter
of a book
**содержа́ть** (imp.) to support,
maintain, contain
**соедине́ние** joining, combination
**соединённый** united
**Соединённые Шта́ты** United
States
**соедини́ть(ся)—**see **соединя́ть(ся)**
**соединя́ть(ся) (соедини́ть(ся))** to
join, unite, connect, combine
*сожале́ние regret, pity
**к сожале́нию** unfortunately
**создава́ть (созда́ть)** to create,
found, originate
**создава́ть иллю́зию** to create an
illusion
**создава́ть мо́щную промы́ш-**
**ленность** to create a powerful
industry
**созда́ть—**see **создава́ть**
**созна́тельно** (adv.) consciously,
deliberately, conscientiously
**сойти́—**see **сходи́ть**
**сок** juice, sap
**сократи́ть—**see **сокраща́ть**
**сокраща́ть (сократи́ть)** to
shorten, curtail, abbreviate
**Придётся сократи́ться.** We'll
have to tighten the purse strings.
**сокраще́ние** shortening,
abbreviation
**сокращённый** brief, abbreviated
**солда́т** soldier
**солёный** salty, salted
**соли́дность** (f.) solidity, reliability
**соли́дный** solid, strong, reliable
**соли́дный журна́л** reputable
magazine
**соли́дный челове́к** reliable man
**со́лнечный** sunny, solar

*со́лнце  (n.) sun

солони́на  corned beef

*соль  (f.) salt

  англи́йская соль  Epsom salts

  соль земли́  salt of the earth

*сомнева́ться  (imp.) to doubt, have doubts

  Сомнева́юсь в его́ и́скренности. I doubt his sincerity.

  я не сомнева́юсь  I don't doubt

сомне́ние  doubt

сомни́тельно  (adv.) doubtfully, it is doubtful

*сон  dream, sleep

  ви́деть сон  to have a dream

  во сне  in one's sleep

  кре́пкий сон  sound sleep

со́нный  sleepy, drowsy

сообща́ть (сообщи́ть)  to report, communicate, inform

сообще́ние  report, information

сообщи́ть—see сообща́ть

сопе́рник  rival

соперничать  to compete with

сопровожда́ть (сопроводи́ть)  to accompany, escort

сопротивля́ться  (imp.) to resist, oppose

сопу́тствовать  (imp.) to travel with

сорва́ть(ся)—see срыва́ть(ся)

со́рок  forty

сороково́й  fortieth

*сорт  sort, kind

*сосе́д, сосе́дка  neighbor (m., f.)

  сосе́д (сосе́дка) по ко́мнате roommate

сосе́дний  neighboring, adjacent

соси́ска  sausage (hot dog)

соска́кивать (соскочи́ть)  to jump down, jump off

соскочи́ть—see соска́кивать

сосна́  pine tree

сосредото́чивать(ся) (сосредото́чить(ся))  to concentrate, focus; to concentrate on self.

соста́в  composition, structure

соста́вить(ся)—see составля́ть(ся)

составле́ние программ для компью́тера  computer programming

составля́ть (соста́вить)  to compose, compile, formulate

  соста́вить спи́сок  to make up a list

  соста́вить план  to formulate a plan

составля́ться (соста́виться)  to be formed

состоя́ние  state, condition, fortune

  в хоро́шем состоя́нии  in good condition

  получи́ть состоя́ние  to come into a fortune

  состоя́ние здоро́вья  state of health

состоя́ть  to consist in, of

  Кварти́ра состои́т из трёх ко́мнат.  The apartment consists of three rooms.

  ра́зница состои́т в том, что ... the difference consists of ...

сосу́д  vessel (household)

сострада́ние  compassion

со́тый  hundredth

со́ус  sauce, gravy

софа́  sofa

со́хнуть (вы́сохнуть)  to dry, get dry

сохране́ние  preservation, conservation

сохрани́ть—see сохраня́ть

*сохраня́ть (сохрани́ть)  to keep, preserve, retain

  сохрани́ть на па́мять  to keep as a souvenir

  сохрани́ть хладнокро́вие  to keep one's head

социали́зм  socialism

*сочине́ние  composition, work

  по́лное собра́ние сочине́ний Пу́шкина  complete works of Pushkin

сочини́ть—see сочиня́ть

сочиня́ть (сочини́ть)  to write, compose, make up

со́чный  juicy, succulent

  со́чное я́блоко  juicy apple

  со́чный стиль  rich style

сочу́вствие  sympathy

сочу́вствовать  (imp.) to sympathize (with), feel (for)

*сою́з  union, alliance

спа́льный  sleeping

спа́льный ваго́н   sleeping car
*спа́льня   bedroom
спа́ржа   asparagus
*спаса́ть (спасти́)   to save, rescue
   спасти́ жизнь   to save a life
   спасти́ положе́ние   to save the situation
спаса́ться (спасти́сь)   to save oneself, escape
спасе́ние   rescue, salvation
*спаси́бо   thanks, thank you
   большо́е спаси́бо   many thanks
спасти́(сь)—see спаса́ть(ся)
*спать  
   ложи́ться спать   to go to bed
   Он спит как уби́тый.   He is sound asleep. He sleeps like a log.
спекта́кль   (m.) play, performance
спектра́льный   spectral
спе́лый   ripe
сперва́   (adv.) at first, firstly
спе́реди   (adv.) from the front
спеть—see петь
специали́ст   specialist, expert
специа́льно   (adv.) especially
*специа́льный   special
*спеши́ть (поспеши́ть)   to hurry, hasten
   Его́ часы́ спеша́т иа де́сять мину́т.   His watch is ten minutes fast.
спе́шно   (adv.) in haste, hastily
спе́шный   urgent, pressing
   в спе́шном поря́дке   quickly, rush
СПИД (синдро́м приобретённого иммуно-дефици́та)   AIDS
*спина́   back
спи́сок   list
спи́чка   match
спле́тник, спле́тница   gossip, talebearer (m., f.)
спле́тничать   to gossip, talk
сплошно́й   continuous, entire
   сплошна́я ма́сса   solid mass
   сплошно́е удово́льствие   sheer joy
*сплошь   (adv.) entirely, everywhere
   сплошь и ря́дом   very often
   сплошь одни́ цветы́   flowers everywhere
споко́йно   (adv.) quietly
*споко́йный   quiet, peaceful, tranquil

Бу́дьте споко́йны.   Don't worry.
   споко́йное мо́ре   calm sea
   Споко́йной но́чи.   Good night.
спор   argument, debate
*спо́рить (поспо́рить)   to argue, dispute
спо́рный   questionable, debatable, moot, controversial
*спорт   sport
спорти́вный   sporting, athletic
спо́соб   way, method
   спо́соб выраже́ния   manner of expressing oneself
   таки́м спо́собом   in this way
спосо́бность   (f.) ability, faculty
спосо́бный   able, clever, gifted, capable
справедли́вость   (f.) justice, fairness
справедли́вый   just, fair
спра́вочник   reference book, information book, guidebook
*спра́шивать (спроси́ть)   to ask a question, demand, inquire
спрос   demand
   в большо́м спро́се   in great demand
   спрос и предложе́ние   demand and supply
спроси́ть—see спра́шивать
спря́тать(ся)—see пря́тать(ся)
спуска́ть (спусти́ть)   to let down, lower
   не спуска́ть глаз   not to take one's eyes off
   спуска́ть флаг   to lower the flag
спуска́ться (спусти́ться)   to descend, go down
   спусти́ться по ле́стнице   to go downstairs
спусти́ть(ся)—see спуска́ть(ся)
*спустя́   (adv.) after, later
   не́сколько дней спустя́   several days later
спу́тник   fellow-traveler, satellite, one who travels with
   Луна́ спу́тник Земли́.   The moon is the earth's satellite.
*сравне́ние   comparison
   по сравне́нию   in comparison
   сте́пени сравне́ния   degrees of comparison

**сра́внивать (сравни́ть)** to compare

**сравни́тельно** (adv.) comparatively, in comparison

**сравни́тельный** comparative

**сравни́ть**—see **сра́внивать**

*****сра́зу** (adv.) at once, right away

**среда́** Wednesday

**в сре́ду** on Wednesday

*****среди́** amongst, amidst (with gen.)

**среди́ ко́мнаты** in the middle of the room

**среди́ нас** among us

**сре́дний** middle, medium, average

**мужчи́на сре́дних лет** middle-aged man

**ни́же сре́днего** below average

**сре́дние спосо́бности** average ability

**сре́дняя шко́ла** secondary school

**сре́дство** means

**жить не по сре́дствам** to live beyond one's means

**ме́стные сре́дства** local resources

**сре́дства к существова́нию** means of existence

**сре́дства произво́дства** means of production

**сре́дства ма́ссовой информа́ции** mass media

**сровня́ть**—see **равня́ть**

**срыва́ть (сорва́ть)** to tear away, to tear off

**сорва́ть ма́ску с кого́-либо** to tear the mask from someone

**срыва́ться (сорва́ться)** to break loose, break away

**ссо́риться (поссо́риться)** to quarrel (with), fall out (with)

*****ста́вить (поста́вить)** to set, place, put in a vertical position

**высоко́ ста́вить кого́-либо** to think highly of someone

**поста́вить пье́су** to produce a play

**ста́вить всё на ка́рту** to stake all

**ста́вить кому́-либо препя́тствия** to put obstacles in one's way

**ста́вить пробле́му** to raise a problem

**ста́вить усло́вия** to lay down conditions

**ста́вить часы́** to set the clock

**стадио́н** stadium

**ста́до** herd, flock

**стажиро́вка** special training

*****стака́н** drinking glass

**ста́лкиваться (столкну́ться)** to collide, run into

**Автомоби́ли столкну́лись.** The cars collided.

**Интере́сы их столкну́лись.** Their interests clashed.

**Мы вчера́ случа́йно столкну́лись.** We ran into each other yesterday.

**ста́ло быть** so, thus, consequently, it follows that

**сталь** (f.) steel

**станда́рт** standard

**станда́ртный** standard (adj.)

**станда́ртный дом** prefabricated house

*****станови́ться (стать)** to become, grow

**Его́ не ста́ло.** He has passed away.

**Стано́вится хо́лодно.** It is getting cold.

**стать учи́телем** to become a teacher

**ста́нция** station

**стара́тельно** diligently, assiduously

**стара́ться (постара́ться)** to endeavor, try

**стара́ться впусту́ю** to waste one's efforts

**стара́ться изо всех сил** to do one's utmost

*****стари́к** old man

**старина́** olden times

**стари́нный** ancient, antique

**старомо́дный** old-fashioned

**ста́рость** (f.) old age

*****старуха́** old woman

**ста́рший** older, senior

**ста́рший врач** head physician

**ста́рший сын** oldest son

*****ста́рый** old

**Всё по-ста́рому.** Everything is the same (all as of old).

**ста́рая де́ва** old maid

**стать** (perf.) to begin, come to be

**Он стал чита́ть.** He began to read.

стать—see станови́ться

статья́ article

передова́я статья́ editorial

Это осо́бая статья́. That's another matter.

\*стекло́ glass

око́нное стекло́ window glass

стекля́нный glass (adj.)

стели́ть (постели́ть) spread

стели́ть посте́ль to make the bed

\*стена́ wall

стенографи́стка stenographer (f.)

сте́пень (f.) degree, extent

возводи́ть во втору́ю сте́пень to raise to the second power

До како́й сте́пени? To what extent?

до после́дней сте́пени to the last degree

сте́пени сравне́ния degrees of comparison

сте́пень до́ктора doctorate, Ph.D.

степь (f.) steppe

стере́ть—see стира́ть

стере́чь to guard, watch over

стесня́ться to feel shy, be ashamed of

Он стесня́ется сказа́ть вам. He is ashamed to call you.

стиль (m.) style

возвы́шенный стиль grand style

сти́мул incentive, stimulus

стипе́ндия stipend, scholarship

стира́ть (стере́ть) to wipe, clean, erase

стира́ть пыль to dust

стира́ть (вы́стирать) to wash, launder

стихи́ (pl.) verse, poems, poetry

стихотворе́ние poem

сто hundred

\*сто́ить (imp.) to cost, to be worth

ничего́ не сто́ит to be worthless

Ско́лько э́то сто́ит? How much does it cost?

Сто́ит проче́сть э́то. It is worth reading.

Это сто́ило ему́ большо́го труда́. This cost him much trouble.

\*стол table

накрыва́ть на стол to set the table

пи́сьменный стол desk

столе́тие century

столи́ца capital city

столкнове́ние collision, crash

столкну́ться—see ста́лкиваться

столо́вая dining room

столо́вый table (adj.)

столо́вая ло́жка tablespoon

столо́вое вино́ table wine

\*сто́лько (adv.) so much, so many

сто́лько вре́мени so much time

сто́лько, ско́лько as much as

стона́ть to moan, groan

сторгова́ться—see торгова́ться

сто́рож watchman, guard

\*сторона́ side

брать чью́-либо сто́рону to take someone's side

име́ть свои́ хоро́шие сто́роны to have one's good points

ро́дственник со стороны́ отца́ relative on one's father's side

с друго́й стороны́ on the other hand

с мое́й стороны́ for my part

уклоня́ться в сто́рону to deviate

шу́тки в сто́рону joking aside

\*стоя́ть to stand

Пе́ред ним стои́т вы́бор. He is faced with a choice.

Со́лнце стои́т высоко́ на не́бе. The sun is high in the sky.

стоя́ть на коле́нях to kneel

стоя́ть на я́коре to be at anchor

Часы́ стоя́т. The watch has stopped.

страда́ние suffering

страда́ть (пострада́ть) to suffer

страна́ country

страни́ца page

\*стра́нно (adv.) strangely, in a strange way

стра́нный strange, queer, odd, funny

стра́стно (adv.) passionately

стра́стный ardent, fervent, passionate

страсть (f.) passion

стратосфе́ра stratosphere

страх fear, fright

страхо́вка insurance

\*стра́шно (adv.) it is terrible,
  terribly, awfully
стра́шный terrible, frightful,
  fearful
стре́лка pointer, hand (of a clock)
стри́чься (постри́чься) to have
  one's hair cut
стро́гий strict, severe
стро́го (adv.) strictly, severely
стро́ить (постро́ить) to build,
  construct
строй system, order, formation
стро́йный well-proportioned, well-
  composed
строка́ line
  чита́ть ме́жду строк to read
    between the lines
студе́нт, студе́нтка student (m., f.)
студе́нь aspic
студи́ть (остуди́ть) to cool off
сту́дия studio, workshop
стук knock, tap, noise
сту́кать (сту́кнуть) to knock, rap,
  pound
сту́кнуть—see сту́кать
\*стул chair
стуча́ть (постуча́ть) to knock, rap
  Стучи́т в виска́х. The blood is
    pounding at my temples.
  стуча́ть в дверь to knock on the
    door
стыд shame
стыдли́во (adv.) shamefacedly,
  bashfully, shyly
\*сты́дно it is a shame, it is
  disgraceful
  Как вам не сты́дно! You ought to
    be ashamed of yourself.
  Мне сты́дно. I am ashamed.
суббо́та Saturday
  в суббо́ту on Saturday
суд law court, justice, judgment
суди́ть to try, referee, judge
  наско́лько он мо́жет суди́ть to
    the best of his judgment
  суди́ть по вне́шнему ви́ду to
    judge by appearances
судьба́ fate, destiny, fortune
  искуша́ть судьбу́ to tempt one's
    fate
судья́ judge
сумасше́дший mad

сумасше́дшая ско́рость
  breakneck speed
  Э́то бу́дет сто́ить сумасше́дших
    де́нег. It will cost an enormous
    sum.
суматоха bustle, turmoil
сумбу́р confusion
\*суме́ть (perf.) to know how, be
  able, succeed, to manage to
  Он не суме́ет э́того сде́лать. He
    will not be able to do it.
су́мка handbag, pouch,
  pocketbook
су́мма sum
су́мрак twilight, dusk
сунду́к trunk, box, chest
су́нуть (perf.) to poke, thrust,
  shove
  су́нуть свой нос to pry
  су́нуть что́-либо в карма́н to slip
    something in one's pocket
суп soup
супру́г (m.), супру́га (f.) spouse
суро́во (adv.) severely, sternly
суро́вый severe, stern
су́тки twenty-four hours, day
су́хо (adv.) it is dry, dryly
\*сухо́й dry, arid
  сухо́й кли́мат dry climate
  сухо́й приём cold reception
суши́ть (вы́сушить) to dry
существо́ being, creature
существова́ние existence
существова́ть to be, exist
  существу́ют лю́ди, кото́рые
    there are people who
  Э́то существу́ет. It exists.
сфе́ра sphere, realm
  сфе́ра влия́ния sphere of
    influence
  Э́то вне его́ сфе́ры. It is out of
    his realm.
сфинкс sphinx
схвати́ть—see хвата́ть
\*сходи́ть (сойти́) to go down, get
  off, alight
  Кра́ска сошла́ со стены́. The
    paint came off the wall.
  сходи́ть с ума́ to go mad
схо́дный similar, suitable
схо́дство likeness, resemblance
сце́на stage, scene

94

устра́ивать сце́ну  to make a scene

счастли́вый  happy, fortunate
  **Счастли́вого пути́!**  Have a good trip!

сча́стье  luck, happiness
  **к сча́стью**  fortunately

счесть — see **счита́ть**

счёт  calculation, score, bill
  **на счёт**  on account
  **На э́тот счёт вы мо́жете быть споко́йны.**  You may be easy on that score.
  **откры́ть** (perf.) **счёт**  to open an account
  **по его́ счёту**  by his reckoning
  **приня́ть** (perf.) **что́-либо на свой счёт**  to take something as referring to oneself
  **своди́ть ста́рые счёты**  to pay off old scores

*счита́ть (счесть)  to count, consider
  **Он счита́ет его́ че́стным челове́ком.**  He considers him an honest man.
  **счита́ть по па́льцам**  to count on one's fingers
  **счита́ть себя́**  to consider oneself (to be)

счита́ться (посчита́ться)  to consider, take into consideration, reckon
  **Он счита́ется хоро́шим учи́телем.**  He is considered a good teacher.
  **счита́ется, что**  it is considered that
  **Э́то не счита́ется.**  It does not count.

сшить — see **шить**

съедо́бный  edible

съезд  congress, convention, conference

съесть — see **есть**

сыгра́ть — see **игра́ть**

сын  son

сыр  cheese

сы́ро  (adv.) damply, it is damp

*сыро́й  damp, raw, uncooked
  **сыра́я пого́да**  damp weather
  **сыро́е мя́со**  raw meat

  **сыро́й материа́л**  raw material

сы́рость  (f.) dampness

сы́тый  satisfied, replete

сэконо́мить — see **эконо́мить**

*сюда́  here, hither
  **Иди́те сюда́.**  Come this way. Come here.

сюже́т  subject, topic, plot

сюрпри́з  surprise, unexpected present

сюрту́к  frock coat

# Т

таба́к  tobacco

табли́ца  table, chart
  **табли́ца логари́фмов**  table of logarithms

таи́нственный  mysterious, secret

таи́ть (утаи́ть)  to hide, conceal
  **не́чего греха́ таи́ть**  it must be confessed
  **таи́ть зло́бу на кого́-либо**  to bear malice, have a grudge against someone

таи́ться  to be hidden, be concealed, hide oneself
  **Не тайся от меня́.**  Don't conceal anything from me.

тайко́м  (adv.) secretly, surreptitiously

*та́йна  mystery, secret, secrecy
  **выдава́ть та́йну**  to betray a secret
  **держа́ть что́-либо в та́йне**  to keep something secret
  **не та́йна, что**  it is no secret that
  **под покро́вом та́йны**  under the veil of secrecy

та́йно  (adv.) secretly, underhandedly

та́йный  secret, covert, clandestine

*так  so, thus, in this way
  **Вот так.**  That's the right way.
  **е́сли так**  if that's the case
  **Здесь что́-то не так.**  There is something wrong here.
  **и́менно так**  just so
  **ита́к да́лее (и т.д.)**  and so forth, etc.

**Как бы не так.** Nothing of the sort.

**не так ли?** Isn't it so?

**Она́ так же краси́ва как её сестра́.** She is just as pretty as her sister.

**Он говори́л так, как бу́дто она́ не зна́ла.** He spoke as though she didn't know.

**Сде́лайте так, что́бы она́ не зна́ла.** Do it so that she won't know.

**так ва́жно** so important

**Так вы его́ зна́ете!** So you know him!

**так давно́** so long ago

**Так ему́ и на́до.** It serves him right.

**так или и́наче** in any event

**так как она́ уже́ уе́хала** since she has already left

**Так ли э́то?** Is that really so?

**так называ́емый** so-called

**та́к себе́** so-so, middling

**Я так и сказа́л ему́** That's exactly what I told him.

*\*та́кже** also, in addition, either

**Он та́кже пое́дет в Москву́.** He will also go to Moscow.

**Он та́кже не пое́дет в Москву́.** He will not go to Moscow, either.

\***тако́й** such, such a

**в тако́й-то час** at such and such an hour

**Вы всё тако́й же.** You are just the same.

**таки́м о́бразом** in this way

**тако́й же как** the same as

**Что тако́е?** What is the matter?

**Что э́то тако́е?** What is that?

**такси́** (n., not declined) taxi

**такт** tact, bar (in music)

**отсу́тствие та́кта** tactlessness

**челове́к с та́ктом** a man of tact

**такти́чно** tactfully, with tact

**тала́нт** talent, gift

**тала́нтливо** (adv.) ably, finely

**тала́нтливость** (f.) talent, gifted nature

**тала́нтливый** gifted, talented

**та́лия** waist

\***там** there

**та́нец** dance

**пойти́ на та́нцы** to go to a dance

**танцева́ть** to dance

\***таре́лка** plate

**таска́ть, тащи́ть** to drag, pull, lag

**та́ять (раста́ять)** to melt, thaw

**Его́ си́лы та́ют.** His strength is dwindling.

**Зву́ки та́ют.** The sounds are fading away.

**твёрдость** (f.) hardness, solidity, firmness

**твёрдый** hard, firm, steadfast

**стать твёрдо ного́й где́-либо** to secure a firm footing somewhere

**твёрдые це́ны** fixed prices

**твёрдое убежде́ние** firm conviction

\***твой, твоя́, твоё, твои́** your, familiar (m., f., n., pl.)

**тво́рческий** creative

**т. е. (то есть)** that is

**теа́тр** theater

**театра́льный** theatrical, melodramatic

**текст** text

**телеви́дение** television

**телеви́зор** television set

**телегра́мма** telegram

**телесериа́л** television series

**телефо́н** telephone

**звони́ть по телефо́ну** to telephone

**те́ло** body

**жи́дкое те́ло** (in physics) liquid

**твёрдое те́ло** (in physics) solid

**посторо́ннее те́ло** foreign body

**теля́тина** veal

**тем** the (not as an article)

**тем не ме́нее** nevertheless

**тем ху́же** so much the worse

**Чем бо́льше, тем лу́чше.** The more, the better.

**те́ма** subject, topic, theme

**темне́ть (потемне́ть)** to grow dark

**Кра́ски потемне́ли.** The colors have darkened.

**Темне́ет.** It is getting dark.

**У него́ потемне́ло в глаза́х.** Everything went dark before his eyes.

**темно́** (adv.) dark, it is dark

*темнота́ darkness; intellectual ignorance

*тёмный dark, obscure

темп rate, speed, pace

температу́ра temperature

тенде́нция tendency, purpose

  основна́я тенде́нция underlying purpose

  проявля́ть тенде́нцию to exhibit a tendency

те́ннис tennis

  игра́ть в те́ннис to play tennis

*тень (f.) shade, shadow

  боя́ться со́бственной те́ни to be afraid of one's own shadow

  держа́ться в тени́ to remain in the background

  От него́ оста́лась одна́ тень. He is a shadow of his former self.

теоре́ма theorem

теорети́чески (adv.) in theory, theoretically

тео́рия theory

*тепе́рь now, at present, nowadays

тепло́ (adv.) warmly, it is warm

  оде́ться (perf.) тепло́ to dress warmly

  тепло́ встре́тить кого́-либо to give someone a hearty welcome

теплота́ warmth, cordiality

тёплый warm, cordial, kindly

  тёплая компа́ния rascally crew

  тёплые кра́ски warm colors

  тёплый приём cordial welcome

тере́ть to rub, polish, grind

термо́метр thermometer

терпели́во (adv.) patiently, with patience

*терпели́вость (f.) patience, endurance

терпели́вый patient

терпе́ние patience, endurance, forbearance

  выводи́ть кого́-либо из терпе́ния to try someone's patience

  вы́йти из терпе́ния to lose patience

терпе́ть to suffer, endure, undergo, bear

  Вре́мя те́рпит. There's no hurry.

  Он не мо́жет э́того бо́льше терпе́ть. He can't stand it any longer.

  терпе́ть нужду́ to suffer privation

терпи́мый tolerant, indulgent

*теря́ть (потеря́ть) to lose

теря́ться (потеря́ться) to be lost, get lost, lose one's self-possession

те́сно (adv.) narrowly, tightly, it is crowded

те́сный cramped, tight, small, close

  те́сная дру́жба intimate friendship

  те́сная связь close connection

  те́сные объя́тия tight embrace

те́сто dough

тетра́дь (f.) notebook, copybook

*тётя aunt

те́хник technician

те́хника technic, technique

те́хникум technical school

техни́ческий technical

тече́ние current (as of water), course, trend, tendency

  в тече́ние неде́ли in the course of the week, during the week

течь to flow (as of water), run, glide, leak

  Вре́мя течёт бы́стро. Time flies.

  Здесь течёт. There's a leak here.

  Река́ течёт. The river is flowing.

  У него́ слю́нки теку́т. His mouth is watering.

ти́гель (m.) crucible

тип type, model, species

ти́хий quiet, still, low, gentle, faint

ти́хо (adv.) quietly, faintly, gently, it is calm

ти́ше quieter, hush!

*тишина́ quiet, silence, peace

  наруша́ть тишину́ to disturb the silence

  соблюда́ть тишину́ to make no noise

то then, in that case, that

  Е́сли вы не пойдёте, то я пойду́. If you don't go, (then) I will.

  Не то, что́бы мне не хоте́лось . . . It is not that I don't want to . . .

  то́ есть (т. е.) that is

*това́рищ comrade

*тогда́ then, at that time

**тогда́ же**   at the same time
**тогда́шний**   of that time
**то́же**   also, too, likewise, as well

**Он то́же пойдёт.**   He is going, too (as well).

**Он то́же не зна́ет.**   He does not know, either.

**То́же хоро́ш!**   You are a nice one, to be sure.

**я то́же не бу́ду.**   Neither will I.

**толка́ть (толкну́ть)**   to push, shove
**толкну́ть**—see **толка́ть**
**толко́вый**   intelligible, clear, sensible
**толпа́**   crowd, throng
**толсте́ть (потолсте́ть)**   to become fat
**то́лстый**   fat, thick, heavy, stout
**то́лько**   only, merely, solely

**Где то́лько он не быва́л!**   Where has he not been!

**как то́лько**   as soon as

**Он то́лько хоте́л узна́ть.**   He only wanted to know.

**то́лько в после́днюю мину́ту**   not until the last moment

**то́лько что**   just now

**Ты то́лько поду́май!**   Just think!

**том**   volume
**томи́тельно**   (adv.) it is wearisome
**томи́тельный**   wearisome, tedious, trying, painful
**томи́ть (утоми́ть)**   to weary, tire, wear out

**Его́ томи́т жара́.**   He is exhausted by the heat.

**тон**   tone

**Не говори́те таки́м то́ном.**   Don't use that tone of voice.

**то́ном вы́ше**   in more excited tones, a tone higher

**то́ненький**   slender, slim
**\*то́нкий**   thin, fine, delicate, slender

**Где то́нко, там и рвётся.**   The strength of the chain is determined by its weakest link.

**то́нкая фигу́ра**   slender figure
**то́нкие черты́ лица́**   delicate features

**то́нкий вкус**   delicate taste
**то́нкий намёк**   gentle hint

**то́нкий слой**   thin layer
**то́нкий слух**   keen ear
**то́нкое разли́чие**   subtle distinction

**то́нко**   (adv.) thinly, subtly
**то́нкость**   (f.) thinness, delicacy, subtlety, fine point
**тону́ть (утону́ть)**   to sink, drown
**топи́ть (утопи́ть)**   to sink, drown (something else)

**топи́ть го́ре в вине́**   to drown one's sorrows in drink

**топи́ть су́дно**   to sink a ship
**топи́ться (утопи́ться)**   to drown oneself

**топо́р**   axe
**торгова́ться (сторгова́ться)**   to bargain
**торго́вец**   merchant, dealer
**торго́вля**   trade, commerce
**торже́ственный**   solemn, festive, triumphant
**торжество́**   festival, celebration, triumph
**торжествова́ть**   to celebrate, triumph, exult
**то́рмоз**   brake, hindrance
**тормози́ть**   to brake, hinder
**торопи́ться (поторопи́ться)**   to hurry, be in a hurry

**На́до торопи́ться.**   You must hurry.

**не торопя́сь**   leisurely
**торопи́ться в теа́тр**   to hurry to the theater

**торт**   cake
**тоска́**   melancholy, depression, tedium, yearning

**тоска́ по ро́дине**   homesickness

**У него́ тоска́ на се́рдце.**   His heart is heavy.

**Э́та кни́га—одна́ тоска́.**   This book is very boring

**тост**   toast
**\*тот, та, то, те**   that, those (m., f., n., pl.)

**вме́сте с тем**   at the same time
**де́ло в том, что**   the fact is that
**и тому́ подо́бное (и т. п.)**   and so on
**кро́ме того́**   besides that
**к тому́ же**   moreover

**несмотря́ на то, что**   in spite of the fact that

**ни с того́, ни с сего́**   for no reason at all

**по́сле того́, как**   after

**с тех пор**   since then

\***то́чка**   point, dot, spot, period

**попа́сть в то́чку**   to strike home, hit the nail on the head

**то́чка зре́ния**   point of view

**то́чка с запято́й**   semicolon

**то́чно**   (adv.) exactly, precisely, accurately

**то́чно так**   just so, exactly

**то́чность**   (f.) exactness, precision, accuracy

**тошни́ть**   to be nauseous

   **Его́ тошни́т.**   He feels sick.

   **Меня́ тошни́т.**   I feel nauseous.

   **От э́того тошни́т**   It is sickening.

**трава́**   grass

**траге́дия**   tragedy

**траги́чески**   (adv.) tragically

**траги́ческий**   tragic

   **траги́ческий актёр**   tragedian

**тради́ция**   tradition

**тра́ктор**   tractor

**трамва́й**   (m.) streetcar

   **е́здить на трамва́е**   to go by streetcar

\***тра́тить (истра́тить)**   to spend, expend

**тра́ур**   mourning

**тре́бование**   demand, request, claim

**тре́бовательный**   exacting, fastidious, particular

**тре́бовать (потре́бовать)**   to demand, urge, require

**трево́га**   alarm, anxiety, uneasiness

   **ло́жная трево́га**   false alarm

**трево́жить (потрево́жить)**   to disturb, harass, make uneasy

**трёзво**   soberly

**трёзвый**   sober (sensible), abstinent

**трепета́ние**   trembling, trepidation

**трепета́ть**   to tremble, quiver, thrill

   **Трепета́ть от ра́дости**   to thrill with joy

   **трепета́ть при мы́сли**   to tremble at the thought

**тре́снуть**—see **треща́ть**

**тре́тий**   third

**треуго́льник**   triangle

**треща́ть (тре́снуть)**   to crack, crackle

**три**   three

**тривиа́льный**   banal, trite

**три́дцать**   thirty

**тридца́тый**   thirtieth

**трина́дцать**   thirteen

**трина́дцатый**   thirteenth

**три́ста**   three hundred

**тро́гательно**   (adv.) pathetically, touchingly

**тро́гательный**   touching, moving, affecting, pathetic

\***тро́гать (тро́нуть)**   to touch, disturb, trouble

   **Не тронь его́!**   Leave him alone!

   **Э́то не тро́гает его́.**   It does not move him.

**тролле́йбус**   trolley bus

**тро́нуть**—see **тро́гать**

**тротуа́р**   sidewalk

**труба́**   pipe, chimney, smokestack

\***труд**   labor, difficulty, work

   **без труда́**   without effort

   **жить свои́м трудо́м**   to live by one's own labor

   **Он с трудо́м её понима́ет.**   He understands her with difficulty.

   **сли́шком мно́го труда́**   too much trouble, too much work

**тру́дно**   (adv.) with difficulty, it is difficult

**тру́дный**   difficult, hard, arduous

   **тру́дный вопро́с**   difficult question

   **тру́дный ребёнок**   unmanageable child

**труп**   corpse, dead body

**трус**   coward

**трусли́во**   (adv.) apprehensively, in a cowardly manner

**трусли́вый**   cowardly, timid

**трущо́ба**   slum

**тря́пка**   rag, duster, spineless creature

**трясти́сь**   (imp.) to shake, tremble, shiver

   **Он весь трясётся.**   He is trembling all over.

   **трясти́сь от хо́лода**   to shiver with cold

\*туда́  there, thither

**биле́т туда́ и обра́тно**  round-trip ticket

**Туда́ ему́ и доро́га.**  It serves him right.

**туда́ и сюда́**  here and there

туман  mist, fog, haze

**быть как в тума́не**  to be in a fog

**напусти́ть тума́ну**  to obscure

**Тума́н рассе́ялся.**  The fog has cleared.

тума́нно  (adv.) hazily, obscurely, vaguely

тума́нный  misty, foggy, obscure

**тума́нный смысл**  hazy meaning

тупи́к  dead-end street, blind alley

**найти́ вы́ход из тупика́**  to find a way out of an impasse

тупо́й  blunt, dull, stupid

**тупо́е зре́ние**  dim sight

**тупо́й учени́к**  dunce

ту́пость  (f.) bluntness, dullness, stupidity

тури́ст  tourist

ту́склый  dim, dull, lusterless

**ту́склая жизнь**  dreary life

**ту́склый свет**  dim light

**ту́склый стиль**  lifeless style

\*тут  here

**не ту́т-то бы́ло**  nothing of the sort

**тут же**  there and then

ту́фля  shoe, slipper

ту́ча  storm cloud, swarm

**смотре́ть ту́чей**  to lower (look very angry)

**ту́ча мух**  swarm of flies

туше́ный  stewed

туши́ть (потуши́ть)  to put out, quell, stew

**туши́ть газ**  to turn off the gas

**туши́ть свет**  to put out the light

тща́тельный  careful, painstaking

тще́тно  (adv.) vainly, in vain

тще́тный  vain, futile

\*ты  you (sing., familiar)

ты́сяча  thousand

ты́сячный  thousandth

тюрба́н  turban

тюрьма́  prison

\*тяжело́  (adv.) heavily, seriously, gravely

**Ему́ тяжело́.**  It is hard for him.

**тяжело́ бо́лен**  dangerously ill

**тяжело́ вздыха́ть**  to sigh heavily

тяжёлый  heavy, severe, difficult, serious

**тяжёлая боле́знь**  serious illness

**тяжёлая рабо́та**  hard work

**тяжёлое наказа́ние**  severe punishment

**тяжёлые времена́**  hard times

**У него́ тяжёлый хара́ктер.**  He is hard to get along with.

тя́жесть  (f.) weight, gravity

тяну́ть (потяну́ть)  to pull, draw, drag

**Его́ тя́нет домо́й.**  He longs to go home.

**Не тяни́!**  Hurry up! Don't drag it out.

**тяну́ть всё ту же пе́сню**  to harp on the same string

**тяну́ть жре́бий**  to draw lots

**тяну́ть кого́-либо за рука́в**  to pull someone by the sleeve

**тяну́ть но́ту**  to sustain a note

тяну́ться (потяну́ться)  to stretch, extend

**Дни тя́нутся однообра́зно.**  The days drag on monotonously.

**Равни́на тя́нется на сто киломе́тров.**  The plain extends for 100 kilometers.

**Цвето́к тя́нется к со́лнцу.**  The flower turns towards the sun.

# У

\*у  by, at near, at the home of, possession (with gen.)

**Он был у меня́.**  He was at my house.

**стоя́ть у две́ри**  to stand near, by the door

**у меня́ есть**  I have

**Я э́то взял у неё.**  I took it from her.

уба́вить—see убавля́ть

**убавля́ть (уба́вить)** to diminish, reduce, lessen

  **Он убавля́ет себе́ го́ды.** He makes himself out younger than he is.

  **уба́вить в ве́се** to lose weight

  **убавля́ть це́ну** to lower the price

**убеди́тельный** convincing, persuasive

**убега́ть (убежа́ть)** to run away

**убеди́ть**—see **убежда́ть**

**убежа́ть**—see **убега́ть**

**убежда́ть (убеди́ть)** to convince, persuade

**убежде́ние** persuasion, conviction

  **Все убежде́ния бы́ли напра́сны.** All persuasion was in vain.

  **де́йствовать по убежде́нию** to act according to one's convictions

**убива́ть (уби́ть)** to kill, slay

  **убива́ть вре́мя** to kill time

  **убива́ть мо́лодость** to waste one's youth

  **Хоть убе́й не зна́ю.** I couldn't tell you to save my life.

**уби́йство** murder, assassination

**уби́йца** killer

*__убира́ть__ to remove, take away, to clean

  **убира́ть ко́мнату** to clean a room

  **убира́ть со стола́** to clear the table

**уби́ть**—see **убива́ть**

*__убо́рная__ lavatory, dressing room

**убра́ть**—see **убира́ть**

**уважа́емый** respected

*__уважа́ть__ to respect, esteem

  **глубоко́ уважа́ть** to hold in high respect

  **уважа́ть себя́** to have self-respect

**уваже́ние** respect, esteem

  **из уваже́ния** in deference

  **Он досто́ин уваже́ния.** He is worthy of respect.

  **по́льзоваться глубо́ким уваже́нием** to be held in high respect

**увеличе́ние** increase, extension, expansion, enlargement

**увели́чивать (увели́чить)** to increase, enlarge, extend

**увеличи́тельный** magnifying

**увели́чить**—see **увели́чивать**

**увере́ние** assurance, protestation

**уве́ренно** (adv.) confidently, with confidence

**уве́ренность** (f.) confidence

  **с уве́ренностью** with confidence

  **уве́ренность в себе́** self-reliance

**уве́ренный** sure, assured, positive, confident

  **бу́дьте уве́рены** you may be sure

  **уве́ренная рука́** sure hand

  **уве́ренный шаг** confident step

**уве́рить**—see **уверя́ть**

**уверя́ть (уве́рить)** to assure, convince

  **уверя́ю вас, что** I assure you that

**уви́деть**—see **ви́деть**

**увлека́тельный** fascinating, captivating

**увлека́ть (увле́чь)** to fascinate, captivate, allure, entice

**увлече́ние** enthusiasm, animation

  **говори́ть с увлече́нием** to speak with enthusiasm

  **его́ ста́рое увлече́ние** an old flame of his

**увле́чь**—see **увлека́ть**

**увы́!** alas!

**угада́ть**—see **уга́дывать**

**уга́дывать (угада́ть)** to guess, divine

**углублённый** deep, profound, absorbed

**угова́ривать (уговори́ть)** to try to persuade, talk into

**угова́риваться (уговори́ться)** to arrange (with), agree

  **Они́ уговори́лись встре́титься в библиоте́ке.** They arranged (agreed) to meet at the library.

**уговори́ть(ся)**—see **угова́ривать(ся)**

**уго́дно** (adv.) wished, desired; any-, -ever

  **Задава́йте каки́е уго́дно вопро́сы.** Ask any questions you like.

  **как вам уго́дно** as you please

  **как уго́дно** anyhow

  **кто уго́дно** anybody

  **ско́лько душе́ уго́дно** to one's heart's content

**у́гол** corner, angle

**в углý** in the corner
**за углóм** around the corner
**зáгнутые углы́** dog-eared pages
**имéть свой ýгол** to have a home of one's own
**под прямы́м углóм** at right angles
**ýголь** coal
**угости́ть**—see **угощáть**
**угощáть (угости́ть)** to treat, entertain
**угощéние** treating, refreshments
**угрю́мый** sullen, gloomy, morose
**удалённый** remote
**удали́ться**—see **удаля́ться**
**удаля́ться (удали́ться)** to move off, away
**удаля́ться от бéрега** to move away from the shore
**удаля́ться от тéмы** to wander from the subject
**удáр** blow, stroke
**одни́м удáром уби́ть двух зáйцев** to kill two birds with one stone
**сóлнечный удáр** sunstroke
**Это для негó тяжёлый удáр.** It is a hard blow for him.
**ударéние** accent, stress, emphasis
**удáрить**—see **ударя́ть**
*****ударя́ть (удáрить)** to hit, strike
**Мóлния удáрила.** Lightning struck.
**удáрить когó-либо по кармáну** to cost someone a pretty penny
**ударя́ть по столý** to bang on the table
**удáться** (perf.) to turn out well, be a success
**Емý удалóсь найти́ э́то.** He succeeded in finding it.
**Мы хотéли поéхать, но нам не удалóсь.** We wanted to go, but it didn't work out.
**удáча** good luck, success
**Емý всегдá удáча.** He always has luck.
**удáчи и неудáчи** ups and downs
**удáчно** (adv.) successfully, well
*****удáчный** successful, apt
**удáчная попы́тка** successful attempt

**удáчное выражéние** apt expression
**удéльный** specific
**удéльный вес** specific gravity
**удиви́тельно** (adv.) amazingly, astonishingly, it is strange
**не удиви́тельно, что** no wonder that
**удиви́тельный** astonishing, surprising, striking, amazing, wondrous
*****удиви́ть(ся)**—see **удивля́ть(ся)**
**удивлéние** astonishment, surprise, wonder, amazement
**рази́нуть рот от удивлéния** to be open-mouthed with astonishment
**удивля́ть (удиви́ть)** to astonish, surprise, amaze
**удивля́ть(ся) (удиви́ть(ся))** to surprise; to be surprised, wonder at
**Вот онá удиви́ться.** She will be so surprised.
**удóбно** (adv.) comfortably, conveniently
**Емý удóбно.** He feels comfortable.
**éсли емý э́то удóбно** if it is convenient for him
*****удóбный** comfortable, handy, convenient
**удóбное крéсло** comfortable armchair
**удóбный момéнт** opportune moment
**удóбный слýчай** opportunity
**удóбство** comfort
**удовлетворéние** satisfaction, gratification
**находи́ть удовлетворéние** to find satisfaction
**получáть пóлное удовлетворéние** to be fully satisfied
**удовлетвори́тельно** (adv.) satisfactorily
**удовлетвори́тельный** satisfactory, satisfying
**удовлетвори́ть**—see **удовлетворя́ть**
**удовлетворя́ть (удовлетвори́ть)** to satisfy, content, comply with
**удовóльствие** pleasure
**жить в своё удовóльствие** to enjoy one's life

получи́ть удово́льствие от чего́-либо  to enjoy something

с удово́льствием  with pleasure, gladly

уедине́ние  solitude, seclusion

уединённо  (adv.) solitarily

уезжа́ть (уéхать)  to leave, go away, depart (by conveyance)

уéхать—see уезжа́ть

у́жас  terror, horror

быть в у́жасе  to be horrified

Како́й у́жас!  How terrible!

У́жас как хо́лодно.  It is terribly cold.

ужа́сно  (adv.) terribly, horribly, awfully, it is terrible

ужа́сный  terrible, horrible

уже́  already, no longer

Он уже́ не ребёнок.  He is no longer a child.

Он уже́ ко́нчил.  He has already finished.

уже́ давно́  long time ago

уже́ не раз  more than once

*у́жин  supper

за у́жином  at supper

у́жинать (поу́жинать)  to have supper

у́зел  knot, bundle

завя́зывать у́зел  to tie a knot

*у́зкий  narrow, tight

у́зкие взгля́ды  narrow views

*узнава́ть (узна́ть)  to recognize, find out

Он узна́л её по го́лосу.  He knew her by her voice.

Он узна́л мно́го но́вого.  He learned much that was new to him.

Узна́йте по телефо́ну, когда́ начало́ спекта́кля.  Call to find out when the play begins.

узна́ть—see узнава́ть

уйти́—see уходи́ть

ука́з  decree, edict

указа́тельный  indicating, indicatory

указа́тельный па́лец  forefinger

указа́ть—see ука́зывать

ука́зывать (указа́ть)  to show, indicate, point out

укла́дываться (уложи́ться)  to pack

укра́сть—see красть

укрепи́ть—see укрепля́ть

укрепле́ние  strengthening, fortifying

укрепля́ть (укрепи́ть)  to fortify, strengthen

у́ксус  vinegar

уку́с  bite, sting

укуси́ть  (perf.) to bite, sting

Кака́я му́ха его́ укуси́ла?  What possessed him?

ула́дить  (perf.) to settle, arrange

ула́дить спо́рный вопро́с  to settle a controversial question

*у́лица  street

на у́лице  on the street, out of doors

уложи́ться—see укла́дываться

уло́женный  packed

улучша́ть(ся) (улу́чшить(ся))  to improve (something); to improve (itself), make better

Его́ здоро́вье улу́чшилось.  His health has improved.

улу́чшить(ся)—see улучша́ть(ся)

*улыба́ться (улыбну́ться)  to smile

Жизнь ему́ улыба́лась.  Life smiled on him.

не улыба́ясь  unsmilingly

улы́бка  smile

улыбну́ться—see улыба́ться

*ум  mind, wit, intellect

в здра́вом уме́  in one's right senses

ему́ пришло́ на ум  it occurred to him

сходи́ть с ума́  to go mad

Ум хорошо́, а два лу́чше.  Two heads are better than one.

уменьша́ть(ся) (уме́ньшить(ся))  to diminish, decrease, lessen; to be diminished

уменьши́тельный  diminutive

уме́ньшить(ся)—see уменьша́ть(ся)

уме́ренность  (f.) moderation, temperance

уме́ренный  moderate, temperate

умере́ть—see умира́ть

уме́ть  to know how, be able

Он сде́лает э́то как уме́ет.  He'll do it to the best of his ability.

103

умира́ть (умере́ть)  to die
  умира́ть от ску́ки  to be bored to
  death
умно́  (adv.) cleverly, wisely,
  sensibly
умноже́ние  multiplication, increase
\*у́мный  clever, intelligent
умолка́ть (умо́лкнуть)  to fall
  silent
умо́лкнуть—see умолка́ть
умоля́ть  to entreat, implore
умоля́ющий  pleading, suppliant
у́мственный  mental, intellectual
умыва́ть(ся) (умы́ть(ся))  to wash
  (something); to wash (oneself)
умы́ть(ся)—see умыва́ть(ся)
унести́—see уноси́ть
универса́льный  universal
университе́т  university
униже́ние  humiliation
уничтожа́ть (уничто́жить)  to
  destroy, crush, wipe out
  Ого́нь всё уничто́жил.  The fire
  has destroyed everything.
уничто́жить—see уничтожа́ть
уноси́ть (унести́)  to take away,
  carry off
  Воображе́ние унесло́ его́ далеко́.
  He was carried away by his
  imagination.
уны́ло  despondently, dolefully
уны́лый  sad, dismal, despondent
упа́док  decline, breakdown
  приходи́ть в упа́док  to fall into
  decay
  упа́док ду́ха  low spirits
упако́ван  packed
упа́сть—see па́дать
упое́ние  rapture, ecstasy
упомина́ть (упомяну́ть)  to
  mention, refer to
  упомина́ть вско́льзь  to mention
  in passing
упомяну́ть—see упомина́ть
упо́рный  persistent, stubborn
употреби́тельный  common,
  generally used
употреби́ть—see употребля́ть
употребля́ть (употреби́ть)  to
  make use of
  употреби́ть власть  to exercise
  one's authority

  употреби́ть все уси́лия  to exert
  every effort
употребля́ться (употреби́ться)  to
  be in use
  широко́ употребля́ется  to be in
  common usage
управле́ние  management, control,
  conducting
управля́ть  to govern, rule, manage,
  conduct
управля́ться (упра́виться)  to
  manage to
  упра́вится с дела́ми  to finish up
  business
упражне́ние  exercise
упражня́ться  to practice
упрёк  reproach, reproof
упрека́ть (упрекну́ть)  to reproach,
  upbraid
упрекну́ть—see упрека́ть
упроще́ние  simplification
упря́мство  stubbornness,
  obstinacy
\*упря́мый  obstinate, stubborn
уравне́ние  equalization, equation
  (math.)
ура́внивать (уровня́ть)  to
  equalize, level
урага́н  hurricane
у́ровень  (m.) level, standard
  жи́зненный у́ровень  standard of
  living
  у́ровень воды́  water level
уровня́ть—see ура́внивать
\*уро́к  lesson
ус, усы́  (pl.) mustache, whiskers
  мота́ть что́-либо себе́ на ус  to
  observe something silently
усе́рдие  zeal, diligence
усе́рдный  zealous, diligent
уси́лие  effort
уско́рить—see ускоря́ть
ускоря́ть (уско́рить)  to hasten,
  quicken, expedite
усла́ть—see усыла́ть
\*усло́вие  condition, term
  ни при каки́х усло́виях  under no
  circumstances
  обяза́тельное усло́вие
  indispensable condition
  при усло́вии, что  on condition
  that

усло́вия догово́ра   terms of the
   treaty
усло́вия жи́зни   conditions of life
ста́вить усло́вия   to lay down
   terms
усложне́ние   complication
услу́га   service, good turn
   к ва́шим услу́гам   at your service
   ока́зывать кому́-либо услу́гу   to
      do someone a service
   Услу́га за услу́гу.   One good turn
      deserves another.
услу́живать (услужи́ть)   to render
   a service, do a good turn
услужи́ть—see услу́живать
услы́шать—see слы́шать
усмотре́ние   discretion, judgment
*успе́ть   (perf.) to have time
   Ему́ уже́ не успе́ть на по́езд.   He
      cannot be on time for the train.
   Он успе́л ко́нчить уро́к.   He had
      time to finish the lesson.
*успе́х   success, good luck
   де́лать успе́хи   to make progress
   Жела́ю вам успе́ха.   I wish you
      good luck.
   по́льзоваться успе́хом   to be a
      success
успе́шно   (adv.) successfully
успе́шный   successful
успока́ивать(ся) (успоко́ить(ся))
   to calm, soothe, appease
   успока́ивать свою́ со́весть   to
      salve one's own conscience
   Успоко́йтесь.   Compose yourself.
      Calm yourself.
успоко́ить(ся)—see
      успока́ивать(ся)
*устава́ть (уста́ть)   to get tired
уста́лость   (f.) tiredness, weariness,
   fatigue
уста́лый   tired, weary, fatigued
   У вас уста́лый вид.   You look
      tired.
уста́ть—see устава́ть
у́стный   oral, verbal
устра́ивать (устро́ить)   to arrange,
   organize, establish
   устра́ивать сканда́л   to make a
      row
   устра́ивать свои́ дела́   to settle
      one's affairs

устро́ить так, что́бы   to arrange
   so as to
устро́ить ребёнка в шко́лу   to get
   a child into school
Это меня́ вполне́ устра́ивает.
   That suits me completely.
устра́иваться (устро́иться)   to
   settle
   Всё устро́илось.   Everything has
      turned out all right.
   Он хо́чет устро́иться в Москве́.
      He wants to settle in Moscow.
   устра́иваться в но́вой кварти́ре
      to settle in a new apartment
устремле́ние   aspiration
у́стрица   oyster
устро́ить(ся)—see устра́ивать(ся)
усту́пка   concession
   идти́ на усту́пки   to make
      concessions
усыла́ (усла́ть)   to send away
утаи́ть—see таи́ть
утверди́тельно   (adv.) affirmatively
утверди́ть—see утвержда́ть
утвержда́ть (утверди́ть)   to affirm,
   maintain, assert, confirm
утвержде́ние   assertion, statement
утере́ть—see утира́ть
утеша́ть (уте́шить)   to comfort,
   console
утеше́ние   comfort, consolation
утеши́тельный   comforting,
   consoling
уте́шить—see утеша́ть
утира́ть (утере́ть)   to wipe, dry
у́тка   duck
утоми́тельный   tiresome, tiring,
   wearing
утоми́ть—see томи́ть, утомля́ть
утомле́ние   tiredness, weariness
утомля́ть (утоми́ть)   to tire, weary
утону́ть—see тону́ть
утопи́ть(ся)—see топи́ть(ся)
у́тренний   morning (adj.)
у́тро   morning
   в де́вять часо́в утра́   at nine
      o'clock in the morning
   До́брое у́тро.   Good morning.
   у́тром   in the morning
утю́г   iron (for clothes), flatiron
уха́живать   to nurse, look after,
   court

уха́живать за ребёнком   to tend to a child

*ýхо (pl. ýши)   ear

влюби́ться по́ уши   to be head over heels in love

в одно́ ýхо вошло́, в друго́е вы́шло   in one ear and out the other

Он уша́м не ве́рил.   He could not believe his ears.

*уходи́ть (уйти́)   to leave, depart (on foot)

Все си́лы ухо́дят на э́то.   One's whole energy is spent on it.

От э́того не уйдёшь.   You can't get away from it.

уходи́ть в отста́вку   to retire

уходи́ть в себя́   to withdraw into oneself

уча́ствовать   to take part in, participate

уча́стие   participation, collaboration

принима́ть уча́стие в чём-либо   to take part in something

уче́бник   textbook, manual

уче́бный   educational, school

уче́бное заведе́ние   educational institution

уче́бный год   school year

уче́ние   studies, learning

ко́нчить уче́ние   to finish one's studies

*учени́к, учени́ца   student (m., f.)

учёный   learned, learned person, scholar, scientist

учи́тель, учи́тельница   teacher (m., f.)

*учи́ть (вы́учить, научи́ть)   to learn, study, teach

Она́ ýчит му́зыку.   She is studying music.

Он ýчит её му́зыке.   He teaches her music.

учи́ться   to learn, study

Век живи́—век учи́сь.   Live and learn.

учи́ться в университе́те   to attend the university

учи́ться на со́бственных оши́бках   to profit by one's own mistakes

ую́т   comfort, coziness

ую́тно   comfortably, cozily

ую́тный   cozy, comfortable

ую́тная ко́мната   cozy room

# Ф

фа́брика   factory, mill

фабрика́нт   manufacturer

фабри́чный   industrial, manufacturing

фабри́чная ма́рка   trademark

фабри́чный го́род   industrial city

фа́була   plot, story

фа́за   phase, period

фа́зы луны́   phases of the moon

факт   fact

го́лые фа́кты   bare facts, naked facts

факт то, что   the fact is that

Фа́кты-упря́мая вещь.   You can't fight facts.

факти́чески   (adv.) practically, actually, in fact

факти́ческий   actual, factual, virtual

фа́ктор   factor

вре́менные фа́кторы   transitory factors

факульте́т   department of a university

быть на юриди́ческом факульте́те   to be a student in the law school

медици́нский факульте́т   medical school

фальсифици́рованный   counterfeited, forged, adulterated

фальши́вый   false, artificial, counterfeit

фальши́вая но́та   false note

фальши́вые зу́бы   false teeth

фами́лия   surname, family name

фамилья́рно   (adv.) unceremoniously

фамилья́рный   unceremonious, familiar

фанати́ческий   fanatic

фантази́ровать   to daydream, dream, let one's imagination run

**фанта́зия** fancy, fantasy, imagination

**фантасти́ческий** fantastic, fabulous

**Фаренге́йт** Fahrenheit

**фа́ртук** apron

**фарфо́р** porcelain, china

**фарш** stuffing

**фарширо́ванный** stuffed

  **фарширо́ванная ры́ба** gefilte fish

**фасо́н** fashion, style

  **на друго́й фасо́н** in a different fashion

**фата́льный** fatal

**фа́уна** fauna

**февра́ль** (m.) February

**федера́ция** federation

**фейерве́рк** fireworks

**фен** hairdryer

**феномена́льный** phenomenal

**фе́рма** farm

  **моло́чная фе́рма** dairy farm

**фе́рмер** farmer

**фе́тровый** felt

  **фе́тровая шля́па** felt hat

**фехтова́ние** fencing

**фе́я** fairy

**фиа́лка** violet

**фи́га** fig

**фигу́ра** figure

  **кру́пная фигу́ра** outstanding figure

  **представля́ть собо́ю жа́лкую фигу́ру** to cut a poor figure

  **У неё хоро́шая фигу́ра.** She has a good figure.

**фигу́рка** statuette, figurine

**фи́зик** physicist

**фи́зика** physics

**физи́ческий** physical

  **физи́ческая си́ла** physical strength

  **физи́ческий кабине́т** physics laboratory

**фикти́вный** fictitious

**фи́кция** fiction

**филантро́п** philanthropist

**филантропи́ческий** philanthropic

**филе́** fillet

**филе́й** sirloin

**филиа́л** subsidiary, branch office

**фило́соф** philosopher

**филосо́фски** (adv.) philosophically

**филосо́фия** philosophy

**фильм** film

  **снима́ть фильм** to make a film

  **цветно́й фильм** color film

**фина́л** finale

**финанси́рование** financing

**фина́нсовый** financial

**фина́нсы** finances, financial position

**фи́ник** date (fruit)

**фиоле́товый** violet (color)

**фи́рма** firm, company

**флаг** flag

**флане́ль** (f.) flannel

**фле́йта** flute

  **игра́ть на фле́йте** to play the flute

**фли́гель** (m.) wing of a building, annex

**флиртова́ть** to flirt

**фло́ра** flora

**флот** fleet, the navy

  **возду́шный флот** air force

**фойе́** (n., not declined) foyer, lobby

**фо́кус** trick; focus

**фона́рь** (m.) lantern, lamp

  **подста́вить фона́рь кому́-либо** to give someone a black eye

  **у́личный фона́рь** street light

**фонд** fund, stock, reserve

  **фо́ндовая би́ржа** stock exchange

**фонта́н** fountain

  **фонта́н красноре́чия** fountain of eloquence

**фо́ра** odds

  **дать фо́ру** to give odds

**фо́рма** form, shape, uniform

  **в пи́сьменной фо́рме** in written form

  **в фо́рме ша́ра** in the form of a globe

  **граммати́ческие фо́рмы** grammatical forms

  **надева́ть фо́рму** to put on a uniform

  **оде́тый не по фо́рме** not properly dressed

**форма́льность** (f.) formality

**фо́рмула** formula

**фортепиа́но** piano

**фотографи́ровать**
**(сфотографи́ровать)** to take a
photograph

**фотогра́фия** photography

**фра́за** phrase, sentence

**пусты́е фра́зы** mere words

**франт** dandy

**францу́з, францу́женка**
Frenchman, woman (m., f.)

**францу́зский** French

**фрукт** fruit

**фунда́мент** foundation,
groundwork

**фундамента́льный** fundamental,
solid, substantial

**фуникулёр** funicular (railway)

**функциона́льный** functional

**фу́нкция** function

**фунт** pound

**фуро́р** furor

**произвести́ фуро́р** to create a
furor

**фут** foot

**длино́ю в два фу́та** two feet
long

**футбо́л** football, soccer

**футболи́ст** football player

**футористи́ческий** futuristic

**фуфа́йка** jersey, sweater

**фы́ркать (фы́ркнуть)** to snort,
sniff

**презри́тельно фы́ркнуть** to sniff
scornfully

**фы́ркнуть**—see **фы́ркать**

# X

**хала́т** dressing gown, bathrobe

**хандра́** the blues

**На него́ напа́ла хандра́.** He has
the blues.

*__ха́ос__ chaos

*__хара́ктер__ disposition, temper,
character

**име́ть твёрдый хара́ктер** to have
a strong will or character

**тяжёлый хара́ктер** difficult
nature

**характери́стика** characteristics

**хара́ктерно** (adv.)
characteristically

**характе́рный** typical, distinctive,
characteristic

**ха́та** hut

**Моя́ ха́та с кра́ю.** It's no concern
of mine. (My hut is on the
outskirts.)

*__хвали́ть (похвали́ть)__ to
commend, praise

**хва́стать(ся) (похва́стать(ся))** to
brag, boast

**хвата́ть (схвати́ть)** to snatch,
seize, grasp, grab

**хвата́ть кого́-либо за́ руку** to
seize someone by the hand

**хвата́ть что́-либо на лету́** to be
very quick at something

**хвата́ться за соло́минку** to grasp
at a straw

**хвата́ть (хвати́ть)** to suffice, be
enough, last out

**Ему́ хвати́ло вре́мени.** He had
the time.

**На сего́дня хва́тит.** That will do
for today.

**Э́того ему́ хва́тит на ме́сяц.** It
will last him for a month.

**хвати́ть**—see **хвата́ть**

**хвост** tail, train

**бить хвосто́м** to lash the tail

**хвост коме́ты** tail of a comet

**хи́мик** chemist

**хими́ческий** chemical

**хи́мия** chemistry

**хиру́рг** surgeon

**хи́тро** (adv.) slyly, cunningly

*__хи́трый__ cunning, artful, sly

**хладнокро́вие** coolness,
composure, equanimity

**сохраня́ть хладнокро́вие** to keep
one's head

**хладнокро́вный** cool, composed

*__хлеб__ bread, grain

**жить на чужи́х хлеба́х** to live at
someone else's expense

**зараба́тывать себе́ на хлеб** to
earn one's living

**отби́ть (perf) у кого́-либо хлеб**
to take the bread out of
someone's mouth

**хле́бница** breadbasket

**хлеб-соль**   hospitality (bread and salt)

**хлопотáть (похлопотáть)**   to bustle about, take the trouble, solicit

  **Не хлопочи́те!**   Don't bother!

  **хлопотáть о мéсте**   to seek a job

**хлóпоты**   trouble, cares, fuss

  **несмотря́ на все егó хлóпоты**   in spite of all the trouble he has taken

  **Не стóит хлопóт.**   It is not worth the trouble.

**хму́риться (нахму́риться)**   to frown, lower, be overcast

**хму́рый**   gloomy, sullen

*****ход**   motion, run, course, speed, entry

  **быть в ходу́**   to be in vogue

  **зáдний ход**   backward motion

  **знать все ходы́ и вы́ходы**   to know all the ins and outs

  **лóвкий ход**   clever move

  **ти́хий ход**   slow speed

  **ход мы́слей**   train of thought

  **ход собы́тий**   course of events

*****ходи́ть**   to go, walk (habitual action)

  **Пóезд хóдит кáждый день.**   There is a train every day.

  **Слу́хи хóдят.**   Rumors are afloat.

  **Ту́чи хóдят по нéбу.**   Storm clouds are drifting across the sky.

  **ходи́ть вокру́г да óколо**   to beat around the bush

  **ходи́ть в шкóлу**   to attend school

  **ходи́ть на лы́жах**   to ski

  **ходи́ть по магази́нам**   to go shopping

  **ходи́ть пóд руку**   to walk arm in arm

**ходьбá**   walking

  **полчасá ходьбы́**   half an hour's walk

*****хозя́ин**   master, boss, proprietor, owner, host, landlord

  **Он хорóший хозя́ин.**   He is thrifty and industrious.

  **хозя́ин положéния**   master of the situation

**хозя́йка**   mistress, owner, hostess, landlady

  **домáшняя хозя́йка**   housewife

*****хозя́йничать**   (imp.) to keep house, manage a household, play the boss

**хозя́йство**   economy, household

  **занимáться хозя́йством**   to keep house

  **плáновое хозя́йство**   planned economy

  **сéльское хозя́йство**   agriculture

**холм**   hill, mound

**хóлод**   cold

**холодéц**   jellied meat

**холоди́льник**   refrigerator

**хóлодно**   (adv.) coldly, it is cold

  **Мне хóлодно.**   I am cold.

  **хóлодно встрéтить когó-либо**   to receive someone coldly

*****холóдный**   cold, cool

**холостóй**   unmarried (of men)

**холостя́к**   bachelor

**хор**   chorus

**хорони́ть (похорони́ть)**   to bury

**хорóшенький**   pretty, nice

  **хорóшенькая истóрия**   a pretty kettle of fish

**хорошéть (похорошéть)**   to grow prettier, better-looking

*****хорóший**   good

  **Всегó хорóшего.**   Goodbye. (All of the best.)

  **Онá хорошá собóй.**   She is good-looking.

  **хорóшая погóда**   good weather

  **Что хорóшего?**   What's new?

  **Это дéло хорóшее.**   That's a good thing.

*****хорошó**   (adv.) good, well, nice

  **Вот хорошó.**   That's fine.

  **Вы хорошó сдéлаете, éсли придёте.**   You would do well to come.

  **Ему́ хорошó здесь.**   He is comfortable here.

  **óчень хорошó**   very well

  **хорошó скáзано**   well said

  **Хорошó то, что хорошó кончáется.**   All's well that ends well.

**хотéть (захотéть)**   to wish, want

как хоти́те　just as you like

Он не хо́чет мне зла́.　He means no harm to me.

Он о́чень хо́чет её ви́деть.　He wants to see her very much.

хоте́ть спать　to want to sleep

хо́чешь, не хо́чешь　willy-nilly

хоте́ться (захоте́ться)　to want, feel like

Ему́ хо́чется поговори́ть с ва́ми.　He wants to talk with you.

Мне хо́чется пить.　I am thirsty.

не так, как хоте́лось бы　not as one would like it

*хоть　even, if you wish, at least

Ему́ ну́жно хоть два дня́.　He ought to have at least two days.

Не могу́ сде́лать э́то, хоть убе́й.　I can't do this for the life of me.

Хоть бы он поскоре́е пришёл.　If only he would come.

хоть сейча́с　at once if you like

хотя́　although, though

хотя́ бы　if only, even if, at least

Мы должны́ говори́ть хотя́ бы на двух языка́х.　We should speak at least two languages.

хотя́ бы и так　even if it were so

хохота́ть　to laugh boisterously

хра́брый　brave, valiant, gallant

храни́тель (m.) keeper, guardian

храни́ть　to keep, retain

храни́ть в па́мяти　to keep in one's memory

храни́ть в та́йне　to keep something secret

храни́ть де́ньги в сберка́ссе　to keep one's money in a savings bank

храпе́ть　to snore

хребе́т　spinal column, backbone

хрен　horseradish

христиа́нство　Christianity

хрома́ть　to limp

хрома́ть на пра́вую но́гу　to be lame in the right leg

У него́ хрома́ет орфогра́фия.　His spelling is poor.

хромо́й　lame, limping

хро́ника　news summary

хрони́ческий　chronic

хруста́ль (m.) cut glass, crystal

ху́денький　slender, slim

худе́ть (похуде́ть)　to grow thin

ху́до　(adv.) ill, badly

худо́жественный　art, artistic

худо́жественный фи́льм　movie (feature film)

худо́жество　art

худо́жник　artist

худо́й　lean, thin, bad, worn-out

на худо́й коне́ц　if worse comes to worst

*ху́же　worse

Пого́да сего́дня ху́же, чем вчера́.　The weather is worse today than yesterday.

тем ху́же　so much the worse

ху́же всего́　worst of all

# Ц

цара́пать (цара́пнуть)　to scratch, claw, scribble

цара́пина　scratch, abrasion

цара́пнуть—see цара́пать

цари́ть　to reign

Цари́л мрак.　Darkness reigned.

цвет　color

Како́го цве́та?　What color?

цвет лица́　complexion

цветно́й　colored

цвето́к　flower

целеустремлённость　purposefulness

целико́м　(adv.) as a whole, wholly

целова́ть(ся) (поцелова́ть(ся))　to kiss (each other)

це́лый　whole, entire, intact

по це́лым неде́лям　for weeks on end

це́лая дю́жина　a whole dozen

цел и невреди́м　safe and sound

це́лые чи́сла　whole numbers

*цель (f.) aim, goal, object, purpose

дости́чь це́ли　to achieve one's goal

отвеча́ть це́ли　to answer the purpose

попа́сть в цель　to hit the mark

с како́й це́лью?　for what purpose?

*цена́  price, worth, cost
  знать себе́ це́ну  to know one's own value
  любо́й цено́й  at any price
  твёрдые це́ны  fixed prices
  Э́то не име́ет цены́.  It is priceless.
цензу́ра  censorship
цени́ть (оцени́ть)  to value, estimate, appreciate
  высоко́ цени́ть себя́  to think much of oneself
  Его́ не це́нят.  He is not appreciated.
це́нный  valuable
цент  cent
центр  center
центра́льный  central
цепь (f.) chain, bonds
  го́рная цепь  mountain range
  спусти́ть с це́пи  to let loose
церемо́ниться  to stand on ceremony
церемо́ния  ceremony
  без церемо́ний  informally
це́рковь (f.) church
цивилиза́ция  civilization
ци́ник  cynic
цини́ческий  cynical
цинк  zinc
цирк  circus
цита́та  quotation
цити́ровать  to quote, cite
ци́фра  figure, cipher
цыга́нский  (adj.) gypsy

# Ч

*чай  (m.) tea
ча́йка  seagull
ча́йник  teapot
ча́йная ло́жка  teaspoon
ча́йная ро́за  tea rose
*час  hour
  в кото́ром часу́  at what time
  в час дня  at 1:00 P.M.
  Кото́рый час?  What time is it?
  приёмные часы́  reception or visiting hours
  че́рез час  in an hour

часово́й  clock, watch (adj.), sentry (noun)
  дви́гаться по часово́й стре́лке  to move clockwise
  часова́я опла́та  payment by the hour
части́ца  fraction, little part, particle
ча́стный  private
*ча́сто  (adv.) often, frequently
часть  (f.) part, share, portion
  бо́льшая часть  greater part
  бо́льшей ча́стью  for the most part
  запасны́е ча́сти  spare parts
  по частя́м  in parts
  ча́сти те́ла  parts of the body
часы́  (plural only) watch, clock, time-piece
  поста́вить часы́  to set a watch
  Часы́ отстаю́т.  The watch is slow.
  Часы́ спеша́т.  The clock is fast.
чахо́тка  consumption
ча́шка  cup
*ча́ще  more often
ча́яние  expectation, hope
  сверх ча́яния  beyond expectations
*чей, чья, чьё, чьи  whose (m., f., n., pl.)
чек  check
*челове́к (pl. лю́ди)  man, person, human being
челове́ческий  human
  челове́ческая приро́да  human nature
челове́чество  humanity, mankind
*чем  than
  ме́ньше чем  less than
  Чем бо́льше, тем лу́чше.  The more, the better.
  Чем писа́ть, вы бы ра́ньше спроси́ли.  You'd better ask first and write afterward.
чемода́н  valise, suitcase
чемпио́н  champion
чепуха́  nonsense
  говори́ть чепуху́  to talk nonsense
чередова́ть(ся)  to take turns, alternate
*че́рез  over, across, through (with acc.)

перейти́ че́рез доро́гу  to walk across the street

писа́ть че́рез стро́чку  to write on every other line

че́рез неде́лю  in a week

че́реп  skull

чересчу́р  too

чересчу́р мно́го  much too much

Это уже́ чересчу́р.  That's going too far.

чере́шня  cherry

черни́ла  (pl.) ink

*чёрный  black

на чёрный день  against a rainy day

ходи́ть в чёрном  to wear black

чёрные мы́сли  gloomy thoughts

чёрный как смоль  jet-black, pitch-black

чёрный ры́нок  black market

чёрт  devil, deuce

Како́го чёрта он там де́лает? What the blazes is he doing there?

Чёрт возьми́!  The devil take it!

Чёрт зна́ет что!  It's outrageous!

черта́  trait, line

черты́ лица́  features

Это фами́льная черта́.  It is a family trait.

чертёнок  imp

чертовщи́на  devilry

чеса́ться (почеса́ться)  to scratch oneself, itch

У него́ че́шется нос.  His nose itches.

У неё ру́ки че́шутся э́то сде́лать. Her fingers itch to do it.

чесно́к  garlic

че́стно  (adv.) honestly, fairly, frankly

че́стность  (f.) honesty

*че́стный  honest, fair

дать че́стное сло́во  to give one's word of honor

Че́стное сло́во!  Upon my word!

честолюби́вый  ambitious

честь  (f.) honor

в честь кого́-либо  in honor of someone

де́ло че́сти  matter of honor

Не име́ю че́сти знать вас.  I do not have the honor of knowing you.

Счита́ю за честь.  I consider it an honor.

Это де́лает ему́ честь.  It does him credit.

четве́рг  Thursday

в четве́рг  on Thursday

че́тверть  (f.) one-fourth, a quarter

че́тверть ча́са  a quarter of an hour

четвёртый  fourth

четы́ре  four

четы́реста  four hundred

четы́рнадцать  fourteen

четы́рнадцатый  fourteenth

чин  rank, grade

чини́ть (почини́ть)  to repair, mend

чино́вник  official, functionary

*число́  number, date

в большо́м числе́  in great numbers

в пе́рвых чи́слах ию́ня  in the first days of June

Како́е сего́дня число́?  What is today's date?

неизве́стное число́  unknown quantity

чи́стить (почи́стить)  to clean, scour, scrub

чи́сто  (adv.) cleanly, neatly, purely, it is clean

чистота́  cleanliness, purity

*чи́стый  clean, neat, tidy, pure

бриллиа́нт чи́стой воды́  a diamond of the first water

чи́стая рабо́та  neat job

чи́стое безу́мие  sheer madness

чи́стый вес  net weight

чи́стый слу́чай  pure chance

чита́ть (прочита́ть, проче́сть)  to read

чита́ть ле́кцию  to give a lecture

чиха́ть (чихну́ть)  to sneeze

чихну́ть—see чиха́ть

чи́ще  cleaner

член  member, limb

член парла́мента  member of parliament

член уравне́ния  term of an equation

**чрезвыча́йно** (adv.)
  extraordinarily, extremely
**чрезвыча́йный** extraordinary,
  extreme
**чте́ние** reading
***что** what, that
  **всё, что он знал** all that he
  knew
  **Мне что́-то не хо́чется.** I
  somehow don't feel like it.
  **Ну и что́ же?** Well, what of it?
  **потому́ что** because
  **Что вы!** You don't say so!
  **Что де́лать?** What is to be done?
  **Что зна́чит э́то сло́во?** What
  does this word mean?
  **что́-нибудь** anything
  **Что с ва́ми?** What is the matter
  with you?
  **что́-то** something, somehow
***чтобы** that, in order that
  **Невозмо́жно, что́бы он сказа́л
  э́то.** He could not possibly have
  said that.
  **Он говори́л гро́мко, что́бы все
  слы́шали.** He spoke loudly so
  that all would hear.
  **Он не мо́жет написа́ть ни
  стро́чки без того́, что́бы не
  сде́лать оши́бки.** He can't write
  a line without making a mistake.
  **Он ра́но встал, что́бы быть там
  во́время.** He got up early in
  order to be there on time.
  **Он хоте́л, чтобы она́ слы́шала.**
  He wanted her to hear.
**чувстви́тельность** (f.) sensitivity,
  perceptibility, sentimentality
**чувстви́тельный** sensible,
  perceptible, painful, sensitive
***чу́вство** sense, feeling
  **обма́н чувств** delusion, illusion
  **прийти́ в чу́вство** to come to
  one's senses
  **пять чувств** the five senses
  **чу́вство ме́ры** sense of
  proportion
  **чу́вство прекра́сного** feeling for
  the beautiful
  **чу́вство ю́мора** sense of humor
***чу́вствовать (почу́вствовать)** to
  feel, sense

**Как вы себя́ чу́вствуете?** How
  do you feel?
  **чу́вствовать го́лод** to be hungry
  **чу́вствовать ра́дость** to feel joy
  **чу́вствовать свою́ вину́** to feel
  one's guilt
**чу́дно** (adv.) beautifully,
  wonderfully, it is beautiful
**чу́дный** wonderful, marvelous,
  beautiful
**чу́до** miracle, wonder, marvel
**чужо́й** someone else's, strange,
  alien
  **в чужи́е ру́ки** into strange hands
  **на чужо́й счёт** at someone else's
  expense
  **под чужи́м и́менем** under an
  assumed name
  **чужи́е края́** foreign lands
**чуло́к** stocking
**чума́зый** dirty-faced, smudgy
**чу́ткий** sensitive, keen, tactful,
  delicate
  **чу́ткий подхо́д** tactful approach
  **чу́ткий сон** light sleep
**чу́ткость** (f.) sensitiveness,
  keenness, tactfulness, delicacy
**чуть** hardly, slightly, just
  **Он чуть ды́шит.** He can hardly
  breathe.
  **Он чуть не упа́л.** He nearly fell.
  **чуть-чуть** a little

# Ш

***шаг** step, stride, footstep
  **в двух шага́х** a few steps away
  **ло́вкий шаг** clever move
  **на ка́ждом шагу́** at every step
  **сде́лать пе́рвый шаг** to take the
  first step
  **шаг за ша́гом** step by step
  **ша́гом** at a walking pace
***шали́ть** to play pranks, be
  naughty
**шалу́н, шалу́нья** playful person,
  mischievous child (m., f.)
**шаль** (f.) shawl
**шампа́нское** champagne
**шанс** chance

иметь мнóго шáнсов to have
  many chances
ни малéйшего шáнса not the
  ghost of a chance
шáпка cap
шар ball, sphere, globe
  воздýшный шар balloon
шарф scarf, muffler
шáткий unsteady, shaky, tottering
шáхматы chess
  игрáть в шáхматы to play chess
швéдский Swedish
швéйный sewing
  швéйная машúна sewing
    machine
швейцáрский Swiss
швея seamstress
шевелúть (шевельнýть) to stir,
  move
  Он пáльцем не шевельнёт. He
    won't stir a finger.
шевельнýть—see шевелúть
шедéвр masterpiece
шёлк silk
шёлковый silken
  Он стал, как шёлковый. He has
    become as meek as a lamb.
шепнýть—see шептáть
шёпот whisper
шёпотом in a whisper, under one's
  breath
шептáть (шепнýть) to whisper
шерсть wool
шерстянóй woolen
шестидесятый sixtieth
шестнáдцать sixteen
шестнáдцатый sixteenth
шестóй sixth
шесть six
шестьдесят sixty
шестьсóт six hundred
шéя neck
  брóситься комý-либо на шéю to
    throw one's arms around
    someone's neck
  получúть по шéе to get it in the
    neck
  по шéю up to the neck
  сидéть у когó-либо на шéе to be
    a burden to someone
шикáрный chic, smart
шúна tire

шинéль (f.) overcoat (uniform)
шúре broader, wider
ширинá width, breadth
*ширóкий wide, broad
  в ширóком смýсле in the broad
    sense
  жить на ширóкую нóгу to live in
    grand style
  ширóкая публика general public
  ширóкое обобщéние sweeping
    generalization
широкó (adv.) widely, broadly
  смотрéть широкó to take a
    broad view of things
  широкó толковáть to interpret
    loosely
широтá width, breadth, latitude
  широтá умá breadth of mind
шить (сшить) to sew
шитьё sewing, needlework
шкаф cupboard, closet, wardrobe
шкóла school
  вýсшая шкóла college,
    university
  начáльная шкóла elementary
    school
  романтúческая шкóла литерá-
    тýры romantic school of
    literature
  срéдняя шкóла secondary, high
    school
  ходúть в шкóлу to attend school
  человéк стáрой шкóлы man of
    the old school
шкýра skin, hide
  дрожáть за свою шкýру to
    tremble for one's life
  спасáть свою шкýру to save
    one's own skin
  Я не хотéл бы быть в егó шкýре.
    I would not like to be in his place.
шляпа hat
  Дéло в шляпе. It's in the bag.
шнур cord
шоколáд chocolate
шóрох rustle
шотлáндский Scottish
шóу show
шофёр chauffeur, driver
шпагáт string, cord, twine
шпúлька hairpin
шпинáт spinach

**шприц** syringe

**шрифт** print, type font

**штаны́** (pl.) trousers, breeches

**штат** state

**шта́тский** civil

**што́пать (зашто́пать)** to darn

**што́пор** corkscrew

**што́ра** blind, shade

 **спусти́ть** (perf.) **што́ры** to draw the blinds

**штраф** fine, penalty

**шту́ка** piece, thing

 **Вот так шту́ка!** That's a fine thing!

 **В том-то и шту́ка!** That's just the point.

 **штук де́сять** about ten pieces

**шту́чный** piece

**шту́чная рабо́та** piecework

**шу́ба** fur coat

**шу́лер** cheat, cardsharp

*****шум** noise, uproar

 **мно́го шу́ма из ничего́** much ado about nothing

 **шум и гам** hue and cry

**шуме́ть** to make a noise, be noisy

**шу́мный** noisy, loud

**шурша́ние** rustling

**шурша́ть** to rustle

**шути́ть (пошути́ть)** to joke, jest

 **Не шути́!** Don't trifle with this!

 **Он не шу́тит.** He is serious.

*****шу́тка** joke, jest

 **в шу́тку** in jest

 **шу́тки в сто́рону** joking aside

 **Э́то не шу́тки.** It is not a laughing matter.

**шутя́** (adv.) in jest, for fun, easily

 **не шутя́** seriously

# Щ

**щади́ть (пощади́ть)** to spare

 **Не щади́те расхо́дов.** Do not spare expenses.

 **не щадя́ себя́** without sparing oneself

 **щади́ть чью-либо жизнь** to spare someone's life

**ще́дрость** (f.) generosity, liberality

**ще́дрый** generous, liberal

 **ще́дрой руко́й** lavishly

**щека́** cheek

**щекота́ть (пощекота́ть)** to tickle

 **У меня́ в го́рле щеко́чет.** My throat tickles.

 **щекота́ть чьё-либо самолю́бие** to tickle someone's vanity

**щекотли́вый** ticklish, delicate

 **щекотли́вый вопро́с** ticklish point

**щено́к** puppy

**щётка** brush

 **зубна́я щётка** toothbrush

# Э

**эволюцио́нный** evolutionary

**эгои́зм** selfishness

**эгои́ст** egoist, selfish person

**эгоисти́ческий** selfish, egotistical

**экза́мен** examination

 **вы́держать экза́мен** to pass an exam

 **держа́ть экза́мен** to take an exam

 **провали́ться на экза́мене** to fail at an exam

**экзаменова́ть (проэкзаменова́ть)** to examine

**экземпля́р** copy, specimen

**экипа́ж** carriage, crew

**эконо́мика** economics

**экономи́ст** economist

**эконо́мить (сэконо́мить)** to economize, save

**экономи́ческий** economical

**эконо́мия** economy

 **для эконо́мии вре́мени** to save time

 **полити́ческая эконо́мия** political economy

 **соблюда́ть эконо́мию** to save, economize

**экра́н** screen

**экску́рсия** excursion, trip

**экспанси́вный** effusive

**экспа́нсия** expansion

**экспеди́ция** expedition

**экспериме́нт** experiment

**эксперимента́льный** experimental
**экспе́рт** expert
**экспе́ртный** expert (adj.)
**эксплуата́ция** exploitation
**э́кспорт** export
**экспресси́вный** expressive
**экспре́ссия** expression
**экста́з** ecstasy
**экстенси́вный** extensive
**экстравага́нтный** extravagant
**экстра́кт** extract
**э́кстренно** urgently
**эксцентри́ческий** eccentric
**эксце́сс** excess
**элева́тор** grain elevator
**элега́нтность** (f.) elegance
**элега́нтный** elegant
**эле́гия** elegy
**электри́ческий** electric
**электри́чество** electricity
**элеме́нт** element (chemistry)
**элемента́рный** elementary
**эликси́р** elixir
**эма́левый** enamel (adj.)
**эма́ль** (f.) enamel
**эмансипа́ция** emancipation
**эмоциона́льный** emotional
**эмо́ция** emotion
**эмфати́ческий** emphatic
**энерги́чный** energetic
**эне́ргия** energy
**энтузиа́зм** enthusiasm
**энциклопе́дия** encyclopedia
**эпиде́мия** epidemic
**эпо́ха** age, era, epoch
**э́ра** era
**эроти́ческий** erotic
**эскала́тор** escalator
**эски́з** sketch, study, outline
**эстети́ческий** aesthetic
**\*эта́ж** floor, story
**э́тика** ethics
**эти́ческий** ethical
**\*э́то** this, it, that
 **Как э́то возмо́жно?** How is it
  possible?
 **Кто э́то?** Who is that?
 **по́сле э́того** after that
 **при всём э́том** in spite of all this
 **Что э́то?** What is that?
 **Э́то моя́ кни́га.** This is my
  book.

 **Э́то хорошо́.** That's good.
**э́тот, э́та, э́то, э́ти** this, these, (m.,
  f., n., pl.)
**этю́д** study, sketch
**эффе́кт** effect
**эффе́ктный** spectacular, effective
**э́хо** echo

# Ю

**юбиле́й** anniversary, jubilee
**ю́бка** skirt
**юг** south
**ю́жный** southern
**ю́мор** humor
 **чу́вство ю́мора** sense of humor
**юмористи́ческий** humorous,
  comic
**ю́ность** (f.) youth
**ю́ноша** (m.) youth, lad
**юриди́ческий** juridical, legal
**юри́ст** lawyer

# Я

**\*я** I
**я́блоко** apple
**я́блочный** apple (adj.)
 **я́блочный пиро́г** apple pie
**яви́ться—see явля́ться**
**явле́ние** appearance, occurrence
 **обы́чное явле́ние** everday
  occurrence
 **явле́ние приро́ды** natural
  phenomenon
**явля́ться (яви́ться)** to appear,
  present oneself, occur
 **как то́лько я́вится подходя́щий
  слу́чай** as soon as an
  opportunity presents itself
 **явля́ться в ука́занное вре́мя** to
  present oneself at a fixed time
 **явля́ться кста́ти** to arrive
  opportunely
**я́вно** (adv.) it is evident, evidently,
  obvious
**я́вный** evident, obvious, manifest
**я́года** berry

одного́ по́ля я́годы birds of a feather

яд poison, venom

яд его́ рече́й the venom of his words

я́дерный nuclear

ядови́тый poisonous, toxic

я́зва ulcer, sore

*язы́к language, tongue

владе́ть каки́м-то языко́м to know a language

копчёный язы́к smoked tongue

литерату́рный язы́к literary language

о́бщий язы́к common language

о́стрый язы́к sharp tongue

показа́ть язы́к to stick out one's tongue

родно́й язы́к mother tongue

ру́сский язы́к Russian language

У него́ отня́лся язы́к. He became speechless. (His tongue failed him.)

чеса́ть язы́к to wag one's tongue.

Язы́к до Ки́ева доведёт. You can get anywhere if you know how to use your tongue. (The tongue will take you as far as Kiev.)

языково́й linguistic

язы́ческий heathen, pagan

яи́чница omelet

яи́чница-болту́нья scrambled eggs

яи́чный egg (adj.)

*яйцо́ egg

яйцо́ в мешо́чек poached egg

яйцо́ всмя́тку soft-boiled egg

я́корь (m.) anchor

я́мочка dimple

янва́рь (m.) January

янта́рь (m.) amber

япо́нский Japanese

я́ркий bright, vivid, brilliant

я́ркое описа́ние vivid description

я́ркий приме́р striking example

я́ркий свет bright light

я́рко brightly, strikingly, vividly

я́ркость (f.) brightness, brilliance, vividness

я́рмарка fair

я́рость (f.) fury, rage

вне себя́ от я́рости beside oneself with rage

я́сно (adv.) clearly, distinctly, it is clear

ко́ротко и я́сно in a nutshell (short and clear)

я́сность clearness, lucidity

я́сный clear, lucid, distinct

я́щик box, drawer, chest

откла́дывать в до́лгий я́щик to shelve, procrastinate

# GLOSSARY OF GEOGRAPHICAL NAMES

Австра́лия  Australia
А́встрия  Austria
Адриати́ческое мо́ре  Adriatic Sea
Азербайджа́н  Azerbaijan
А́зия  Asia
Алба́ния  Albania
Алжи́р  Algeria
А́льпы  The Alps
Аля́ска  Alaska
Аме́рика  America
А́нглия  England
Ара́вия  Arabia
Аргенти́на  Argentina
А́страхань  Astrakhan
Атланти́ческий океа́н  Atlantic Ocean
А́фрика  Africa
Байка́л  Baikal (Lake)
Баку́  Baku
Белору́ссия  Belarus
Бе́льгия  Belgium
Болга́рия  Bulgaria
Бонн  Bonn
Бо́стон  Boston
Брази́лия  Brazil
Брюссе́ль  Brussels
Вашингто́н  Washington
Великобрита́ния  Great Britain
Ве́нгрия  Hungary
Владивосто́к  Vladivostok
Во́лга  Volga (River)
Волгогра́д  Volgograd
Га́мбург  Hamburg
Герма́ния  Germany
Гру́зия  Georgia
Да́ния  Denmark
Детро́йт  Detroit
Днепр  Dnieper (River)
Дон  Don (River)
Дуна́й  Danube (River)
Евро́па  Europe
Еги́пет  Egypt
Жене́ва  Geneva
Иерусали́м  Jerusalem
Изра́иль  Israel
Йндия  India
Иорда́ния  Jordan
Ира́к  Iraq

Ира́н  Iran
Ирла́ндия  Ireland
Испа́ния  Spain
Ита́лия  Italy
Кавка́з  The Caucasus (Mountains)
Карпа́тские го́ры  The Carpathian Mountains
Каспи́йское мо́ре  Caspian Sea
Ки́ев  Kiev
Кита́й  China
Копенга́ген  Copenhagen
Коре́я  Korea
Крым  Crimea
Лама́нш  English Channel
Ло́ндон  London
Лос-А́нджелес  Los Angeles
Магнито́горск  Magnitogorsk
Мадри́д  Madrid
Ме́ксика  Mexico
Москва́  Moscow
Мю́нхен  Munich
Нева́  Neva (River)
Нидерла́нды  The Netherlands
Норве́гия  Norway
Нью-Йо́рк  New York
Оде́сса  Odessa
Пана́мский кана́л  Panama Canal
Пари́ж  Paris
Пирене́и  Pyrenees (Mountains)
По́льша  Poland
Португа́лия  Portugal
Рейн  Rhine (River)
Рим  Rome
Росси́я  Russia
Сан-Франци́ско  San Francisco
Санкт-Петербу́рг  Saint Petersburg
Се́верная Аме́рика  North America
Се́на  Seine (River)
Сиби́рь  Siberia
Си́рия  Syria
Скали́стые го́ры  Rocky Mountains
Слова́кия  Slovak Republic
Соединённые Шта́ты Аме́рики  United States of America
Содру́жество Незави́симых Госуда́рств  Commonwealth of Independent States
Средизе́мное мо́ре  Mediterranean Sea
Стокго́льм  Stockholm

118

Таджикиста́н  Tajikistan
Ташке́нт  Tashkent
Тбили́си  Tbilisi
Те́мза  Thames (River)
Ти́хий океа́н  Pacific Ocean
То́кио  Tokyo
Ту́рция  Turkey
Узбекиста́н  Uzbekistan
Украи́на  Ukraine
Ура́л  Urals (Mountains)
Филаде́льфия  Philadelphia
Финля́ндия  Finland

Фра́нция  France
Хе́льсинки  Helsinki
Чёрное мо́ре  Black Sea
Че́хия  Czech Republic
Чика́го  Chicago
Чи́ли  Chile
Швейца́рия  Switzerland
Шве́ция  Sweden
Шотла́ндия  Scotland
Югосла́вия  Yugoslavia
Ю́жная Аме́рика  South America
Япо́ния  Japan

# GLOSSARY OF
# PROPER NAMES

Ага́фья Agatha
Агне́са Agnes
Аделаи́да, Аде́ль Adelaide, Adelle
Алексе́й Alexei
Алекса́ндр Alexander
Алекса́ндра Alexandra
Али́са Alice
Альфре́д Alfred
Анастаси́я Anastasia
Анато́лий Anatole
Андре́й Andrew
А́нна Anna
Анто́н Anthony
Арту́р Arthur
Бори́с Boris
Вади́м Vadim
Валенти́н Valentin
Валенти́на Valentina
Ва́льтер Walter
Варва́ра Barbara
Васи́лий Vassily
Ве́ра Vera
Ви́ктор Victor
Вильге́льм William
Влади́мир Vladimir
Владисла́в Vladislav
Гео́ргий George
Ге́рман Herman
Григо́рий Gregory
Дави́д David
Дани́ил Daniel
Дими́трий Dimitry
Дороте́я Dorothy
Е́ва Eva
Евге́ний Eugene
Екатери́на Catherine
Еле́на Helen
Елизаве́та Elizabeth
Заха́р Zachary
Ива́н John, Ivan
Илья́ Elias, Ilya

Ио́сиф Joseph
Ири́на Irene, Irina
Карл Carl
Кла́вдия Claudia
Константи́н Constantine
Лавре́нтий Lawrence
Лёв Leo, Lou
Леони́д Leonid
Луи́за Louise, Louisa
Лука́ Luke, Luka
Любо́вь Amy, Lyubov
Людми́ла Ludmilla
Мака́р Macar, Mark
Макси́м Maxim
Маргари́та Margaret
Мари́на Marina
Мари́я Marie, Mary
Ма́рфа Martha
Матве́й Matthew
Михаи́л Michael
Наде́жда Nadezhda
Ната́лия Natalia
Ники́та Nikita
Никола́й Nicholas, Nikolai
Оле́г Oleg
О́льга Olga
Па́вел Paul, Pavel
Пётр Peter
Самуи́л Samuel
Святосла́в Sviatoslaff
Серге́й Sergei
Симео́н Simon
Со́фья Sofia
Суса́нна Susan, Suzanna
Татья́на Tatyana
Тимофе́й Timothy
Фёдор Theodore, Fyodor
Фили́пп Philip
Фома́ Thomas
Шарло́тта Charlotte
Эдуа́рд Edward
Элеоно́ра Eleanore
Ю́лия Julia
Ю́рий Yury
Я́ков Jacob, Yakov

# ENGLISH–RUSSIAN

# A

**abandon (to)** оставля́ть, поки́нуть
**abbreviate (to)** сокраща́ть
**abbreviation** сокраще́ние
**ability** спосо́бность (f.)
**able (to be)** мочь
**able** спосо́бный
**abortion** або́рт (m.), вы́кидыш (m.)
**about** о (prep.), о́коло (gen.), про (acc.)
**above** наверху́, над (inst.)
**abruptly** ре́зко
**absence** отсу́тствие
**absent (to be)** отсу́тствовать
**absent-minded** рассе́янный
**absent-mindedly** машина́льно, рассе́янно
**absolute** абсолю́тный, соверше́нный
**absolutely** безусло́вно, соверше́нно
**absorb (to)** вса́сывать, впи́тывать
**absorbed** углублённый
**abstain (to)** возде́рживаться
**abstinent** трёзвый
**abstract** абстра́ктный
**absurd** абсу́рдный
**absurdity** абсу́рд, неле́пость (f.)
**abundant** оби́льный
**abuse (to)** руга́ть
**abusive** оскорби́тельный
**academy** акаде́мия
**accent** акце́нт
**accepted** при́нятый
**accident** несча́стный слу́чай
**accidental** случа́йный
**accidentally** печа́янно, случа́йно
**accommodate (to)** приспоса́бливать, устра́ивать
**accommodated (to be)** помеща́ться
**accompany (to)** провожа́ть, сопровожда́ть, аккомпани́ровать
**accomplish (to)** соверша́ть, выполня́ть
**according** согла́сно, по (dat.)
**accumulate (to)** набира́ть(ся)
**accuracy** аккура́тность (f.), то́чность (f.)

**accusation** обвине́ние
**accuse (to)** обвиня́ть
**accustomed (to become)** привыка́ть
**ache (to)** боле́ть
**achievement** достиже́ние
**acid rain** кисло́тный дождь
**acknowledge (to)** признава́ть
**acknowledgement** призна́ние
**acquaintance** знако́мый
**acquainted (to become)** знако́миться
**acquire (to)** приобрета́ть
**across** че́рез (acc.)
**act (to)** де́йствовать, игра́ть (on stage)
**act** акт (of a play); де́ло (deed); докуме́нт (legal document)
**action** де́йствие
**actively** акти́вно
**actor** актёр, арти́ст
**actress** актри́са, арти́стка
**actual** факти́ческий
**actually** действи́тельно, факти́чески
**acupuncture** иглотерапи́я
**acute** о́стрый
**add (to)** прибавля́ть, присоединя́ть
**add to (to)** добавля́ть, прибавля́ть
**addition** сложе́ние, добавле́ние, приба́вка
**additional** дополни́тельный, приба́вочный
**address (to)** адресова́ть, обраща́ться, выступа́ть
**address** а́дрес
**adjacent** сосе́дний
**administration** администра́ция
**administrator** администра́тор
**admire (to)** любова́ться
**admirer** кавале́р, покло́нник
**admit (to)** впуска́ть, принима́ть
**adopted** при́нятый
**adoration** обожа́ние
**adore (to)** обожа́ть
**adroit** ло́вкий
**adult** взро́слый
**advance** ава́нс
**advantage** преиму́щество
  **to take advantage of** воспо́льзоваться

advantageously  вы́годно

adventure  приключе́ние

adversity  невзго́да

advertise (to)  реклами́ровать

advertisement  рекла́ма,
объявле́ние

advertising agency  рекла́мное
аге́нтство

advice  сове́т

advise (to)  рекомендова́ть,
сове́товать

affected  неесте́ственный

affectionate  ла́сковый, любя́щий

affirm (to)  утвержда́ть

affirmatively  утверди́тельно

afresh  сно́ва

after  за (inst.), по́сле (gen.)

afterward  по́сле, пото́м, спустя́

again  опя́ть

against  про́тив (gen.)

age  во́зраст

agency  аге́нтство

agent  де́йствующая си́ла, аге́нт,
представи́тель

aggression  агре́ссия

aggressive  агресси́вный

agitation  агита́ция, волне́ние

ago  тому́ наза́д

long ago  давно́

agony  аго́ния

agree (to)  соглаша́ться

agreeable  прия́тный, согла́сный

agreement  догово́р, контра́кт,
соглаше́ние

agriculture  се́льское хозя́йство

ah  ах

ahead  вперёд, впереди́

aid  по́мощь (f.)

aim  цель (f.)

aimless  бесце́льный

air  во́здух

airfield  аэродро́м

airplane  савмолёт

airy  возду́шный

alarm  трево́га

alarm clock  буди́льник

alas!  увы́!

album  альбо́м

alcohol  алкого́ль (m.)

algebra  а́лгебра

alien  чужо́й

alike  равно́

all  весь (вся, всё, все)

alley  переу́лок

alliance  сою́з

allot (to)  наделя́ть

allow (to)  позволя́ть, пуска́ть,
разреша́ть

allure (to)  увлека́ть, соблазни́ть

alluring  привлека́тельный,
зама́нчивый

ally (to)  соединя́ть(ся)

almond  минда́ль

almost  почти́

alone  оди́н, одино́кий

to leave alone  оста́вить в поко́е

along  вдоль (gen.), по (dat.)

alongside  ря́дом

aloud  вслух

alphabet  а́збука, алфави́т

already  уже́

also  и, то́же, та́кже

altar  алта́рь (m.)

alter (to)  изменя́ть, переде́лать

alteration  измене́ние

alternate (to)  чередова́ть(ся)

although  хотя́

altitude  высота́

altruism  альтруи́зм

always  всегда́

amaze (to)  удивля́ть

amazement  удивле́ние, изумле́ние

amazing  изуми́тельный,
удиви́тельный

ambassador  посо́л

amber  янта́рь (m.)

ambition  амби́ция

ambitious  честолюби́вый

America  Аме́рика

American  америка́нский

amiable  любе́зный

among  ме́жду (inst.), среди́ (gen.)

amorous  любо́вный

amount  коли́чество

amusement  заба́ва, развлече́ние

analysis  разбо́р, ана́лиз

anatomy  анато́мия

anchor  я́корь (m.)

ancient  стари́нный

and  и, да

anew  сно́ва

angel  а́нгел

anger  гнев

angle  у́гол

**angry (to be)** зли́ться, рассерди́ться, серди́ться

**angry** злой, раздражённый, серди́тый

**animal** живо́тное

**animated** живо́й, одушевлённый

**animatedly** оживлённо, жи́во

**animation** одушевле́ние, увлече́ние

**animosity** озлобле́ние

**anniversary** годовщи́на

**announce (to)** объявля́ть

**announcement** объявле́ние

**announcer** ди́ктор (radio or TV)

**annoy (to)** раздража́ть

**annoyance** доса́да, неприя́тность (f.)

**annually** ежего́дно

**another** друго́й

**answer (to)** отвеча́ть

**answer** отве́т

**ant** мураве́й

**anticipate (to)** ожида́ть

**antique** стари́нный (adj.)

**anxiety** трево́га, забо́та

**anxious** озабо́ченный

**any** вся́кий, любо́й

**anybody** кто уго́дно, кто́-нибудь

**anyhow** как уго́дно, ка́к-нибудь

**apartment** кварти́ра

**apology** извине́ние

**apparatus** аппара́т

**apparently** ви́дно, очеви́дно, по-ви́димому

**appear (to)** обознача́ться, появля́ться, явля́ться

  **to appear to** каза́ться

**appearance** вид, нару́жность, явле́ние

**appease (to)** успока́ивать

**appetite** аппети́т

**appetizing** аппети́тный

**applaud (to)** аплоди́ровать

**apple** я́блоко

**appoint (to)** назнача́ть

**appreciate (to)** цени́ть

**approach (to)** бли́зиться, подходи́ть, приближа́ться

**approach** подхо́д

**approximate** приблизи́тельный

**approximate (to)** приближа́ться

**approximately** о́коло (gen.), приблизи́тельно

**apricot** абрико́с

**April** апре́ль (m.)

**apron** пере́дник, фа́ртук

**architect** архите́ктор

**ardent** жа́ркий, пы́лкий, стра́стный

**ardor** пыл

**area** пло́щадь

**argue (to)** спо́рить

**argument** спор, аргуме́нт

**arid** сухо́й

**arithmetic** арифме́тика

**arm** рука́

**armchair** кре́сло

**army** а́рмия

**aroma** арома́т

**aromatic** аромати́ческий

**around** вокру́г (gen.), круго́м

**arouse (to)** возбужда́ть

**arrange (to)** аранжи́ровать, ула́дить, устра́ивать

**arrangement** устро́йство

**arrest** аре́ст

  **to arrest** взять под аре́ст

**arrival** прие́зд, прихо́д

**arrive (to)** приезжа́ть, приходи́ть

**arson** поджо́г

**art** иску́сство

**article** статья́

**artificial** фальши́вый, иску́сственный

**artist** худо́жник

**artistic** артисти́ческий, худо́жественный

**as** как

  **as far as** до

  **as if** как бу́дто

  **as soon as** как то́лько

  **as though** бу́дто

**ascent** подъём

**ashamed (to be)** стесня́ться

**ashtray** пе́пельница

**ask (to)** проси́ть, спра́шивать

**asleep (to fall)** засыпа́ть

**asparagus** спа́ржа

**aspiration** устремле́ние

**aspirin** аспири́н

**assemble (to)** собира́ть(ся)

**assent** согла́сие

**assert (to)** утвержда́ть, дока́зывать
**assertion** утвержде́ние
**assimilate (to)** осво́ить
**assist (to)** помога́ть
**assistant** помо́щник
**association** ассоциа́ция
**assortment** ассортиме́нт
**assurance** увере́ние
**assure (to)** уверя́ть
**assured** уве́ренный
**asterisk** звёздочка
**astonish (to)** удивля́ть
**astonished (to be)** поража́ться
**astonishment** удивле́ние
**at** в (prep.), у (gen.)
  **at first** внача́ле
  **at last** наконе́ц
**athlete** атле́т
**athletic** спорти́вный
**atlas** а́тлас
**atmosphere** атмосфе́ра
**atomic** а́томный
**attach (to)** привя́зывать
**attache case** кейс
**attached** привя́занный
**attachment** привя́занность, приспособле́ние
**attack** припа́док
**attain (to)** достига́ть
**attempt (to)** про́бовать, пыта́ться
**attempt** попы́тка
**attend (to)** прису́тствовать
**attention** внима́ние
**attentively** внима́тельно
**attic** мезони́н, черда́к
**attitude** отноше́ние
**attract (to)** привлека́ть
**attractive** интере́сный, привлека́тельный
**auction** аукцио́н
**audibly** слы́шно
**audience** пу́блика
**August** а́вгуст
**aunt** тётя
**author** а́втор, писа́тель
**authority** авторите́т, власть, влия́ние
**autobiography** автобиогра́фия
**autocracy** автокра́тия
**automatic** автомати́ческий
**auto mechanic's shop** автосе́рвис

**automobile** автомоби́ль (m.)
**autonomy** автоно́мия
**autumn** о́сень (f.)
**available** нали́чный, предоста́вленный в распоряже́ние
**avenue** бульва́р
**aversion** антипа́тия
**aviation** авиа́ция
**avoid (to)** избега́ть
**awaken (to)** разбуди́ть, просну́ться
**awakening** пробужде́ние
**away!** прочь!
**awfully** стра́шно, ужа́сно
**awkward** нело́вкий, неуклю́жий

# B

**baby** ребёнок
**bachelor** холостя́к
**back** за́дний (adj.), обра́тно, наза́д (adv.)
**backbone** хребе́т
**backing** подде́ржка
**backward** наза́д
**bacon** беко́н
**bad** плохо́й, скве́рный
**badly** ду́рно, пло́хо, скве́рно
**bag** мешо́к
**baggage** бага́ж
**bake (to)** печь
**baked** печёный
**balance** бала́нс
**balcony** балко́н
**bald (headed)** лы́сый
**ball** мяч, шар
**ballet** бале́т
**banana** бана́н
**bandage (to)** бинтова́ть
**bank** банк (savings)
**bar (to)** устра́ивать препя́тствие, прегражда́ть
**bar** полоса́, брусо́к
**barber** парикма́хер
**barbershop** парикма́херская
**bare (to)** обнажа́ть, раскрыва́ть
**bare** го́лый
**bargain (to)** торгова́ться
**bark (to)** ла́ять

**bark** кора́
**barren** неплодоро́дный
**barrier** барье́р
**base** осно́ва, ба́зис
**baseball** (adj.) бейсбо́льный
**baseball player** бейсболи́ст
**basement** подва́л
**baseness** по́длость
**bashful** засте́нчивый
**bashfulness** засте́нчивость
**basin** ми́ска
**basis** ба́за, осно́ва
**basket** корзи́на
**bath** ва́нна
**bathe (to)** купа́ться
**bathrobe** хала́т
**bathroom** ва́нная
**be (to)** быть, быва́ть (to be
   sometimes)
**beach** пляж
**beam** луч
**bear (to)** носи́ть, терпе́ть
**bear** медве́дь
**beard** борода́
**beast** зверь
**beat (to)** бить, би́ться
**beautiful** краси́вый, прекра́сный
**beauty** красота́, краса́вица
**because** потому́ что
**beckon (to)** подозва́ть
**become (to)** де́латься,
   станови́ться, ста́ться
**bed** крова́ть (f.), посте́ль (f.)
**bedroom** спа́льня
**bee** пчела́
**beer** пи́во
**beet** свёкла
**before** впереди́ (adv.), до (gen.),
   пе́ред (inst.)
**beforehand** зара́нее
**beg (to)** проси́ть
**begin (to)** начина́ть, стать
**beginner** начина́ющий
**beginning** нача́ло
  **from the beginning** снача́ла
**behavior** поведе́ние
**behind** за (acc., inst.), позади́
   (gen.) позади́ (adv.)
**belief** ве́ра
**believe (to)** ве́рить, ду́мать
**bell** ко́локол
**belong (to)** принадлежа́ть

**below** внизу́
**belt** по́яс
**bench** скамья́
**bend (to)** гнуть, нагиба́ть
**bend** поворо́т
**berry** я́года
**beside** по́дле (gen.), ря́дом с (inst.)
**besides** кро́ме (gen.), поми́мо
   (gen.), сверх (gen.)
**best** лу́чший
**best-seller** бестсе́ллер
**betray (to)** изменя́ть
**better** лу́чший (adj.), лу́чше (adv.)
**between** ме́жду (inst.)
**beyond** по ту сто́рону, по́зже
**Bible** Би́блия
**bicarbonate** бикарбона́т
**bicycle** велосипе́д
**big** большо́й, кру́пный
**bill** счёт, законопрое́кт
**billion** миллио́н, миллиа́рд
**bind (to)** свя́зывать
**binding** переплёт
**biochemist** биохи́мик
**biography** биогра́фия
**biologist** био́лог
**biology** биоло́гия
**birch tree** берёза
**bird** пти́ца
**birth** рожде́ние
**birthday** день рожде́ния
**bite (to)** куса́ть, укуси́ть
**bite** уку́с
**bitter** го́рький
**bitterness** озлобле́ние
**black** чёрный
**blanket** одея́ло
**blend (to)** сме́шивать
**blessing** благослове́ние
**blind** слепо́й
**blindness** слепота́
**bliss** блаже́нство
**blizzard** пурга́
**block** кварта́л
**blood** кровь (f.)
**bloom (to)** расцвета́ть
**blouse** блу́зка, ко́фточка
**blow (to)** дуть
**blow** уда́р
**blue** голубо́й, си́ний
**blush (to)** красне́ть
**board, blackboard** доска́

**boardinghouse** пансио́н
**boat** ло́дка
**body** ко́рпус, те́ло
**boil (to)** кипе́ть
**boiled** варёный
**bold** сме́лый
**boldly** сме́ло
**bone** кость (f.)
**book** кни́га
**bookstore** кни́жный магази́н
**bore (to)** наску́чить, надоеда́ть
**bored (to be)** скуча́ть
**boring** ску́чный
**born (to be)** роди́ться
**borrow (to)** брать; брать взаймы́
(money)
**both** о́ба (m., n.), о́бе (f.)
**bottle** буты́лка
**bottom** дно
**boulevard** бульва́р
**boundary** грани́ца, рубе́ж
**bow (to)** кла́няться
**box** коро́бка, сунду́к, я́щик
**boy** ма́льчик
**brag (to)** хва́стать(ся)
**braid** коса́
**brain** мозг
**brake (to)** тормози́ть
**brake** то́рмоз
**brand** ма́рка
**brassiere** ли́фчик
**brave** хра́брый
**bravely** хра́бро, сме́ло
**bread** хлеб
**break (to)** лома́ть, наруша́ть
**break** разры́в, перело́м; переры́в
(lunch, coffee)
**breakfast** за́втрак
  **to have breakfast** за́втракать
**breast** грудь (f.)
**breathe (to)** вздыха́ть, дыша́ть
**breeze** ве́тер
**bridge** мост
**brief** кра́ткий, сокращённый
**briefcase** портфе́ль
**bright** я́ркий, све́тлый
**brighten (to)** проясне́ть
**brilliance** блеск
**brilliantly** блестя́ще
**bring (to)** приводи́ть, привози́ть,
приноси́ть
**brisk** бо́дрый, живо́й

**broad** широ́кий
**broken** ло́манный, сло́манный
**brook** ручёй
**broom** метла́, ве́ник
**brother** брат
**brown** кори́чневый
**brush** щётка, кисть
**brutal** жесто́кий
**bubble** пузы́рь (m.)
**budget** бюдже́т
**build (to)** стро́ить
**building** зда́ние
**bundle** у́зел, паке́т
**burn (to)** горе́ть, жечь, сгора́ть
**burst (to)** ло́паться
**bury (to)** хорони́ть
**bus** авто́бус
**bus stop** остано́вка (авто́буса)
**business** де́ло
**businessman** коммерса́нт,
бизнесме́н
**busy** за́нятый
**but** а, да, но, одна́ко
**butter** ма́сло
**butterfly** ба́бочка
**button** пу́говица
**buttonhole** пе́тля
**buy (to)** покупа́ть
**by** у (gen.), по (dat.), ми́мо
(gen.)
  **by the way** кста́ти

# C

**cab** такси́
**cabbage** капу́ста
**cake** кекс, торт
**calamity** бе́дствие
**calculate (to)** рассчи́тывать
**calculation** расчёт, счёт
**calendar** календа́рь
**call (to)** звать, оклика́ть
  **to call on** заходи́ть
**calm (to)** успока́ивать
**cameraman** опера́тор
**camp** ла́герь (m.)
**can (to be able)** мочь
**candidate** кандида́т
**candle** свеча́
**candy** конфе́та

cane  па́лка
canvas high-tops  ке́ды
cap  ке́пка, ша́пка
capable  спосо́бный
capacity  объём, вмести́мость
capital city  столи́ца
capitalist  капитали́ст
captain  капита́н
car  маши́на (f.)
card  ка́рточка
care  забо́та, осторо́жность
career  карье́ра
carefree  беззабо́тный
careful  аккура́тный, осторо́жный,
    тща́тельный
carefully  внима́тельно, осторо́жно
careless  небре́жный,
    невнима́тельный
caress (to)  ласка́ть
caress  ла́ска
carnival  карнава́л
carpenter  пло́тник
carrots  морко́вь (f.)
carry (to)  вози́ть (by conveyance)
    носи́ть (on foot)
carry out (to)  исполня́ть,
    производи́ть
cartoon  мультипликацио́нный
    фильм
case  слу́чай
cashier  касси́р
cassettes (tapes)  кассе́ты
cat  ко́шка
catch (to)  лови́ть, пойма́ть
category  катего́рия
cathedral  собо́р
cattle  скот
cause  причи́на
  without cause  беспричи́нно
cautiously  осторо́жно
caviar  икра́
cease (to)  переста́ть
ceiling  потоло́к
celebrate (to)  пра́здновать
celery  сельдере́й
cemetery  кла́дбище
censorship  цензу́ра
cent  цент
center  центр
central  центра́льный
century  век, столе́тие
cereal  ка́ша

ceremony  церемо́ния
certain  уве́ренный, определённый
certainly  коне́чно, непреме́нно,
    обяза́тельно
chain  цепь (f.)
chair  стул
chairman  председа́тель (m.)
chalk  мел
challenge (to)  вызыва́ть
champagne  шампа́нское
champion  чемпио́н
chance  слу́чай, шанс
  by chance  случа́йно
change (to)  изменя́ть, меня́ть(ся),
    преобража́ть
  to change one's clothes
    переоде́ть(ся)
  to change one's mind  переду́мать
change  измене́ние, переме́на,
    ме́лочь (f.) (money)
chapter  глава́
character  хара́ктер (personality)
characteristic  характери́стика
charge (to)  обвиня́ть, назнача́ть
    це́ну
charge  обвине́ние
charm  очарова́ние, пре́лесть (f.)
charming  очарова́тельный,
    преле́стный
chart  ка́рта
chat (to)  болта́ть
cheap  дешёвый
cheat  шу́лер (at cards), обма́нщик
check (to)  проверя́ть
check  чек
cheek  щека́
cheerful  весёлый
cheese  сыр
chemical  хими́ческий
chemist  хи́мик
chemistry  хи́мия
cherry  ви́шня, чере́шня
chess  ша́хматы
chest  грудь (f.) (part of the body);
    сунду́к, я́щик, комо́д
chic  шика́рный
chicken  ку́рица
chief  глава́
chief (adj.)  гла́вный
child  ребёнок, дитя́
childish  ребя́ческий
children  де́ти, ребя́та

chimney труба́
chin подборо́док
china фарфо́р
chocolate шокола́д
choice вы́бор
choose (to) выбира́ть
chop (to) руби́ть
chopped ру́бленый
chord акко́рд
chorus хор
Christianity христиа́нство
Christmas Рождество́
church це́рковь
cigar сига́ра
cigarette сигаре́та
circle круг
circumstance обстоя́тельства
circus цирк
citizen граждани́н (m.), гражда́нка
  (f.)
city го́род
civil шта́тский
civilization цивилиза́ция
claim прете́нзия, тре́бование
clap (to) аплоди́ровать
class класс
classical класси́ческий
classification классифика́ция
clause предложе́ние (gram.)
clean (to) стира́ть, чи́стить
clean чи́стый
cleanliness чистота́
clear зво́нкий, я́сный
clear up (to) проясня́ть
clever у́мный
climate кли́мат
climb поднима́ться
clinic амбулато́рия, кли́ника
clock часы́
close (to) закрыва́ть
close те́сный
close бли́зко от
closed закры́тый
cloth мате́рия
clothes оде́жда
cloud о́блако, ту́ча
cloudy па́смурный
club клуб
clumsy неуклю́жий, нело́вкий
coal у́голь
coarse гру́бый
coat пальто́

cobweb паути́на
coffee ко́фе
coffeepot кофе́йник
cognac конья́к
coin моне́та
coincide (to) совпада́ть
coincidence совпаде́ние
cold на́сморк, просту́да, холо́дный
  to catch cold простуди́ться
coldness хо́лод
collar воротни́к
colleague колле́га
collect (to) собира́ть(ся)
collection сбо́рник
college ко́лледж
collide (to) ста́лкиваться
collision столкнове́ние
color (to) кра́сить
color цвет
colored кра́шеный, цветно́й
colossal колосса́льный
comb (to) причёсывать(ся)
comb гребешо́к
combination комбина́ция,
  соедине́ние
combine (to) объединя́ть, сочета́ть
combined свя́занный, совме́стный
comedy коме́дия
comfort (to) утеша́ть
comfort удо́бство, утеше́ние, ую́т
comfortable удо́бный, ую́тный
comic смешно́й, юмористи́ческий
command (to) кома́ндовать,
  прика́зывать
command прика́з
commerce торго́вля, комме́рция
commercial комме́рческий
commission поруче́ние
commit (to) доверя́ть, соверша́ть
committee коми́ссия
common о́бщий, просто́й
communicate (to) сообща́ть
compact пу́дреница
company компа́ния, фи́рма
compare (to) сра́внивать
comparison сравне́ние
compel (to) принужда́ть,
  заставля́ть
compensation компенса́ция
compete (to) сопе́рничать
competition конкуре́нция
compile (to) составля́ть

complain (to) жáловаться
complaint жáлоба
complete пóлный
complexion цвет лицá
complicated слóжный
complication осложнéние, усложнéние
compliment комплимéнт
compose (to) сочинять
composer композúтор
composition сочинéние
composure хладнокрóвие
compote компóт
compromise компромúсс
compulsory обязáтельный
computer компью́тер
  minicomputer мúни-ЭВМ
comrade товáрищ
conceal (to) прятать(ся), скрывáть(ся), таúть(ся)
conceited кичлúвый
concentrate (to) сосредотóчивать
concept идéя, понятие
concern (to) касáться
concerning относúтельно, насчёт, о (prep.), про (acc.)
concert концéрт
conclude (to) заключáть
conclusion заключéние
condition положéние, состояние, услóвие
conduct (to) водúть (lead), дирижúровать (orchestra); управлять (rule)
conduct поведéние
conductor дирижёр (orchestra), проводнúк (wire), кондýктор (on train)
confession úсповедь
confidence довéрие, увéренность
confident увéренный
confirm (to) утверждáть
conflict конфлúкт
confused пýтанный, растéрянный, смущённый
confusion смущéние, сумбýр
congratulate (to) поздравлять
congratulation поздравлéние
connect (to) связывать, соединять(ся)
connection связь
conquer (to) побеждáть

conscience сóвесть (f.)
conscious сознающий, сознáтельный
consciously сознáтельно
consent (to) соглашáться
consent соглáсие
conservation сохранéние
conservative консерватúвный
consider (to) засчúтывать, обдýмывать, считáть(ся)
consist (to) заключáться, состоять
constant постоянный
constitution конституция
constructive конструктúвный
consul кóнсул
consulate кóнсульство
consultant кóнсультáнт
consumption потреблéние; чахóтка
contain (to) содержáть
contemporary совремéнный
contempt презрéние
contemptuous презрúтельный
content (to) удовлетворять
contents содержáние
continent континéнт
continuation продолжéние
continue (to) продолжáть
continuity непрерывность
continuously непрерывно
contract контрáкт
contradict (to) противорéчить
contradiction противорéчие
contrary протúвный
  on the contrary наоборóт, напрóтив
contrast контрáст, противополóжность (f.)
control контрóль
control oneself (to) сдéрживаться
convenient удóбный
convention съезд
conversation бесéда, разговóр
converse (to) бесéдовать, разговáривать
conviction убеждéние
convince (to) уверять, убеждáть
cook (to) готóвить
cook пóвар
cookie печéнье
cool прохлáдный, хладнокрóвный (person)

**cooperative** кооперати́в
**copper** медь
**copy (to)** копи́ровать, перепи́сывать
**copy** ко́пия, экземпля́р
**coquette** коке́тка
**cord** верёвка, шнур, шпага́т
**cordial** серде́чный, тёплый
**cork** про́бка
**corkscrew** што́пор
**corn** кукуру́за, мозо́ль
**corned beef** солони́на
**corner** у́гол
**corpse** труп
**correct (to)** исправля́ть, поправля́ть
**correct** ве́рный, пра́вильный
**correspond (to)** перепи́сываться
**correspondence** перепи́ска
**correspondent** корреспонде́нт
**corridor** коридо́р
**cosmetics** косме́тика
**cost (to)** сто́ить
**cost** цена́
**cotton** бума́жный
**couch** куше́тка
**cough (to)** ка́шлять
**counsel (to)** сове́товать
**counsel** сове́т
**country** дере́вня, страна́
  **country house** да́ча
**couple** па́ра
**courage** дух, му́жество, сме́лость (f.), хра́брость (f.)
**courageous** сме́лый
**course** курс
**courteous** ве́жливый
**courtesy** ве́жливость (f.), любе́зность (f.)
**cousin** кузе́н (m.), кузи́на (f.), двою́родный брат, двою́родная сестра́
**cover (to)** накрыва́ть, покрыва́ть
**covered** кры́тый
**covering** покры́шка
**cow** коро́ва
**coward** трус
**cozy** ую́тный
**crackle (to)** треща́ть
**cradle** колыбе́ль
**cranberry** клю́ква

**cranky** капри́зный
  **to be cranky** капри́зничать
**craving** жа́жда, жела́ние
**creak (to)** скрипе́ть
**cream** крем, сли́вки
**crease** скла́дка
**create (to)** создава́ть
**creative** тво́рческий
**creep (to)** по́лзать
**crime** преступле́ние
**criminal** престу́пник
**crisis** кри́зис
**critical** крити́ческий
**criticism** кри́тика
**crooked** криво́й
**cross (to)** переходи́ть
  **to cross out** зачёркивать
**cross** крест
**crossing** перехо́д
**crowd** толпа́
**crown** коро́на, коро́нка (dental)
**cruel** жесто́кий
**cruelty** жесто́кость (f.)
**crush (to)** уничтожа́ть
**crust** кора́
**cry (to)** пла́кать
**cry** крик
**cucumber** огуре́ц
**cultural** интеллиге́нтный, культу́рный
**culture** культу́ра
**cunning** хи́трый
**cup** ча́шка
**cupboard** шкаф
**cure (to)** изле́чивать
**cure** излече́ние, сре́дство
**curiosity** любопы́тство
**curious** любозна́тельный, любопы́тный
**curly** кудря́вый
**current** тече́ние, ток
**cursed** прокля́тый
**curtail (to)** сокраща́ть
**curtain** за́навес
**curved** криво́й
**cushion** поду́шка
**custom** нра́вы, обы́чай
**cut (to)** наре́зать, ре́зать, поре́зать
**cutlet** котле́та
**cynic** ци́ник
**cynical** цини́чный

# D

**daily** ежедне́вно

**dam** плоти́на

**damage** поврежде́ние

**damned** прокля́тый

**damp** сыро́й

**dampness** сы́рость (f.)

**dance (to)** танцева́ть

**dance** бал, та́нец

**danger** опа́сность (f.)

**dangerous** опа́сный

**dare (to)** сметь

**daring** де́рзкий, сме́лый

**dark** тёмный

**darken (to)** темне́ть

**darkness** темнота́

**darn (to)** што́пать

**data** да́нные

**data base** ба́за да́нных

**data crunching** сжа́тие да́нных

**date** число́ (of time); фи́ник
(fruit); свида́ние (engagement)

**daughter** дочь (f.)

**dawn** заря́, рассве́т

**day** день (m.), су́тки (24 hours)
   **day after tomorrow** послеза́втра
   **day before yesterday** позавчера́

**daydream (to)** фантази́ровать,
мечта́ть

**daydream** мечта́

**dazzle (to)** ослепля́ть

**dazzling** ослепи́тельный

**dead** мёртвый

**deaf** глухо́й

**dealer** торго́вец

**dear** дорого́й, ми́лый

**death** смерть

**debate** диску́ссия, спор

**debt** долг

**decay (to)** по́ртиться

**deceased (the)** поко́йник

**deceive (to)** обма́нывать

**December** дека́брь (m.)

**decency** прили́чие

**decent** поря́дочный, прили́чный

**deceptive** обма́нчивый

**decide (to)** реша́ть

**decision** реше́ние

**deck** па́луба

**declaration** заявле́ние, деклара́ция

**decline (to)** отка́зываться

**decline** упа́док

**decrease (to)** уменьша́ть

**decree** ука́з, прика́з

**deep** глубо́кий

**defect** дефе́кт, недоста́ток, брак

**defend (to)** защища́ть

**defenseless** беззащи́тный

**define (to)** определя́ть

**definite** определённый

**definition** определе́ние

**deft** ло́вкий

**defy (to)** вызыва́ть

**degree** гра́дус, сте́пень (f.)
(extent)

**delay (to)** заде́рживать, ме́длить

**delay** опозда́ние

**delegate** делега́т

**deliberate** наме́ренный,
рассчи́танный

**delicacy** то́нкость (f.), чу́ткость
(f.)

**delicate** то́нкий, чу́ткий

**delicious** вку́сный

**delight** восто́рг, отра́да,
наслажде́ние

**delightful** восхити́тельный,
преле́стный

**delirium** бред

**demand (to)** тре́бовать

**demand** спрос, тре́бование

**denial** отрица́ние

**dense** густо́й

**dental** зубно́й

**deny (to)** отрица́ть

**depart (to)** пойти́, пое́хать,
уходи́ть, уезжа́ть

**department** отде́л, отделе́ние,
факульте́т (of a university)

**departure** отхо́д, отъе́зд

**depend on (to)** бази́ровать,
зави́сеть (от)

**dependable** положи́тельный

**dependence** зави́симость (f.)

**deposit (to)** отлага́ть

**deprivation** лише́ние

**deprive (to)** лиша́ть

**depth** глубина́

**descend (to)** происходи́ть,
спуска́ться

**descent** происхожде́ние

**despise (to)** презира́ть

**description** описа́ние
**desert** пусты́ня
**deserted** поки́нутый
**deserve (to)** заслу́живать
**deserving** досто́йный
**desire** жела́ние
**desk** пи́сьменный стол
**despair** отча́яние
**desperately** отча́янно
**despise (to)** презира́ть
**dessert** десе́рт, сла́дкое
**destiny** жре́бий, судьба́
**destroy (to)** разруша́ть, уничтожа́ть
**destruction** разруше́ние
**detach (to)** отделя́ть
**detail** дета́ль (f.), подро́бность (f.), мело́чь
**detailed** подро́бный
**detain (to)** заде́рживать
**determination** определе́ние
**determine (to)** определя́ть
**detest (to)** ненави́деть
**develop (to)** проявля́ть, развива́ть
**development** проявле́ние, разви́тие, рост
**device** прибо́р
**devil** бес, чёрт, дья́вол
**devise (to)** приду́мывать
**devotion** на́божность (f.), пре́данность (f.)
**dew** роса́
**diagnosis** диа́гноз
**dial** цифербла́т
**dialect** диале́кт
**diameter** диа́метр
**diamond** бриллиа́нт, алма́з
**dictionary** слова́рь
**die (to)** сконча́ться, умира́ть
**diet (to)** сади́ться на дие́ту
**diet** дие́та
**differ (to)** отлича́ться, различа́ть(ся)
**difference** ра́зница, разногла́сие (of opinion), ра́зность (f.)
**different** друго́й, разли́чный, ра́зный
**difficult** тру́дный
**difficulty** затрудне́ние
**dig (to)** копа́ть, рыть
**digest (to)** перева́ривать
**digestion** пищеваре́ние

**dignity** досто́инство
**diligence** усе́рдие
**diligent** приле́жный, усе́рдный
**dim** нея́сный, сму́тный
**dimension** разме́р
**diminish (to)** па́дать, убавля́ть, уменьша́ть
**dimple** я́мочка
**dine (to)** обе́дать
**dining room** столо́вая
**dinner** обе́д
**diplomacy** диплома́тия
**direct (to)** направля́ть, обраща́ть, руководи́ть, управля́ть
**direct (adj.)** прямо́й
**direction** направле́ние
**director** дире́ктор, режиссёр (theater)
**dirt** грязь (f.)
**dirty** гря́зный, чума́зый
**disadvantage** невы́года
**disagreeable** неприя́тный, неуго́дный
**disappear (to)** исчеза́ть
**disappoint (to)** разочарова́ть
  **to be disappointed** быть разочаро́ванным
**disappointed** разочаро́ванный
**disappointment** разочарова́ние
**disapproving** неодобри́тельный
**disaster** бе́дствие
**disastrous** поги́бельный
**discipline** дисципли́на
**disclose (to)** раскрыва́ть
**discomfort** неудо́бство
**discontent** недово́льство
**discount** ски́дка
**discourage (to)** обескура́живать, отбива́ть охо́ту
**discourteous** нелюбе́зный
**discourtesy** нелюбе́зность
**discover (to)** находи́ть, открыва́ть
**discovery** откры́тие
**discretion** осторо́жность, усмотре́ние
**discuss (to)** обсужда́ть, переговори́ть, разбира́ть
**discussion** диску́ссия, обсужде́ние
**disdain** презре́ние
**disease** боле́знь (f.)
**disgrace** позо́р
**disgust** отвраще́ние

**dish** блю́до, (course)

**dishes** посу́да

**dishonest** нече́стный

**disk** диск, круг

**disorder** беспоря́док

**display (to)** пока́зывать

**displeasure** неудово́льствие

**disposition** нрав, скло́нность (f.), хара́ктер

**dispute (to)** спо́рить

**disrespectfully** неуважи́тельно

**dissatisfaction** недово́льство

**dissatisfied** недово́льный

**distance** расстоя́ние

**distant** далёкий

**distinct** отчётливый, я́сный

**distinction** отли́чие, разли́чие

**distinguish (to)** отлича́ть, различа́ть

**distraction** рассе́янность

**distribute (to)** выдава́ть, раздава́ть

**district** райо́н

**distrust (to)** не доверя́ть

**distrust** недове́рие

**distrustful** недове́рчивый

**disturb (to)** беспоко́ить, меша́ть, наруша́ть, трево́жить

**divide (to)** дели́ть(ся), разделя́ть(ся)

**divine** боже́ственный

**division** деле́ние, разделе́ние

**divorce** разво́д

**dizzy (to be)** чу́вствовать головокруже́ние

**do (to)** де́лать

**doctor** врач, до́ктор

**doctrine** уче́ние, доктри́на

**document** бума́га, докуме́нт

**documentary (film)** документа́льный фильм

**dog** пёс, соба́ка

**doll** ку́кла

**dollar** до́ллар

**domestic** семе́йный (family), ме́стный (local), дома́шний (animals)

**door** дверь

**dose** до́за

**double** вдво́е, двойно́й

**doubt (to)** сомнева́ться

**doubt** сомне́ние

**dough** те́сто

**doughnut** по́нчик

**down** вниз

   **to get down** слеза́ть, спуска́ться, сходи́ть

**downstairs** вниз, внизу́

**doze (to)** дрема́ть

**dozen** дю́жина

**draft** чертёж, план

**drag (to)** таска́ть, тяну́ть

**drama** дра́ма

**drastic** радика́льный

**draw (to)** рисова́ть (paint)

**draw out (to)** вынима́ть

**drawer** я́щик

**dread** боя́знь (f.), стра́шный (adj.)

**dream (to)** сни́ться

**dream** сон, сновиде́ние

**dress (to)** одева́ть(ся)

**dress** пла́тье

**dressing-gown** хала́т

**dressmaker** портни́ха

**drink (to)** пить

**drink** напи́ток

**drive (to)** гоня́ть, ката́ться (for pleasure), пра́вить

**driver** шофёр

**drop (to)** роня́ть

**drop** ка́пля

**drown (to)** тону́ть, топи́ть (something else), топи́ться (oneself)

**drugstore** апте́ка

**drum** бараба́н

**drunk** пья́ный

**drunkard** пья́ница

**dry (to)** суши́ть, утира́ть, со́хнуть

**dry** сухо́й

**duck** у́тка

**due (adj.)** сле́дуемый

**duet** дуэ́т

**dull** му́тный, па́смурный, тупо́й

**dumb** глу́пый (stupid), немо́й

   **deaf-mute** глухонемо́й

**during** во вре́мя

**dust** пыль (f.)

**duty** обя́занность (f.), пови́нность (f.)

**dwelling** жили́ще

**dye** кра́ска

# E

each ка́ждый
eagle орёл
ear у́хо
early ра́нний, ра́но (adv.)
earn (to) зараба́тывать
earnest серьёзный
earring серьга́
earth земля́
east восто́к
Easter Па́сха
eastern восто́чный
easy лёгкий
eat (to) есть, ку́шать
echo э́хо
economical экономи́ческий
economize (to) эконо́мить
economy расчётливость (f.)
edge край
edit (to) редакти́ровать
edition изда́ние
editor реда́ктор
editorial staff, office реда́кция
educate (to) воспи́тывать, дава́ть
образова́ние
educated интеллиге́нтный,
культу́рный, образо́ванный
education образова́ние
educational образова́тельный
(pert. to education); уче́бный
(providing instruction)
effect впечатле́ние, де́йствие
effective эффе́ктный
efficient де́йственный
effort уси́лие
egg яйцо́
egoist эго́ист
eight во́семь
eighteen восемна́дцать
eighteenth восемна́дцатый
eighth восьмо́й
eightieth восьмидеся́тый
either та́кже, тот и́ли друго́й
either . . . or . . . и́ли . . . и́ли . . .
elastic рези́на (f.)
elbow ло́коть (m.)
elder ста́рший
elderly пожило́й
election избра́ние, вы́боры
electric электри́ческий

electricity электри́чество
elegant изя́щный, элега́нтный
element элеме́нт
elementary нача́льный,
элемента́рный
elephant слон
elevator лифт, элева́тор (grain)
eleven оди́ннадцать
eleventh оди́ннадцатый
eliminate (to) исключа́ть
else (adv.) ещё, кро́ме
   No one else has come. Никто́
   бо́льше не приходи́л.
elsewhere где́-нибудь в друго́м
ме́сте
embarrassed сконфу́женный,
смущённый
   to become embarrassed
   сконфу́зиться
embarrassment затрудне́ние,
смуще́ние
embassy посо́льство
embrace (to) обнима́ть
embroidered расши́тый
emerge (to) появля́ться
emergency кра́йняя
необходи́мость
emigrant эмигра́нт
eminent выдаю́щийся,
знамени́тый
emotion волне́ние, эмо́ция
emphasize (to) подчёркивать,
заостря́ть
emphatic эмфати́ческий
employ (to) дава́ть рабо́ту,
нанима́ть
employee слу́жащий
employment заня́тие, рабо́та,
слу́жба
empty (to) вылива́ть
empty пусто́й
enamel эма́ль (f.)
enclose (to) окружа́ть,
вкла́дывать
encore бис
encourage (to) ободря́ть,
поощря́ть
encouragement ободре́ние
end (to) конча́ть(ся), ока́нчивать
end коне́ц, преде́л, оконча́ние
endeavor (to) пыта́ться, стара́ться
endeavor попы́тка

**endurance** вы́держка, терпе́ние
**endure (to)** выде́рживать,
  переноси́ть, терпе́ть
**enemy** враг
**energy** эне́ргия
**engine** маши́на, мото́р
**engineer** инжене́р, меха́ник
**English** англи́йский
**enjoy (to)** весели́ться (oneself),
  наслажда́ться
**enjoyment** наслажде́ние
**enlarge (to)** увели́чивать
**enormous** грома́дный, огро́мный
**enough** доста́точно, дово́льно
**enter (to)** входи́ть, вступа́ть (on
  foot), въезжа́ть (by vehicle)
**entertain (to)** развлека́ть,
  угоща́ть
**entertainment** развлече́ние
**enthusiasm** восто́рг, энтузиа́зм
**entire** це́лый, сплошно́й
**entirely** совсе́м
**entrance** вход, въезд
**entrust (to)** поверя́ть, доверя́ть
**envelope** конве́рт
**envious** зави́стливый
**environment** обстано́вка,
  окружа́ющая среда́
**envy (to)** зави́довать
**envy** за́висть (f.)
**equal** ра́вный
**equality** ра́венство
**equalize (to)** ура́внивать
**equilibrium** равнове́сие
**era** эпо́ха, э́ра
**erase (to)** стира́ть
**eraser** рези́нка
**err (to)** заблужда́ться, ошиба́ться
**errand** поруче́ние
**error** оши́бка
**escalator** эскала́тор
**escape (to)** избежа́ть, спасти́сь
**escort (to)** сопровожда́ть
**especially** осо́бенно, специа́льно
**establish (to)** устра́ивать
**estate** име́ние
**esteem (to)** уважа́ть
**esteem** уваже́ние
**estimate (to)** оце́нивать,
  составля́ть сме́ту
**estimate** оце́нка, сме́та
**eternal** ве́чный

**eternity** ве́чность (f.)
**ether** эфи́р
**ethics** э́тика
**European** европе́йский
**evacuate (to)** очища́ть,
  эвакуи́ровать
**eve** кану́н
**even** (adj.) гла́дкий, ро́вный
**even** (adv.) да́же, хоть
**evening** ве́чер
  **in the evening** ве́чером
**event** слу́чай (m.), собы́тие
**ever** всегда́
  **forever** навсегда́
  **ever since** с тех пор
  **hardly ever** почти́ никогда́
**every** вся́кий, ка́ждый, любо́й
**everyone** ка́ждый
**everything** всё
**everywhere** везде́, повсю́ду
**evidence** доказа́тельство,
  свиде́тельство
**evident** я́вный
**evidently** ви́дно
**evil** (n.) зло
**evil** (adj.) дурно́й, злой
**exact** то́чный, аккура́тный
**exacting** тре́бовательный
**exactly** и́менно, то́чно
**exaggerate (to)** преувели́чивать
**exaggerated** преувели́ченный
**exaggeration** преувеличе́ние
**examination** экза́мен
**examine (to)** осма́тривать,
  рассма́тривать, экзаменова́ть
**example** приме́р
  **for example** наприме́р
**exceed (to)** превыша́ть,
  переходи́ть грани́цы
**excel (to)** превосходи́ть
**excellent** отли́чный, прекра́сный
**except** (prep.) кро́ме (gen.)
**exception** исключе́ние
**exceptionally** нисключи́тельно
**excess** изли́шек
**excessive** чрезме́рный
**exchange (to)** обме́нивать
**exchange** обме́н
**excite (to)** возбужда́ть
**excitement** волне́ние
**exclaim (to)** а́хнуть, воскли́кнуть
**exclude (to)** исключа́ть**

**excursion** экску́рсия

**excuse (to)** извиня́ть, проща́ть
  **Excuse me.** Извини́те. Прости́те.

**excuse** оправда́ние

**execution** исполне́ние (of an idea)

**exercise (to)** упражня́ть

**exercise** упражне́ние

**exertion** напряже́ние, уси́лие

**exhaust (to)** вытя́гивать, изнуря́ть

**exhibition** вы́ставка

**exist (to)** существова́ть

**existence** существова́ние

**exit** вы́ход

**expand (to)** расширя́ть(ся),
  увели́чивать(ся)

**expansion** разложе́ние, экспа́нсия,
  увеличе́ние

**expect (to)** ожида́ть

**expectation** ожида́ние, ча́яние

**expel (to)** исключа́ть

**expense** расхо́д

**expensive** дорого́й

**experience (to)** пережива́ть

**experience** о́пыт

**experienced** о́пытный

**experiment** о́пыт, экспериме́нт

**experimental** про́бный,
  эксперимента́льный

**expert** знато́к, специали́ст

**explain (to)** объясня́ть

**explanation** объясне́ние

**explode (to)** взрыва́ть

**exploit (to)** эксплуати́ровать

**explore (to)** иссле́довать

**explosion** взрыв

**export** э́кспорт

**expose (to)** разоблача́ть,
  раскрыва́ть

**express oneself (to)** выража́ть(ся)

**expression** выраже́ние

**expressive** экспресси́вный,
  вырази́тельный

**exquisite** преле́стный

**extend (to)** вытя́гивать, тяну́ться

**extensive** обши́рный,
  экстенси́вный

**extent** сте́пень (f.)

**exterior** вне́шний (adj.),
  нару́жность (noun, f.)

**external** вне́шний

**extinguish (to)** туши́ть

**extra** осо́бенно, сверх, э́кстра

**extraordinary** чрезвыча́йный

**extravagant** нерасчётливый,
  экстравага́нтный

**extreme** кра́йний, чрезвыча́йный
  (adj.), кра́йность (noun, f.)

**extremely** весьма́, кра́йне

**eye** глаз

**eyebrow** бровь (f.)

**eyeglasses** очки́ (pl.)

**eyelid** ве́ко

**eyesight** зре́ние

# F

**fabric** материа́л, мате́рия

**face** лицо́
  **face to face** лицо́м к лицу́

**facilitate (to)** облегча́ть

**facility** лёгкость (f.)

**fact** факт

**factory** фа́брика

**factual** факти́ческий

**faculty** спосо́бность (f.),
  преподава́тельский соста́в

**fade (to)** вя́нуть, блёкнуть

**fail (to)** провали́ться (exam.),
  слабе́ть

**failure** неуда́ча

**faint (to)** упа́сть в о́бморок

**faintheartedness** малоду́шие

**fair** справедли́вый, че́стный

**fairy** фе́я

**faith** ве́ра, дове́рие

**faithful** ве́рный

**fall (to)** па́дать
  **to let fall** урони́ть

**false** фальши́вый

**falsehood** ложь (f.), непра́вда

**fame** изве́стность (f.), сла́ва

**familiar** знако́мый
  **to become familiar with**
  ознако́миться

**family** семе́йный (adj.), семья́
  (noun)

**famous** знамени́тый

**fan** вентиля́тор

**fancy** (noun) фанта́зия, вообра-
  же́ние

**fantastic** фантасти́ческий

**far** далёкий (adj.), далеко́ (adv)

from far away   и́здали
not far   недалеко́
fare (carfare)   пла́та за прое́зд
farewell   проща́ние (n.)
    Farewell!   Проща́й! до свида́ния!
farm   фе́рма
farmer   фе́рмер
farther   да́льше
fascinating   очарова́тельный,
    увлека́тельный
fashion   фасо́н, мо́да
fashionable   мо́дный
fast   кре́пкий, ско́рый (of speed)
fasten (to)   привя́зывать
    to fasten together   скрепля́ть
fastidious   разбо́рчивый
fat   жир (n.), жи́рный, то́лстый
    (adj.)
fatal   поги́бельный, фата́льный
fate   жре́бий, судьба́
father   оте́ц
fatherland   оте́чество
faucet   кран
fault   вина́
favor   ми́лость (f.), одолже́ние
favorite   люби́мец (n.), люби́мый
    (adj.)
fax   (noun) факс
fear (to)   боя́ться
fear   боя́знь (f.), страх
February   февра́ль (m.)
federation   федера́ция
fee   вознагражде́ние, пла́та
feeble   бесси́льный, сла́бый
feed (to)   корми́ть, пита́ть
feel (to)   ощуща́ть, чу́вствовать
feeling   чу́вство
fellow   па́рень (m.)
feminine   же́нский
fencing   фехтова́ние
fertility   плодоро́дность (f.)
fervent   пы́лкий, стра́стный
fetch (to)   доста́ть, приноси́ть
fever   жар
feverish   лихора́дочный
few   ма́ло, немно́го, не́сколько
    fewer   ме́ньше
fiber   фи́бра, волокно́
fiction   беллетри́стика
fictitious   фикти́вный, вообра-
    жа́емый
field   по́ле

fifteen   пятна́дцать
fifteenth   пятна́дцатый
fifth   пя́тый
fiftieth   пятидеся́тый
fifty   пятьдеся́т
fig   инжи́р, фи́га
fight (to)   боро́ться, дра́ться
fight   борьба́, дра́ка
figure   фигу́ра, ци́фра (number)
file (to)   приня́ть к выполне́нию
    зака́з, регистри́ровать и храни́ть
file   напи́льник, картоте́ка
fill (to)   наполня́ть
    to fill in   заполня́ть
fillet (meat)   филе́
film   фильм
filthy   гря́зный
final   оконча́тельный
finally   наконе́ц
finances   фина́нсы
financing   финанси́рование
financial   фина́нсовый
find (to)   находи́ть
    to find out   узнава́ть
fine (penalty)   штраф
fine   то́нкий
    fine fellow!   молоде́ц!
    fine point   то́нкость (f.)
finger   па́лец
fingernail   но́готь (m.)
finish (to)   конча́ть(ся), ока́нчивать
finished   ко́нчено, сде́лано
fire   ого́нь (m.), пожа́р
fireplace   ками́н
fireproof   несгора́емый
firewood   дрова́ (pl.)
fireworks   фейерве́рк
firm   фи́рма (company), кре́пкий,
    твёрдый (adj.)
first   пе́рвый
    at first   сперва́
    first-rate   первокла́ссный
    for the first time   впервы́е
fish   ры́ба
fist   кула́к
fit (to)   сиде́ть, подходи́ть
fit   припа́док (attack)
five   пять
fix (to)   исправля́ть, починя́ть
flag   флаг
flame   пла́мя
flap (to)   маха́ть

**flash (to)** блеснýть, мелькáть, сверкнýть
**flashlight** ручнóй электрúческий фонáрь
**flat** плóский, рóвный
**flattering** лéстный
**flattery** лесть (f.)
**flavor** аромáт
**fleet** флот
**flesh** сырóе мя́со
**flexible** гúбкий
**flight** бéгство, отступлéние, полёт
**flirt (to)** флиртовáть
**float (to)** плáвать
**flood** потóк, наводнéние
**floor** пол, этáж (story)
**flora** флóра
**flour** мукá
**flourishing** здорóвый, цветýщий
**flow (to)** течь
**flower** цветóк
**fluently** бéгло, свобóдно
**fluid** жúдкость (noun, f.) жúдкий (adj.)
**fly (to)** летáть
**fly** мýха
**flying** летýчий
**focus (to)** сосредотóчивать, фокусúровать(ся), наводúть на фóкус
**focus** фóкус
**fog** тумáн
**flood (to)** разливáться; затопля́ть
**fold** склáдывать
**fold** склáдка
**folk** (adj.) нарóдный
**follow (to)** следúть, слéдовать
**following** слéдующий
**fond** нéжный, любя́щий
**font** шрифт
**food** едá, пúща
**fool** дурáк
**foolish** глýпый
**foolishness** глýпость (f.)
**foot** ногá, фут (of length)
  **on foot** пешкóм
**football** футбóл
**footstep** шаг
**for** для (gen.), за (acc., inst.), на (extent of time)
  **for the sake of** рáди (gen.)
**forbid (to)** запрещáть

**force (to)** заставля́ть, принуждáть
**force** сúла
**forehead** лоб
**foreign** инострáнный
**foreigner** инострáнец
**foresight** предвúдение
**forest** лес
**forever** навéки, навсегдá
**forewarn (to)** предупреждáть
**forged** фальсифицúрованный
**forget (to)** забывáть
**forgetfulness** забы́вчивость (f.)
**forgive (to)** извиня́ть, прощáть
**forgiveness** прощéние
**fork** вúлка
**form** óбраз, фóрма
**formality** формáльность (f.)
**formation** строй
**formed (to be)** составля́ть(ся)
**former** бы́вший
**formerly** прéжде, рáньше
**formula** фóрмула
**forsake (to)** покúнуть
**fortieth** сороковóй
**fortunate** счастлúвый, удáчный
**fortunately** к счáстью
**fortune** счáстье, удáча, судьбá
**fortune-teller** гадáлка
**forty** сóрок
**forward** вперёд (adv.), передовóй (adj.)
**found (to)** создавáть
**foundation** фундáмент
**founder** основáтель (m.)
**fountain** фонтáн
**fountain pen** авторýчка
**four** четы́ре
**fourteen** четы́рнадцать
**fourteenth** четы́рнадцатый
**fourth** четвёртый
**fowl** домáшняя птúца
**foyer** перéдняя, фойé (noun not decl.)
**fragment** кусóк, отры́вок
**fragrance** аромáт
**fragrant** аромáтный
**frame** рáма
**frank** úскренний, откровéнный
**frankness** откровéнность (f.)
**fraud** обмáн
**free** бесплáтно (gratis), свобóдный
**freedom** свобóда, вóльность (f.)

**freely** свобо́дно
**freeze (to)** замерза́ть, мёрзнуть, замора́живать, ледени́ть
**French** францу́зский
**frequently** ча́сто
**fresh** све́жий
**Friday** пя́тница
**fried** жа́реный
**friend** друг (m.), подру́га (f.), прия́тель (m.) –ница (f.)
**friendly** дру́жеский, приве́тливый
**friendship** дру́жба
**fright** испу́г, страх
**frighten (to)** пуга́ть, напуга́ть
  **to become frightened** испуга́ться
**frightening** стра́шный
**frog** лягу́шка
**from** из (gen.), от (gen.), с (gen.)
  **from behind** из-за
**front** фаса́д (n.), пере́дний (adj.)
**frost** моро́з
**frown (to)** хму́риться
**frozen** мёрзлый, заморо́женный
**fruit** фрукт
**fry (to)** жа́рить(ся)
**frying pan** сковорода́
**fuel** горю́чее, то́пливо
  **fuel oil** мазу́т
**fugitive** бе́глый
**fulfill (to)** выполня́ть, исполня́ть
**fulfillment** выполне́ние, исполне́ние
**full** по́лный
**fully** вполне́
**fun** весе́лье, шу́тка (joke)
  **to have fun** весели́ться
**function (to)** де́йствовать
**function** фу́нкция
**fund** запа́с, фонд
**fundamental** основно́й, фундамента́льный
**funeral** по́хороны
**funny** заба́вный, смешно́й
**fur** мех
  **fur coat** шу́ба
**furnace** го́рн, печь, то́пка
**furnish (to)** обставля́ть
**furniture** ме́бель (f.), обстано́вка
**fury** бе́шенство, я́рость (f.)
**fuss** хло́поты, суета́

**futile** тще́тный
**future** бу́дущий (adj.), бу́дущее (n.)

# G

**gain (to)** вы́играть (win)
  **to gain weight** полне́ть
**gain** дохо́ды
**gallant** гала́нтный
**gallery** галере́я
**gallon** галло́н
**gamble (to)** игра́ть в аза́ртные и́гры
**game** игра́
**garage** гара́ж
**garbage** му́сор
**garden** сад
**garlic** чесно́к
**garment** предме́т оде́жды, пла́тье
**gas** газ
**gasoline** бензи́н, газоли́н
**gate** воро́та
**gather (to)** собира́ть(ся)
**gauze** газ, ма́рля
**gay** весёлый (merry)
**gender** род
**general** (adj.) о́бщий
  **in general** вообще́
**generality** неопределённость
**generally** обы́чно, вообще́, широко́
**generation** поколе́ние
**generosity** ще́дрость (f.)
**generous** ще́дрый
**genius** гениа́льный (adj.), ге́ний
**gentle** мя́гкий
**gentleman** джентльме́н
**genuine** настоя́щий
**geography** геогра́фия
**geometry** геоме́трия
**germ** микро́б
**German** неме́цкий (adj.)
**gesture** жест
**get (to)** достава́ть (fetch), получа́ть (receive)
  **to get along** пожива́ть
  **to get even with** распла́чиваться
  **to get up** встава́ть

**ghost** привиде́ние
**gift** дар (talent), пода́рок
**gifted** спосо́бный, тала́нтливый
**gigantic** гига́нтский
**girl** де́вочка (little girl), де́вушка (young girl, unmarried)
**give (to)** дава́ть
  **to give a present** дари́ть
  **to give back** возвраща́ть, отдава́ть
  **to give out** выдава́ть, раздава́ть
**glad** рад, ра́достный
**gladly** охо́тно
**glance** взгляд
**glands** же́лезы
**glass** стака́н (drinking), стекло́, стекля́нный (adj.)
**glasses** очки́
**gleam (to)** мелька́ть
**glimpse** мелыка́ние, мимолётное впечатле́ние
**glitter (to)** блесте́ть, сверка́ть
**globe** гло́бус, шар
**gloom** мрак
**gloomy** мра́чный, угрю́мый
**glory** сла́ва
**glove** перча́тка
**glue (to)** кле́ить
**go (to)** идти́, ходи́ть (on foot), е́хать, е́здить (by conveyance)
**goal** цель (f.)
**God** Бог
**gold** зо́лото
**golden** золото́й
**good** добро́ (noun), до́брый, хоро́ший (adj.)
  **good day** до́брый день
  **good evening** до́брый ве́чер
  **good morning** до́брое у́тро
  **good night** споко́йной но́чи
**good-bye** до свида́ния
**good-looking** краси́вый
**good-natured** доброду́шный
**goodness** доброта́
**gossip (to)** спле́тничать
**gossip** спле́тник (m.), спле́тница (f.)
**govern (to)** пра́вить, управля́ть
**government** прави́тельство, управле́ние
**grace** ми́лость (f.)
**graceful** грацио́зный, изя́щный

**gradually** ма́ло-пома́лу, постепе́нно
**graduate** выпускни́к
**graduating class** вы́пуск
**grammar** грамма́тика
**grand** грандио́зный, великоле́пный
**granddaughter** вну́чка
**grandfather** де́душка
**grandmother** ба́бушка
**grandson** внук
**grant (to)** соглаша́ться, дава́ть субси́дию
**grapes** виногра́д
**grasp (to)** хвата́ть
**grass** трава́
**grateful** благода́рный
**gratitude** благода́рность (f.)
**gratis** беспла́тно, да́ром
**grave** моги́ла
**gravely** тяжело́
**gravity** тя́жесть (f.)
**gravy** подли́вка, со́ус
**gray** се́рый
  **gray-haired** седо́й
**grease (to)** ма́зать, сма́зывать
**grease** жир
**greasy** са́льный, жи́рный
**great** вели́кий
**greatly** о́чень си́льно
**greedy** жа́дный
**green** зелёный
**greet (to)** здоро́ваться, приве́тствовать
**greeting** приве́т, приве́тствие
**grief** го́ре, печа́ль (f.), скорбь (f.)
**grieve (to)** горева́ть
**grind (to)** растира́ть, тере́ть
**groan (to)** стона́ть
**grocery story** гастроно́м
**ground** земля́, фунда́мент
**groundwork** фунда́мент
**group** гру́ппа
**grow (to)** расти́, (become) станови́ться, де́латься
  **to grow up** выраста́ть
**grown-up** взро́слый
**growth** разви́тие, рост
**grumble (to)** ворча́ть жа́ловаться
**guarantee (to)** гаранти́ровать
**guarantee** гара́нтия, руча́тельство
**guard (to)** охраня́ть, стере́чь

**guard** сто́рож
**guardian** храни́тель
**guess (to)** дога́дываться,
   отга́дывать
**guess** дога́дка, предположе́ние
**guest** гость (m.)
**guidance** руково́дство
**guide (to)** руководи́ть
**guidebook** спра́вочник
**guilt** вина́
**guilty** винова́тый
**guitar** гита́ра
**gulp (to)** глота́ть
**gulp** глото́к
**gum** десна́, рези́на
**gun** ружьё
**gust** поры́в
**gypsy** цыга́нский (adj.)


# H

**habit** привы́чка
**habitual** обы́чный
**hair** во́лосы
  **to cut hair** остри́чь во́лосы
**haircut** стри́жка
**hairdo** причёска
**hairdresser** парикма́хер
**hairdryer** фен
**hairpin** шпи́лька
**half** полови́на
  **by halves** попола́м
  **half a year** полго́да
  **half-hour** полчаса́
  **halfway** на полпути́, возмо́жный
   компроми́сс
**hall** зал
**halt** прива́л, стой (кома́нда)
**ham** ветчина́
**hammer** мо́лот
**hand** рука́, стре́лка (of a clock),
   ручно́й (adj.)
**handbag** су́мка
**handicraft** ремесло́, ручна́я ра-
   бо́та
**handkerchief** носово́й плато́к
**handle** ру́чка
**handmade** ручно́й рабо́ты
**handshake** рукопожа́тие
**handsome** краси́вый

**handwriting** по́черк
**handy** удо́бный, сподру́чный
**hang (to)** висе́ть
  **to hang up** ве́шать
**hanger** ве́шалка
**haphazardly** ко́е-как
**happen (to)** происходи́ть,
   случа́ться
**happiness** сча́стье
**happy** счастли́вый
**harbor** порт
**hard** твёрдый (firm), тру́дный
   (difficult)
**harden (to)** тверде́ть
**hardly** едва́, чуть
**hardness** твёрдость (f.)
**harm (to)** вреди́ть
**harm** зло, вред
**harmful** вре́дный
**harmless** безвре́дный
**harmonious** гармони́ческий
**harmony** гармо́ния
**harsh** ре́зкий, гру́бый
**harvest** урожа́й
**haste** торопли́вость (f.)
**hasten (to)** ускоря́ть
**hastily** поспе́шно, спе́шно
**hasty** поспе́шный
**hat** шля́па
**hate (to)** ненави́деть
**hatred** не́нависть (f.)
**haughty** высокоме́рный
**haunt (to)** пресле́довать
**have (to)** име́ть
  **to have to** до́лжен (а, о, ы),
   приходи́ться
**hay** се́но
**hazy** тума́нный
**he** он
**head** глава́ (chief), голова́
**head (to)** заве́довать, возгла-
   вля́ть
**headache** головна́я боль
**headmost** передово́й
**heal (to)** зажива́ть
**health** здоро́вье
**healthful** поле́зный
**healthy** здоро́вый
**hear (to)** слы́шать
**hearing** слух
**heart** се́рдце
  **by heart** наизу́сть

  **of the heart** серде́чный
**heartburn** изжо́га
**heartless** безду́шный
**heat** греть, нагрева́ть
  **heating system** отопле́ние
**heat** жара́
**heaven** не́бо
**heavenly** небе́сный
**heavy** си́льный (strong), тяжёлый, то́лстый
  **to grow heavy** толсте́ть
**heel** каблу́к
**height** высота́, рост
**heir** насле́дник
**hell** ад
**hello** здра́вствуйте
**help (to)** помога́ть
**help** по́мощь (f.)
**helpless** беспо́мощный, бесси́льный
**hem (to)** подшива́ть
**hem** подо́л, подши́вка
**hen** ку́рица
**her** её, ей
**herd** ста́до
**here** здесь, сюда́, тут
  **from here** отсю́да
  **here are (is)** вот
**hero** геро́й
**heroine** герои́ня
**herring** селёдка
**hers** её
**herself** она́, сама́
**hesitate (to)** колеба́ться
**hide (to)** пря́тать(ся), скрыва́ть(ся), таи́ть(ся)
**hideous** ужа́сный
**high** высо́кий
  **high-principled** иде́йный
**highest** вы́сший
**high school diploma** аттеста́т зре́лости
**highway** шоссе́
**hill** холм
**him** его́, ему́
**himself** он сам
**hinder (to)** меша́ть
**hint** намёк
**hint at (to)** намека́ть
**hip** бедро́
**hire (to)** взять напрока́т, нанима́ть

  **for hire** дава́ть напрока́т
**his** его́
**historical** истори́ческий
**history** исто́рия
**hit (to)** бить, ударя́ть
**hoarse** хри́плый
**hold (to)** держа́ть(ся)
  **to hold in** сде́рживаться
  **to hold out** выде́рживать
**hole** ды́рка
**holiday** пра́здник
**hollow** пусто́й
**holy** свято́й
**home** дом
  **at home** до́ма
  **to go home** идти́ домо́й
**homemade** самоде́льный, дома́шний
**homosexual** гомосексуали́ст (m.), гомосексуа́льный (adj.)
**honest** поря́дочный, че́стный
**honesty** че́стность (f.)
**honey** мёд
**honeymoon** медо́вый ме́сяц
**honor (to)** почита́ть
**honor** честь (f.)
**hook** крюк
**hope (to)** наде́яться
**hope** наде́жда, ча́яние
**hopeful** наде́ющийся
**hopeless** безнаде́жный
**horizon** горизо́нт
**horizontal** горизонта́льный
**horn** рог
**horoscope** гороско́п
**horrible** ужа́сный
**horror** у́жас
**horse** конь (m.), ло́шадь (f.)
  **horseback** верхо́м
**hospitable** гостеприи́мный
**hospital** больни́ца, го́спиталь (m.)
**hospitality** гостеприи́мство, хлеб-соль (bread and salt)
**host** хозя́ин
**hostess** хозя́йка
**hot** горя́чий, (objects, emotions) жа́ркий
**hotel** гости́ница
**hour** час
**house** дом
**housemaid** го́рничная
**housewarming** новосе́лье

**how** как
  **how much, many** ско́лько
**however** одна́ко
**huge** огро́мный
**hum (to)** напева́ть
**human** челове́к (noun), челове́ческий (adj.)
**humanitarian** гуманита́рный
**humanity** челове́чество
**humble** скро́мный
**humiliate (to)** унижа́ть
**humility** смире́ние
**humor** ю́мор
**humorous** юмористи́ческий
**hundred** сто
**hundredth** со́тый
**hunger** го́лод
**hungry** голо́дный
**hunter** охо́тник
**hunting** охо́та
**hurricane** урага́н
**hurry (to)** спеши́ть, торопи́ться
**hurt (to)** боле́ть, сде́лать бо́льно
**husband** муж
**hush (to)** молча́ть
**hyphen** дефи́с, тире́
**hypnosis** гипно́з
**hypocrite** лицеме́р
**hypothesis** гипо́теза
**hysterical** истери́ческий

# I

**I** я
**ice** лёд
**ice cream** моро́женое
**icon** ико́на
**icy** ледяно́й
**idea** иде́я, мысль (f.), поня́тие
**ideal** идеа́льный
**idealistic** идеалисти́ческий
**identical** одина́ковый
**identity** ли́чность (f.)
**idiot** идио́т
**idle** лени́вый
**idleness** лень (f.)
**if** е́сли
**ignorance** неве́дение, темнота́
**ignorant** неве́жественный

**ignore (to)** игнори́ровать
**ill** больно́й
  **to fall ill** заболе́ть
**illegal** незако́нный
**illiteracy** безгра́мотность
**illiterate** безгра́мотный
**illness** боле́знь (f.)
**illuminate (to)** освеща́ть
**illumination** освеще́ние
**illusion** иллю́зия
**illustrate (to)** иллюстри́ровать, поясня́ть
**illustration** поясне́ние, рису́нок
**image** и́мидж, о́браз
**imaginary** вообража́емый
**imagination** воображе́ние, фанта́зия
**imagine (to)** вообража́ть
**imbalance** дисбала́нс
**imitate (to)** изобража́ть, подража́ть
**imitation** подража́ние
**immature** незре́лый
**immediate** прямо́й, спе́шный
**immediately** неме́дленно, сра́зу
**immense** безме́рный, огро́мный
**imminent** бли́зкий
**immobility** неподви́жность (f.)
**immobile** неподви́жный
**imp** чертёнок
**impartial** беспристра́стный
**impatience** нетерпе́ние
**impatient** нетерпели́вый
**imperfect** дефе́ктный, непо́лный, брако́ванный
**impersonal** безли́чный
**impertinence** де́рзость (f.), на́глость (f.)
**implore (to)** умоля́ть
**imply (to)** намека́ть
**impolite** неве́жливый
**important** ва́жный
**impossible** невозмо́жно, нельзя́
**impostor** самозва́нец
**impoverished** обедне́вший
**impression** впечатле́ние

**imprison (to)** заключать в тюрьму́

**improve (to)** поправля́ть(ся), улучша́ть(ся)

**improvement** улучше́ние

**improvise (to)** импровизи́ровать

**imprudent** неблагоразу́мный

**impudence** де́рзость (f.), наха́льство

**impudent** де́рзкий

**impulse** и́мпульс

**impure** нечистый

**in** в (prep.), в, на (acc., prep.)

  **in case** на вся́кий слу́чай, в слу́чае

  **in fact** факти́чески

**inaccurate** неаккура́тный

**inactivity** безде́йствие

**inadequate** неудовлетвори́тельный, недоста́точный

**inanimate** неодушевлённый

**inappropriate** неподходя́щий

**inaudible** неслы́шный

**incapable** неспосо́бный

**incentive** побужде́ние

**inch** дюйм

**incident** слу́чай

**inclination** наклоне́ние

**include (to)** включа́ть

**income** дохо́д

**incomparable** беспподо́бный, несравни́мый

**incompatible** несовмести́мый

**incompetent** неспосо́бный, некомпете́нтный

**incomplete** неполный, несоверше́нный

**inconvenient** неудо́бный

**incorrect** непра́вильный

**incorruptible** неподку́пный

**increase (to)** возраста́ть, прибавля́ть, увели́чивать

**increase** умноже́ние, увеличе́ние

**incredible** невероя́тный

**incredibility** невероя́тность (f.)

**indecent** неприли́чный

**indecision** нереши́тельность (f.)

**indeed** пои́стине

**indefinite** неопределённый

**independence** незави́симость

**independent** незави́симый, самостоя́тельный

**index** и́ндекс, оглавле́ние

**index finger** указа́тельный па́лец

**indicate (to)** ука́зывать

**indication** при́знак

**indifference** безразли́чие, равноду́шие

**indifferent** равноду́шный

**indignant** негоду́ющий

**indignation** негодова́ние

**indirect** непрямо́й, побо́чный

**indiscreet** неосторо́жный, нескро́мный

**indispensable** необходи́мый

**individual** индивидуа́льный, ли́чный

**indoors** в до́ме, внутри́

**induce (to)** убежда́ть

**indulge (to)** позволя́ть себе́ удово́льствие, злоупотребля́ть

**indulgence** терпи́мость (f.)

**indulgent** терпи́мый

**industrial** фабри́чный

**industrious** приле́жный

**industry** промы́шленность (f.)

**inedible** несъедо́бный

**inefficient** неспосо́бный

**inequality** нера́венство

**inexpensive** дешёвый

**inexperienced** нео́пытный

**infancy** ра́ннее де́тство, младе́нчество

**infant** ребёнок

**infection** зараже́нне

**inferior** ни́зший

**inferiority** неполноце́нность (f.)

**infinite** безграни́чный, бесконе́чный

**infinitive** неопределённое наклоне́ние, инфинити́в

**infinity** бесконе́чность

**influence (to)** влия́ть

**influence** вес, влия́ние

**inform (to)** сообща́ть

**informally** без церемо́ний

**information** изве́стие (news), сведе́ние

**ingenious** остроу́мный

**ingratitude** неблагода́рность (f.)

**inhabit (to)** жить

**inhabitant** жи́тель (m.)

**inherit (to)** насле́довать

**inheritance** насле́дство

**inhuman** бесчу́вственный, жесто́кий, бесчелове́чный

**initial** нача́льный

**initiate (to)** вводи́ть

**initiative** инициати́ва

**injection** уко́л

**injurious** вре́дно

**injury** поврежде́ние

**injustice** несправедли́вость (f.)

**ink** черни́ла

**inn** гости́ница

**inner** вну́тренний

**innocence** неви́нность (f.)

**innocent** безви́нный (guiltless), неви́нный (harmless)

**inquire (to)** спра́шивать

**inquiry** вопро́с, спра́вка

**inquisitive** любозна́тельный

**insane** безу́мный, сумасше́дший

**insanity** безу́мие

**inscription** на́дпись

**insect** насеко́мое

**insensible** бесчу́вственный

**inseparable** неразлу́чный

**insert (to)** вкла́дывать

**inside** внутри́

   **inside out** навы́ворот

**insight** интуи́ция, понима́ние

**insignificant** ничто́жный

**insincere** неи́скренний

**insincerity** неи́скренность (f.)

**insist (to)** наста́ивать

**insistence** насто́йчивость (f.)

**inspect (to)** рассма́тривать, проверя́ть

**inspiration** вдохнове́ние

**install (to)** помеща́ть, устана́вливать

**instance** приме́р, слу́чай

   **for instance** наприме́р

**instant** мгнове́ние, миг, моме́нт

**instantly** момента́льно

**instead of** вме́сто (gen.)

**instep** подъём

**instinct** инсти́нкт

**institute** институ́т

**instruct (to)** учи́ть

**instruction** нака́з (order), обуче́ние

**instructor** инстру́ктор

**instrument** инструме́нт, ору́дие

**insufficient** недоста́точный

**insult (to)** оскорбля́ть

**insult** оскорбле́ние

**insulting** оскорби́тельный

**insurance** страхо́вка

**insure (to)** страхова́ть(ся)

**intact** це́лый

**intellect** ум

**intellectual** интеллектуа́льный, мы́слящий

**intelligence** ра́зум, ум

**intelligent** у́мный

**intense** си́льный

**intensity** интенси́вность (f.)

**intention** наме́рение

**intentional** наме́ренный

**interest (to)** интересова́ть

**interest** интере́с

**interested (to become)** заинтересова́ться

**interesting** интере́сный

**interfere (to)** вме́шивать(ся)

**interior** вну́тренность (f.)

**intermission** переры́в

**internal** вну́тренний

**international** междунаро́дный

**interpret (to)** переводи́ть

**interpretation** перево́д, взгляд

**interpreter** перево́дчик

**interrupt (to)** прерыва́ть

**interval** па́уза, переры́в

**interview** интервью́

**intimacy** инти́мность (f.)

**intimate** инти́мный

**into** в (acc.)

**intolerable** несно́сный, нестерпи́мый

**intolerant** нетерпи́мый

**intoxicate (to)** опьяня́ть, возбужда́ть

**intoxication** опьяне́ние

**intricate** сло́жный

**intrigue** интри́га

**introduce (to)** вводи́ть, представля́ть (a person)

**introduction** введе́ние, представле́ние

**intuition** интуи́ция

**invalid** недействи́тельный (adj.), больно́й, нетрудоспосо́бный (adj. or noun)

invaluable  бесце́нный
invent (to)  выду́мывать, изобре-
  та́ть, придумывать
invented  вы́думанный
investigate (to)  иссле́довать
investigation  иссле́дование
invisible  неви́димый
invitation  приглаше́ние
invite (to)  приглаша́ть
inviting  привлека́тельный
involuntary  нево́льно
iodine  йо́д
Irish  ирла́ндский
iron (to)  гла́дить
iron  желе́зо, утю́г (for ironing),
  желе́зный (adj.)
irony  иро́ния
irregular  незакономе́рный,
  непра́вильный
irresistible  неотрази́мый
irresponsibility
  безотве́тственность (f.)
irritate (to)  раздража́ть
irritation  раздраже́ние
island  о́стров
isolate (to)  изоли́ровать,
  отделя́ть
isolated  изоли́рованный
issue  изда́ние
it  оно́
Italian  италья́нский
itch (to)  чеса́ться
itinerary  маршру́т
its  его́
ivory  слоно́вая кость
ivy  плющ

# J

jacket  жаке́т
jail  тюрьма́
jam  варе́нье
January  янва́рь (m.)
Japanese  япо́нский
jar  ба́нка
jaw  че́люсть (f.)
jealous  ревни́вый
  to be jealous  ревнова́ть
jealousy  за́висть, ре́вность (f.)
jelly  желе́

jewel  драгоце́нность (f.)
Jewish  евре́йский
job  рабо́та
join (to)  присоединя́ться, соеди-
  ня́ться
joint  суста́в, ме́сто соедине́ния,
  совме́стный (adj.)
joke (to)  шути́ть
joke  анекдо́т, шу́тка
jokingly  шутя́
journalist  журнали́ст
journey  пое́здка
joy  отра́да, ра́дость (f.)
joyous  ра́достный
judge (to)  суди́ть
judge  судья́
judgment  суд (legal),
  усмотре́ние
juice  сок
juicy  со́чный
July  июль (m.)
jumble  ка́ша (fig.)
jump (to)  пры́гать, скака́ть
  to jump off  соска́кивать
  to jump out  выска́кивать
jump  прыжо́к
June  июнь (m.)
junior  мла́дший
just  справедли́вый (adj.)
just (hardly)  едва́, чуть
justice  справедли́вость (f.) суд
justification  оправда́ние
justify (to)  опра́вдывать(ся)
juvenile  малоле́тний

# K

keen  си́льный (strong), чу́ткий
keep (to)  держа́ть, сохраня́ть,
  храни́ть
kernel  зерно́
kerosene  кероси́н
key  ключ
kick (to)  ударя́ть ного́й,
  брыка́ться (animal)
kidney  по́чка
kill (to)  убива́ть
killer  убийца
kin  род, родство́
kind  сорт (m.), до́брый (adj.)

**kindly** до́брый, тёплый
**kindness** любе́зность (f.)
**king** коро́ль (m.)
**kiss (to)** целова́ть(ся)
**kiss** поцелу́й
**kitchen** ку́хня
**knee** кале́но
**kneel (to)** стоя́ть на коле́нях
**knife** нож
**knight** ры́царь
**knit (to)** вяза́ть
**knock (to)** стуча́ть
**knock** стук
**knot (to)** завя́зывать
**knot** у́зел
**know (to)** знать
  **it is known** изве́стно
  **it is not known** неизве́стно
  **little known** малоизве́стный
  **to know how** уме́ть
  **well-known** изве́стный
**knowledge** зна́ние
**kopeck** копе́йка
**Kremlin** Кремль

# L

**label** ярлы́к
**labor** труд
**laboratory** лаборато́рия
**laborer** рабо́чий
**lace** шнуро́к
**lack (to)** недостава́ть
**lack** недоста́ток, отсу́тствие
**ladder** ле́стница
**lady** да́ма
**lag (to)** отстава́ть
**lake** о́зеро
**lamb** бара́нина
**lame** хромо́й
**lamp** ла́мпа, фона́рь (m.) (lantern)
**lampshade** абажу́р
**land** земля́
**landlord** хозя́ин
**landscape** пейза́ж
**language** язы́к
  **common language** о́бщий язы́к
**lantern** фона́рь (m.)
**lard** са́ло
**large** большо́й, кру́пный

**last (to)** продолжа́ться (continue),
  хвата́ть (last out)
**last** (adj.) после́дний, про́шлый
**late** по́здний
  **to be late** опа́здывать
**lately** за после́днее вре́мя
**later** по́зже
  **two days later** два дня спустя́
**laugh (to)** смея́ться
  **to burst out laughing** засмея́ться
  **to laugh boisterously** хохота́ть
**laughter** смех
**launder (to)** стира́ть
**lavatory** убо́рная
**lavish** ще́дрый
**law** зако́н, пра́вило, пра́во
  **law court** суд
**lawful** зако́нный
**lawless** беззако́нный
**lawn** лужа́йка
**lawyer** адвока́т, юри́ст
**lay (to)** класть, положи́ть
**layer** слой
**lazy** лени́вый
  **lazy person** лентя́й (m.), -ка (f.)
**lead (to)** води́ть, руководи́ть
**leader** руководи́тель (m.)
**leadership** руково́дство
**leaf** лист
**leak (to)** течь
**lean (to)** наклоня́ться, опира́ться
  **to lean over** перегиба́ться
**leap (to)** пры́гать, скака́ть
**leap** прыжо́к, скачо́к
**learn (to)** учи́ть(ся), вы́учить(ся)
**learned** учёный
**learning** уче́ние
**least** наиме́ньший
  **at least** по кра́йней ме́ре
**leather** ко́жа
**leave (to)** оставля́ть, уезжа́ть,
  уходи́ть
  **to leave out** пропуска́ть
**leave** о́тпуск (vacation)
**lecture** докла́д, ле́кция
**lecturer** ле́ктор
**left** ле́вый
  **to the left** нале́во
**leg** нога́
**legal** зако́нный, юриди́ческий
  (profession)
**legislation** законода́тельство

**legitimate** зако́нный

**leisure** досу́г

**lemon** лимо́н

**lend (to)** одолжа́ть

**length** длина́

**lengthen (to)** удлиня́ть(ся)

**less** ме́ньше

**lessen (to)** убавля́ть, уменьша́ть

**lesson** уро́к

**let (to)** дава́ть, позволя́ть, пуска́ть

  **let us** дава́й, дава́йте (plus infinitive)

**letter** бу́ква (alphabet), письмо́ (correspondence)

**lettuce** сала́т

**level** у́ровень

**liable** отве́тственный

**liar** лгун

**liberal** либера́льный, ще́дрый (lavish)

**liberate (to)** освобожда́ть

**liberty** во́льность (f.), свобо́да

**library** библиоте́ка

**license** пра́во, разреше́ние

  **driver's license** води́тельские права́

**lie (to)** лгать (falsify), лежа́ть (rest)

  **to lie down** ложи́ться

**lie** ложь (f.)

**life** жизнь (f.)

**lifeless** безжи́зненый

**lift (to)** поднима́ть

  **to light up** освеща́ть

**light** лёгкий (adj.), све́тлый (bright) (adj.), свет (noun)

**lighten (to)** светле́ть (make brighter), облегча́ть (in weight)

**lighter** зажига́лка

**lighting** освеще́ние

**lightning** мо́лния

**likable** симпати́чный

**like (to)** люби́ть, нра́виться

**like** как (as), подо́бный, похо́жий (similar)

**likely** возмо́жно, наве́рно

**likeness** схо́дство

**likewise** то́же

**limb** член, коне́чность

**limit (to)** ограни́чивать

**limit** грани́ца, ограниче́ние, преде́л

**limp (to)** хрома́ть

**line** ли́ния, ряд (row), строка́ (of a page)

**linen** бельё (household or underwear), полотно́

**linger (to)** ме́длить

**lingerie** да́мское бельё

**linguistic** языково́й

**lining** подкла́дка

**link (to)** свя́зывать, соединя́ть

**link** связь (f.), звено́

**lion** лев

**lip** губа́

**lipstick** губна́я пома́да

**liquid** жи́дкий (adj.), жи́дкость (noun, f.)

**liquor** спиртно́й напи́ток

**list** спи́сок

**listen** слу́шать

**literacy** гра́мотность (f.)

**literally** буква́льно

**literary** литерату́рный

**literature** литерату́ра

**little** ма́ленький

  **a little** ма́ло, немно́го

**live (to)** жить

**live** живо́й

**lively** живо́й

**liver** печёнка

**living room** гости́ная

**load** груз, тя́жесть

**loaf (to)** безде́льничать

**loaf (of bread)** буханка́, це́лый хлеб

**loan** заём

**lobby** прихо́жая, фойе́

**lobster** ома́р

**local** зде́шний, ме́стный

**locality** ме́сто

**locate (to)** находи́ть (find), посе-ля́ться

**location** помеще́ние

**lock (to)** запира́ть

  **locked up** взаперти́

**lock** замо́к

**locomotive** локомоти́в

**logic** ло́гика

**logical** логи́ческий, логи́чный

**loneliness** одино́чество

**lonely** одино́кий, уединённый

**long (to)** тоскова́ть

**long** дли́нный (distance), до́лго (time)
  **long ago** давно́, давны́м-давно́
  **not long** недо́лго
**longing** жела́ние
**look (to)** гляде́ть, смотре́ть
  **Look!** Посмотри́те!
  **Look out!** Осторо́жно!
  **to look for** иска́ть
  **to look over** просма́вривать
**look** взгляд
**loop** пе́тля
**loose** свобо́дный
**lose (to)** теря́ть, проигра́ть (at playing)
  **to lose one's self-possession** теря́ться
**loss** поте́ря
**lost** затеря́нный, поте́рянный
  **to get lost** заблуди́ться
**lot (a)** мно́го
**loud** гро́мкий
**love (to)** люби́ть
  **in love** влюблённый
  **to fall in love** влюбля́ться
**love** любо́вь (f.)
**loved** люби́мы
**lovely** ми́лый
**loving** любя́щий, не́жный
**low** ни́зкий (height), ти́хий (faint)
**lower to** спуска́ть
**loyal** ве́рный
**loyalty** ве́рность (f.), лоя́льность (f.)
**luck** сча́стье
**lucky** счастли́вый, уда́чный
**luggage** бага́ж
**luminous** све́тлый
**lump** глы́ба, кусо́к (small piece)
**lunch** за́втрак
**lung** лёгкое
**luster** блеск
**luxurious** роско́шный
**luxury** ро́скошь (f.)
**lyrical** лири́ческий

# M

**machine** маши́на
**mad** сумасше́дший

**madam** госпожа́, мада́м
**made** сде́ланный
**madman** безу́мец
**madness** сумасше́ствие, безу́мие
**magazine** журна́л
**magician** маг
**magistrate** судья́
**magnet** магни́т
**magnificent** великоле́пный, превосхо́дный
**magnifying** увеличи́тельный
**maid** служа́нка
**mail** по́чта
**main** гла́вный
**maintain (to)** содержа́ть
**maintenance** содержа́ние (support), обслу́живание (service)
**majority** большинство́
**make (to)** де́лать
**male** (adj.) мужско́й
**man** мужчи́на (m.), челове́к (person)
**manage (to)** заве́довать, управля́ть
**management** администра́ция, управле́ние
**manager** дире́ктор, заве́дующий
**mankind** челове́чество
**manner** мане́ра, нра́в ы
**manufacture (to)** произво́дство
**manuscript** ру́копись (f.)
**many** мно́гие, мно́го
**marble** мра́мор
**March** март
**margin** по́ле
**mark (to)** отмеча́ть
  **to mark off** отчёркивать
**mark** пятно́ (spot), ме́тка
**market** база́р, ры́нок
**marketing** ма́ркетинг
**marriage** брак
**marry (to)** жени́ться (men), выходи́ть за́муж (women)
**marvel (to)** удивля́ться
**marvel** чу́до
**marvelous** чуде́сный
**masculine** мужско́й
**mask (to)** скрыва́ть
**mask** ма́ска
**mass** ма́сса
**master (to)** овладе́ть, вы́учить
**master** ма́стер, хозя́ин

**masterpiece** шедéвр
**match (to)** подходи́ть
**match** спи́чка
**matchless** бесподóбный
**material** материáл
**maternal** матери́нский
**mathematician** матемáтик
**mathematics** матемáтика
**matter** вещество́
  **a matter of course** я́сное дéло
**mattress** матрáс
**mature** взрóслый, зрéлый
**maximum** мáксимум
**May** май (m.)
**may** мочь, мóжно
**mayonnaise** майонéз
**me** меня́ (асс.), мне (dat.)
**meadow** луг
**mean (to)** знáчить
**mean** (adj.) злой, захудáлый,
  неприя́тный, ни́зкий
**meaning** значéние, смысл (sense)
**meanness** мéлочность (f.), ни́зость
  (f.)
**means** срéдства
  **by means of** посрéдством
**meanwhile** мéжду тем
**measure (to)** мéрить
**measure** мéра
**meat** мя́со
**mechanic** механик
**mechanical** механи́ческий
**mechanically** машинáльно
**mechanized** механизи́рованный
**medicine** лекáрство, медици́на
  (the profession)
  **medical treatment** лечéние
**mediocre** посрéдственный
**mediocrity** посрéдственность (f.)
**meditate (to)** размышля́ть
**meditation** размышлéние
**medium** середи́на (noun), срéдний
  (adj.)
**meet (to)** встречáть
  **I'm very happy to meet you.**
  Óчень прия́тно с вáми познакó-
  миться.
  **meeting** встрéча, свидáние,
  собрáние (gathering)
**melancholy** меланхóлия (noun),
  меланхоли́ческий (adj.)
**melodious** мелоди́чный

**melody** мелóдия
**melon** ды́ня
**melt (to)** тáять
**member** член
**memorable** пáмятный
**memorize (to)** запоминáть
**memory** пáмять (f.)
**mend (to)** исправля́ть, чини́ть
**mental** у́мственный
**mention (to)** отмечáть,
  упоминáть
**menu** меню́
**merchandise** товáры
**merchant** купéц, торгóвец
**merciful** милосéрдный
**merciless** немилосéрдный
**mercy** милосéрдие
**merit (to)** заслу́живать
**merit** заслу́га
**merry** весéлый
**message** сообщéние
**messenger** курьéр, посы́льный
**metal** метáлл
**metallic** металли́ческий
**metallurgy** металлу́ргия
**method** мéтод, спóсоб
**microphone** микрофóн
**microscope** микроскóп
**midday** пóлдень (m.)
**middle** середи́на (noun), срéдний
  (adj.)
  **in the middle of** посреди́ (gen.)
**midnight** пóлночь (f.)
**midway** полпути́
**might** си́ла
**mighty** громáдный (huge),
  си́льный (strong)
**mild** мя́гкий
**mildness** мя́гкость (f.)
**mile** ми́ля
**milk** молокó
**mill** мéльница, фáбрика
**million** миллиóн
**mind (to)** следи́ть, забóтиться
  **I don't mind.** Я ничегó не имéю
  прóтив.
**mind** ум
**mineral** ископáемый, минерáл
**minimum** ми́нимум
**minister** мини́стр (state), священ-
  ник (church)
**mirror** зéркало

**minority** меньшинство

**minute** минута

  **this very minute** сию минуту

  **Wait a minute.** Подождите минуту.

**miracle** чудо

**miscellaneous** разнообразный

**mischief** беда, вред, шалость

**mischievous** злобный, шаловливый

**miser** скупой, бедняга

**miserable** жалкий, несчастный

**miserliness** скупость (f.)

**miserly** скупой

**misfortune** беда, горе, несчастье

**miss (to)** скучать, пропускать (leave out)

**Miss, Mrs.** госпожа

**mission** поручение, задание, делегация

**mist** туман

**mistake** ошибка

  **to be mistaken** заблуждаться

  **to make a mistake** ошибаться

**Mister, Mr.** господин

**mistrust (to)** не доверять

**misty** туманный

**misunderstand (to)** неправильно понять

**misunderstanding** недоразумение

**mittens** варежки

**mix (to)** смешивать

  **to mix up (confuse)** путать

**mixed** смешанный

**moan (to)** стонать

**mob** толпа

**mobile** передвижной

**mobilize (to)** мобилизовать

**mock (to)** насмехаться

**mocking** насмешка

**mode** мода

**model** модель, тип, показательный (adj.), манекенщица (n.)

**moderate** умеренный

**moderation** умеренность (f.)

**modern** новомодный, новый, современный

**modernism** модернизм

**modest** скромный

**modesty** скромность (f.)

**modification** видоизменение

**modify (to)** видоизменять

**moist** сырой

**moisten (to)** увлажнять

**moment** мгновение, миг, момент

**Monday** понедельник

**money** деньги

**monkey** обезьяна

**monotonous** однозвучный (tone), однообразный

**monotony** однообразие

**monstrous** чудовищный

**month** месяц

**monthly** ежемесячный

**monument** памятник

**mood** настроение

**moody** угрюмый

**moon** луна, месяц

**mop** швабра

**moral** мораль (noun, f.), моральный, нравственный (adj.)

**more** больше, ещё

**moreover** к тому же, кроме того

**morning** утро (noun), утренний (adj.)

  **in the morning** утром

**morose** угрюмый

**morsel** кусочек

**mortal** смертный

**mortality** смертность (f.)

**mortgage** заклад, закладная

**Moscow** Москва, московский (adj.)

**mosquito** комар

**most** наибольший

**mostly** главным образом

**moth** моль (f.)

**mother** мать (f.)

**motion** движение, ход

**motionless** неподвижный

**motivate (to)** побуждать, мотивировать

**motive** побуждение, мотив

**motor** двигатель (m.), мотор

**mound** холм

**mount (to)** влезать, подниматься

**mountain** гора

**mourn (to)** оплакивать, сетовать

**mournful** печальный, скорбный

**mourning** траур

**mouse** мышь (f.)

**mouth** рот

  **mouthful** глоток

**move (to)** дви́гаться, переезжа́ть (a household)
  **to move off** удаля́ться
**movement** движе́ние
**movies** кино́
**moving** тро́гательный
**much** гора́здо, мно́го
  **how much** ско́лько
**mud** грязь
**muddy** гря́зный, му́тный
**multiplication** умноже́ние
**multiply (to)** увели́чивать, размножа́ться, умножа́ть (arith.)
**mumble** бормота́ть
**municipal** городско́й
**murder (to)** убива́ть
**murder** уби́йство
**murderer** уби́йца
**murmur (to)** жужжа́ть, журча́ть
**muscle** му́скул
**museum** музе́й
**mushrooms** грибы́
**music** му́зыка
**musical** музыка́льный
  **musical group** анса́мбль
**musician** музыка́нт
**must** до́лжен (-а́, -о́, -ы́)
**mustache** усы́
**mustard** горчи́ца
**mute** немо́й
**mutter (to)** бормота́ть
**mutton** бара́нина
**mutually** взаи́мно, обою́дно
**my** мой, (моя́, моё, мои́)
**myself** я сам; себя́, меня́ самого́
**mysterious** неве́домый, таи́нственный
**mystery** та́йна; (film, book) детекти́в
**mysticism** ми́стика

# N

**nail** гвоздь (hardware), но́готь, ко́готь (m.)
**naïve** наи́вный
**naked** го́лый
**name (to)** называ́ть, дава́ть и́мя
**name** и́мя, назва́ние (inanimate things), фами́лия (surname)

**What is your name?** Как вас зову́т?
**named (to be)** называ́ть
**namely** и́менно, то есть (т. е.)
**nap (to)** поспа́ть
**napkin** салфе́тка
**narrate (to)** расска́зывать
**narrow** у́зкий
**nasty** проти́вный
**nation** на́ция
**national** наро́дный
**nationalistic** националисти́ческий
**nationality** наро́дность (f.), национа́льность (f.)
**native** родно́й, коренно́й жи́тель
  **native country** ро́дина
**natural** есте́ственный, натура́льный
**naturally** есте́ственно, натура́льно, коне́чно (of course)
**nature** нату́ра, приро́да
**naughty** дурно́й, капри́зный
  **to be naughty** капри́зничать
**navy** флот
**near** о́коло, у (prep. with gen.), бли́зко (adv.), бли́зкий (adj.)
  **near at hand** побли́зости
  **to draw near** бли́зиться, приближа́ться
**nearly** почти́
**nearsighted** близору́кий
**neat** аккура́тный, чи́стый
**necessary** необходи́мый, ну́жный
  **it is necessary** на́до, необходи́мо, ну́жно
**necessity** на́добность (f.), необходи́мость (f.)
**neck** ше́я
**necklace** ожере́лье
**necktie** га́лстук
**need (to)** нужда́ться
  **I need** мне ну́жно
**need** нужда́
**needle** иго́лка
**needless** изли́шний, нену́жный
**negation** отрица́ние
**negative** отрица́тельный, негати́вный
**neglect (to)** пренебрега́ть
**neglect** небре́жность (f.)
**negotiations** перегово́ры

**neighbor** сосе́д, -ка (m., f.)
**neighborhood** окре́стность (f.)
**neighboring** сосе́дний
**neither** никако́й
  **neither...nor** ни...ни
**nephew** племя́нник
**nerve** нерв
**nervous** не́рвный
  **to be nervous** не́рвничать
**nest** гнездо́
**neuter** сре́дний (adj.), сре́днего
  ро́да
**neutral** нейтра́льный
**never** никогда́
  **Never mind.** Ничего́, нева́жно.
**nevertheless** всё-таки, несмотря́ на
**new** но́вый
**news** изве́стие, но́вость (f.)
**newspaper** газе́та
**next** сле́дующий
**nice** прия́тный, сла́вный
**nickname** кли́чка
**niece** племя́нница
**night** ночь
  **at night** но́чью
  **Good night!** Споко́йной но́чи.
**nightmare** кошма́р
**nine** де́вять
**nineteen** девятна́дцать
**nineteenth** девятна́дцатый
**ninetieth** девяно́стый
**ninety** девяно́сто
**ninth** девя́тый
**nitrates** (pl.) нитра́ты
**no** нет
**nobody** никто́, ничто́жество
  (derogatory)
**noise** шум
  **to make noise** шуме́ть
**noisy** шу́мный
**nominate (to)** назнача́ть,
  называ́ть
**nomination** назначе́ние
**none** никако́й, ни оди́н
**nonsense** вздор, ерунда́
  **to talk nonsense** говори́ть
  чепуху́
**noon** по́лдень (m.)
**no one** никто́
**nor** та́кже не
**norm** но́рма
**normal** норма́льный

**north** се́вер
**northern** се́верный
**nose** нос
**not** не, ни
  **not at all** ниско́лько
  **there is not** нет
**note (to)** отмеча́ть
**note** запи́ска, примеча́ние
**notebook** тетра́дь (f.)
**nothing** ничто́; ничего́
**notice (to)** замеча́ть
**notice** предупрежде́ние
**noticeably** заме́тно
**notify (to)** предупрежда́ть,
  сообща́ть
**notion** иде́я
**noun** и́мя существи́тельное
**nourish (to)** пита́ть
**nourishment** пита́ние
**novel** рома́н
**novelty** новизна́
**November** ноя́брь (m.)
**now** сейча́с, тепе́рь
**nowadays** тепе́рь
**nowhere** нигде́ (location), никуда́
  (direction)
**nuance** отте́нок
**nuclear** я́дерный
**nude** наго́й, обнажённый
**nuisance** неудо́бство,
  неприя́тность
**numb** онеме́лый
**number** но́мер, число́
**numerous** многочи́сленный
**nurse** медсестра́ (medical), ня́ня
  (for children)
**nursery** де́тская, я́сли
**nut** оре́х, га́йка (hardware)


# O

**oak** дуб
**oar** весло́
**oath** прися́га
**oats** овёс
**obedience** послуша́ние
**obedient** поко́рный, послу́шный
**obey (to)** повинова́ться
**object (to)** протестова́ть, быть
  про́тив

**objection** возраже́ние
**objective** объекти́вный
**obligation** обяза́тельство, пови́н-
   ность (f.)
**oblige (to)** обя́зывать
**obliging** любе́зный
**obscure** мра́чный, нея́сный,
   неизве́стный (unknown)
**obscurity** мрак, тьма
**observation** замеча́ние (remark),
   наблюде́ние
**observe (to)** замеча́ть (notice),
   наблюда́ть
**observer** наблюда́тель (m.)
**obsolete** отжи́вший
**obstacle** препя́тствие
**obstetrician** акуше́рка
**obstinacy** упря́мство
**obstinate** упря́мый
**obtain (to)** достава́ть
**obvious** очеви́дный, я́сный
**obviously** очеви́дно
**occasion** слу́чай
**occasional** ре́дкий, случа́йный
**occasionally** и́зредка, вре́мя от
   вре́мени
**occupation** заня́тие
**occupy (to)** занима́ть(ся)
**occur (to)** происходи́ть, случа́ться
**occurrence** происше́ствие, слу́чай
**ocean** океа́н
**October** октя́брь (m.)
**odd** стра́нный
**ode** о́да
**odor** за́пах
**of** из, от (gen.)
   **of course** коне́чно, разуме́ется
   **out of** из-за
**off** с (gen.)
   **Off!** Прочь!
   **to get off** слеза́ть, сходи́ть
**offend (to)** обижа́ть
**offended** оби́женный
**offense** оскорбле́ние, престу-
   пле́ние (legal), насту-
   пле́ние (military)
   **to take offense** оскорбля́ться
**offensive** оскорби́тельный
**offer (to)** предлага́ть,
   представля́ть
**offer** предложе́ние
**office** канцеля́рия, конто́ра

**official** официа́льный (adj.),
   чино́вник (noun)
**often** ча́сто
**oil** ма́сло, нефть
**ointment** мазь (f.)
**old** ста́рый
   **old age** ста́рость (f.)
   **olden times** старина́
   **old-fashioned** старомо́дный
   **old man** стари́к
   **old woman** стару́ха
**olive** масли́на
**omelet** омле́т, яи́чница
**on** на (acc. and prep.)
**once** одна́жды
   **at once** сейча́с же
   **once in a while** иногда́
   **once more** ещё раз
**one** оди́н (одна́, одно́, одни́)
   **one and a half** полтора́
**oneself** себя́
**onion** лук
**only** еди́нственный (adj.), то́лько
   (adv.)
**open (to)** открыва́ть, раскрыва́ть
**open** открове́нный, откры́тый
**open-hearted** простоду́шный
**opening** отве́рстие (hole),
   откры́тие (season)
**opera** о́пера
**operate (to)** опери́ровать
**operation** опера́ция
**opinion** мне́ние
   **in my opinion** по-мо́ему
**opponent** проти́вник
**opportunely** кста́ти, своевре́менно
**opportunity** удо́бный слу́чай,
   возмо́жность (f.)
**oppose (to)** сопротивля́ться
**opposed to** про́тив (gen.)
**opposite** про́тив (gen.)
**opposition** противополо́жность
   (f.), противоре́чие
**oppress (to)** притесня́ть
**oppression** притесне́ние
**optician** о́птик
**optimism** оптими́зм
**optimist** оптими́ст
**optimistic** оптимисти́ческий
**or** а, и́ли, ли́бо
   **either . . . or** и́ли...и́ли, ли́бо...
   ли́бо

oral  у́стный

orange  апельси́н (noun), ора́нжевый (color)

orator  ора́тор

orchard  фрукто́вый сад

orchestra  орке́стр

ordeal  тяжёлое испыта́ние

order (to)  заказа́ть (commercial), приказа́ть (command)

order  поря́док (neatness), зака́з (commercial order), прика́з (command), строй (system)

  out of order  не рабо́тать

  to put in order  приводи́ть в поря́док

ordinarily  обыкнове́нно

ordinary  обыкнове́нный

organ  орга́н (musical), о́рган (anatomy)

organization  организа́ция, устро́йство

organize (to)  устра́ивать

organized  организо́ванный

Orient  восто́чные стра́ны, Восто́к

origin  происхожде́ние

original  оригина́льный, первонача́льный

originality  оригина́льность (f.)

ornament  украше́ние

orphan  сирота́

other  друго́й, ино́й

  on the other hand  зато́, с друго́й стороны́

  otherwise  ина́че

  ounce  у́нция

  our  наш (а, е, и)

  ourselves  (мы) са́ми

  out  из (gen.)

  outburst  взрыв

  outcome  результа́т

  outing  прогу́лка

  outlast (to)  пережива́ть

  outlet  выходно́е отве́рстие, электри́ческая розе́тка

  outline (to)  намеча́ть

  outline  очерта́ние, эски́з, ко́нтур

  outlook  вид, перспекти́ва

  output  проду́кция

  outrage  безобра́зие, оскорбле́ние

  outside  вне (prep. with gen.), посторо́нний (adj.)

outward  вне́шний

oven  духо́вка, печь (f.)

over  над (inst.), сверх (gen.), че́рез (across) (acc.)

overcoat  пальто́ (not declined), шине́ль (f.)

overcome (to)  преодолева́ть

overcooked  пережа́ренный, перева́ренный

overdue  просро́ченный

overeat (to)  перееда́ть

overestimate (to)  переоце́нивать

overflow (to)  перелива́ться

overlook (to)  не замеча́ть, смотре́ть сквозь па́льцы

overpay (to)  перепла́чивать

overseas  за мо́рем

overshoes  гало́ши

overstep (to)  переступа́ть

overstrain (to)  переутомля́ть, перенапряга́ть

overstrain  переутомле́ние

overtake (to)  настига́ть

overthrow (to)  опроки́дывать, сверга́ть

owe (to)  быть до́лжным

own (to)  владе́ть

own  родно́й, со́бственный, свой (своя́, своё, свой)

owner  владе́лец, хозя́ин

oxygen  кислоро́д

oyster  у́стрица

ozone layer  озоносфе́ра

# P

pace  темп

pacific  ми́рный

pack (to)  укла́дываться

package  паке́т, па́чка

pact  пакт

page  страни́ца

pain  боль (f.)

painful  чувстви́тельный

painfully  бо́льно

painless  безболе́зненный

paint (to)  кра́сить, рисова́ть (artistic)

paint  кра́ска

**painting** жи́вопись (f.)
**pair** па́ра
**pajamas** пижа́ма
**pale** бле́дный
  **to grow pale** бледне́ть
**pamphlet** брошю́ра
**pan** кастрю́ля
**pancakes** бли́нчики, ола́дьи
**pane** око́нное стекло́, грань
**panel** пане́ль; то́нкая доска́ для
  жи́вописи; распредели́тельная
  доска́
**panic** па́ника
**pants** брю́ки, штаны́
**paper** бума́га
**parade** пара́д
**paradise** рай
**paragraph** абза́ц, пара́граф
**parallel** паралле́льный
**paralysis** парали́ч
**parcel** паке́т
**pardon (to)** извиня́ть, проща́ть,
  поми́ловать
**pardon** проще́ние
**parenthesis** ско́бки
**parents** роди́тели (pl.)
**Parisian** пари́жский
**park** парк
**parrot** попуга́й
**part (to)** проща́ться, расстава́ться,
  разделя́ть
**part** роль (f.) (acting), часть (f.)
  **little part** части́ца
**partial** части́чный, пристра́стный
  (favoring)
  **partial to** неравноду́шный
**participate (to)** уча́ствовать
**participation** уча́стие
**particular** тре́бовательный
**particularly** осо́бенно
**partner** партнёр
**party** ве́чер, вечери́нка (social),
  па́ртия
**pass (to)** проезжа́ть (by
  conveyance), проходи́ть (on
  foot), передава́ть (give),
  вы́держать (examination)
**passage** прое́зд, прохо́д
**passenger** пассажи́р, -ка
**passion** пыл, страсть (f.)
**passionate** горя́чий, пы́лкий,
  стра́стный

**passionately** стра́стно
**passive** пасси́вный
**passport** па́спорт
**past** про́шлое (n.), проше́дший
  про́шлый (adj.), ми́мо (prep. with
  gen.)
**paste (to)** кле́ить
**paste** па́ста
**pastry** пече́нье, пиро́жное
**patch** запла́та
**path** тропи́нка
**pathetic** патети́чный
**patience** терпе́ние
**patient** пацие́нт (n.).
  терпели́вый
**patriot** патрио́т
**patriotism** патриоти́зм
**patron** покрови́тель
**patronage** покрови́тельство
**pattern** (sewing) вы́кройка,
  шабло́н
**pause** па́уза
**pavement** тротуа́р
**paw** ла́па
**pay (to)** плати́ть
  **to pay off** распла́чиваться
**payment** упла́та
**peace** мир, тишина́ (quiet), поко́й
  (quiet)
**peaceful** ми́рный, споко́йный
**peach** пе́рсик
**peak** верши́на
**peanut** земляно́й оре́х
**pear** гру́ша
**pearl** же́мчуг
**peas** горо́шек
**pebble** га́лька
**peculiar** осо́бенный
**peculiarity** осо́бенность (f.)
**peel (to)** снима́ть кору́, снима́ть
  ко́жицу
**peel** ко́рка
**pen** ру́чка
  **fountain pen** авторучка
**penalty** штраф
**pencil** каранда́ш
**penetrate (to)** проника́ть внутрь
**peninsula** полуо́стров
**pension** пе́нсия
**pensive** мечта́тельный
**people** наро́д, на́ция, лю́ди
**pepper** пе́рец

**perceive (to)** замеча́ть, ощуща́ть
**percent** на со́тню, %
**percentage** проце́нт
**perfect** идеа́льный, соверше́нный
**perfection** соверше́нство
**perfectly** вполне́, соверше́нно
**perform (to)** игра́ть (on stage), исполня́ть
**performance** игра́, спекта́кль (m.)
**performer** исполни́тель
**perfume** духи́
**perhaps** мо́жет быть
**peril** опа́сность (f.)
**period** пери́од, то́чка (punctuation)
**periodical** журна́л (magazine), периоди́ческий (adj.)
**perish (to)** погиба́ть
**perishable** скоропо́ртящийся
**permanent** постоя́нный
**permission** разреше́ние, позволе́ние
**permit (to)** позволя́ть, пуска́ть, разреша́ть
**perpendicular** перпендикуля́р
**perpetual** ве́чный, бесконе́чный
**persecute (to)** пресле́довать
**persecution** пресле́дование
**perseverance** насто́йчивость (f.)
**persist (to)** наста́ивать
**persistent** насто́йчивый, упо́рный
**person** лицо́, челове́к
**personal** ли́чный, со́бственный
**personality** ли́чность (f.)
**perspective** перспекти́ва
**perspiration** пот
**perspire (to)** поте́ть
**persuade (to)** убежда́ть, угова́ривать
**pesticides** (pl.) пестици́ды
**pet (to)** ласка́ть
**petroleum** нефть, петро́леум, кероси́н
**petticoat** ни́жняя ю́бка
**petty** ме́лкий
**pharmacy** апте́ка
**phase** фа́за
**phenomenon** необыкнове́нное явле́ние
**philanthropist** благотвори́тель (m.), филантро́п
**philosopher** фило́соф

**philosophically** филосо́фски
**philosophy** филосо́фия
**phone** телефо́н
**photograph (to)** снима́ть, фотографи́ровать
**photograph** фотографи́ческая ка́рточка, сни́мок
**photography** фотогра́фия
**phrase** фра́за
**physical** физи́ческий
**physician** врач
**physicist** фи́зик
**physics** фи́зика
**pianist** пиани́ст, -ка (m., f.)
**piano** роя́ль (m.), пиани́но
**pick (to)** срыва́ть
  **to pick out** выбира́ть
  **to pick up** поднима́ть
**picnic** пикни́к
**picture** карти́на, рису́нок
**pie** пиро́г
**piece** кусо́к, кусо́чек, шту́ка (n.), шту́чный (adj.)
**piercing** пронзи́тельный
**pig** свинья́
**pigeon** го́лубь
**pile** ку́ча
**pill** пилю́ля
**pillow** поду́шка
**pillowcase** на́волочка
**pilot** авиа́тор, лётчик
**pin** була́вка
**pinch (to)** ущипну́ть
**pineapple** анана́с
**pine tree** сосна́
**pink** ро́зовый
**pious** набо́жный
**pipe** труба́, тру́бка (for tobacco)
**pistol** револьве́р, пистоле́т
**pitiful** жа́лкий
**pity** жа́лость (f.), сожале́ние
  **It's a great pity.** О́чень жаль.
**place (to)** помеща́ть
**place** ме́сто
**plain** просто́й
**plan (to)** составля́ть план
**plan** план
**plane** ро́вный
**planet** плане́та
**plant (to)** сажа́ть
**plant** заво́д (factory), расте́ние (botany)

**plaster** штукату́рка
**plastic** пласти́ческий
**plate** таре́лка
**plateau** плато́, плоского́рье
**platform** платфо́рма
**play (to)** игра́ть
**play** спекта́кль (m.), пье́са
**playground** де́тский городо́к
**plead (to)** проси́ть, умоля́ть
**pleasant** прия́тный
**please (to)** нра́виться
**please** пожа́луйста
**pleasure** удово́льствие
**pleat** скла́дка
**pledge** обеща́ние
**plentiful** оби́льный
**plenty** оби́лие (noun), доста́точно (adv.)
**plot** за́говор (conspiracy), сюже́т, фа́була (of a story)
**plug** про́бка, заты́чка
**plum** сли́ва
**plumber** водопрово́дчик
**plump** пу́хленький
**plus** плюс
**pneumonia** воспале́ние лёгких
**pocket** карма́н
**pocketbook** су́мка
**poem** поэ́ма, стихотворе́ние
**poet** поэ́т
**poetic** поэти́ческий
**poetry** поэ́зия
**point (to)** пока́зывать, ука́зывать
**point** о́стрый коне́ц, пункт, то́чка
**pointed** остроконе́чный
**pointer** стре́лка
**poison** яд
**poisonous** ядови́тый
**pole** столб, шест, по́люс
**police** поли́ция
**policeman** полице́йский
**policy** поли́тика, страхово́й по́лис (insurance)
**polish (to)** наводи́ть гля́нец, полирова́ть
**polish** гля́нец
**Polish** по́льский
**polite** ве́жливый, любе́зный
**politeness** ве́жливость (f.)
**political** полити́ческий
**politics** поли́тика

**pollution** (environmental) загрязне́ние окружа́ющей среды́
**pond** пруд
**pool** лу́жа, прудо́к, бассе́йн
**poor** бе́дный
  **to become poor** бедне́ть
**Pope** ри́мский па́па
**popular** наро́дный, популя́рный
**popularity** популя́рность (f.)
**population** населе́ние
**porch** крыльцо́
**pork** свини́на
**port** порт
**portable** перено́сный, складно́й
**porter** носи́льщик
**portion** по́рция
**portrait** портре́т
**portray (to)** изобража́ть, опи́сывать
**pose** по́за
**position** положе́ние
**positive** уве́ренный
**possess (to)** облада́ть, владе́ть
**possibility** возмо́жность (f.)
**possible** возмо́жно, мо́жно
**post** по́чта (mail)
**postage stamp** почто́вая ма́рка
**postcard** откры́тка
**poster** афи́ша
**posterity** пото́мство
**post office** по́чта
**postpone (to)** отложи́ть
**pot** кастрю́ля
**potato** карто́фель (m.)
**pound** фунт
**pour (to)** налива́ть (a liquid), насыпа́ть (dry products)
  **to pour out** вылива́ть, высыпа́ть
**poverty** бе́дность (f.)
**powder (to)** пу́дриться
**powder** пу́дра
**power** власть (f.)
**powerful** си́льный
**practical** практи́чный
**practice (to)** упражня́ться
**practice** пра́ктика
**praise (to)** хвали́ть
**prank** вы́ходка
**pray (to)** моли́ть
**prayer** моли́тва
**precaution** предосторо́жность (f.)

precede (to)  предше́ствовать
precious  драгоце́нный
precise  то́чный
precisely  то́чно
precision  то́чность (f.)
predicament  затрудни́тельное
    положе́ние
predict (to)  предсказа́ть
preface  предисло́вие
prefer (to)  предпочита́ть
preference  предпочте́ние
pregnant  бере́менная
prejudice  предрассу́док
preliminary  предвари́тельный
premature  преждевре́менный
premeditated  преднаме́ренный
preparation  приготовле́ние
prepare (to)  приготовля́ть
prepared  гото́вый
prepay (to)  плати́ть вперёд
preposition  предло́г
prescribe (to)  предпи́сывать
prescription  реце́пт
presence  прису́тствие
present (to)  представля́ть
present  настоя́щее (noun), ны́не
    (adv.), настоя́щий (adj.)
  at present  тепе́рь
preservation  сохране́ние
preserve (to)  сохраня́ть
preserves  варе́нье
president  председа́тель (m.),
    президе́нт
press (to)  нажима́ть, гла́дить
    (clothes)
press  печа́ть (f.) (journalism)
pressing  спе́шный
pressure  давле́ние, нажа́тие
prestige  прести́ж
prestigious  прести́жный
presume (to)  предполага́ть
pretend (to)  притворя́ться, де́лать
    вид
pretension  прете́нзия
pretty  хоро́шенький (adj.),
    дово́льно (adv.)
  to grow pretty  хороше́ть
prevent (to)  предупрежда́ть
prevention  предупрежде́ние
previous  предыду́щий
price  цена́
pride  самолю́бие

priest  свяще́нник
primary  перви́чный, основно́й
prime minister  премье́р-мини́стр
principal  гла́вный
principle  при́нцип
print (to)  печа́тать
prison  тюрьма́
private  ча́стный
privilege  привиле́гия
prize (to)  цени́ть
prize  награ́да, приз
probably  вероя́тно
problem  зада́ча, пробле́ма
procedure  процеду́ра
proceed (to)  продолжа́ть
process  проце́сс
proclamation  воззва́ние,
    официа́льное объявле́ние
produce (to)  выраба́тывать
producer  производи́тель (one who
    produces), продю́сер (of a film)
product  проду́кт
production  произведе́ние,
    произво́дство (manufacture)
profession  профе́ссия, ремесло́
professor  профе́ссор
profile  про́филь
profit (to)  приноси́ть по́льзу
  to profit by  воспо́льзоваться
profit  дохо́д, по́льза
profitable  при́быльный
profound  углублённый
program  програ́мма
programming  программи́рование
progress (to)  продвига́ться,
    развива́ться
progress  прогре́сс
progressive  передово́й,
    прогресси́вный
prohibit (to)  воспреща́ть(ся),
    запреща́ть
prohibition  запреще́ние
project (to)  броса́ть,
    проекти́ровать
project  прое́кт
prolong (to)  растя́гивать
prolonged  продолжи́тельный
promise (to)  обеща́ть
promise  обеща́ние
prompt (to)  подсказа́ть
prompt  бы́стрый
pronoun  местоиме́ние

**pronounce (to)** произноси́ть
**pronunciation** произноше́ние
**proof** доказа́тельство
**proofreader** корре́ктор
**propaganda** агита́ция, пропага́нда
**proper** прили́чный (decent)
**property** иму́щество, со́бственность (f.)
**prophecy** предсказа́ние
**prophesy (to)** проро́чить, предска́зывать
**prophet** проро́к
**proportion** пропо́рция
**proposal** предложе́ние
**propose (to)** предлага́ть
**prose** про́за
**prospect** вид, наде́жда
**prosper (to)** процвета́ть
**prosperity** процвета́ние
**prosperous** процвета́ющий, бога́тый
**protect (to)** защища́ть
**protection** защи́та
**protector** защи́тник
**protest** проте́ст
**proud** го́рдый
**prove (to)** дока́зывать
**proverb** посло́вица
**provide (to)** обеспе́чивать
**province** о́бласть (f.)
**provisions** проду́кты (pl.)
**provoke (to)** возбужда́ть, провоци́ровать
**prudence** благоразу́мие
**prudent** благоразу́мный
**prune** черносли́в
**psychiatrist** психиа́тр
**psychologist** психо́лог
**psychology** психоло́гия
**public** пу́блика (noun), обще́ственный (adj.)
**publication** изда́ние
**publicity** рекла́ма
**publicize (to)** реклами́ровать
**publish (to)** издава́ть (books), публикова́ть (to announce)
**publishing house** изда́тельство
**publisher** изда́тель (m.)
**puddle** лу́жа
**puff out (to)** надува́ть
**pull (to)** тяну́ть, таска́ть

**pulse** пульс
**pump** насо́с
**punctual** аккура́тный, пунктуа́льный
**puncture** проко́л
**pungency** острота́
**pungent** о́стрый, е́дкий
**punk (fashion)** панк
**punish (to)** нака́зывать
**punishment** наказа́ние
**pupil** учени́к, учени́ца (m., f.)
**puppy** щено́к
**purchase (to)** покупа́ть
**purchase** поку́пка
**pure** чи́стый
**purity** чистота́
**purpose** цель (f.), наме́рение
**purposely** наро́чно
**purse** кошелёк
**pursue (to)** пресле́довать
**push (to)** толка́ть
**put (to)** класть, положи́ть, (horizontally); ста́вить (vertically)
  **to put away** убира́ть
  **to put down** подавля́ть, запи́сывать
  **to put forth** проявля́ть, пуска́ть
  **to put forward** выдвига́ть, предлага́ть
  **to put in** вставля́ть, вкла́дывать, всо́вывать
  **to put off** откла́дывать
  **to put on** надева́ть, принима́ть вид
  **to put out** выгоня́ть, удаля́ть
  **to put through** выполня́ть
  **to put up** поднима́ть, стро́ить, воздвига́ть
**pyramid** пирами́да
**puzzle** зага́дка

# Q

**quaint** необы́чный, стра́нный
**qualification** квалифика́ция
**qualified** квалифици́рованный
**qualify (to)** квалифици́ровать(ся)
**quality** ка́чество
**quantity** коли́чество

**quarrel (to)** ссо́риться
**quarter** че́тверть, четверта́к (25¢)
**queer** стра́нный
**quench (to)** туши́ть, утоля́ть (thirst)
**question (to)** спра́шивать
**question** вопро́с
**questionable** сомни́тельный, спо́рный
**questionnaire** анке́та
**quick** бы́стрый, ско́рый
**quicken (to)** ускоря́ть
**quiet** тишина́ (noun), споко́йный, ти́хий (adj.)
**quietly** споко́йно, ти́хо
**quit (to)** оставля́ть рабо́ту (a job), переста́ть (stop)
**quite** во́все, вполне́, совсе́м
**quiver (to)** дрожа́ть
**quotation** цита́та
**quotation marks** кавы́чки
**quote (to)** цити́ровать

# R

**rabbi** равви́н
**rabbit** кро́лик
**race** ра́са (species), ска́чки, бега́ (horseraces), го́нка (auto)
**radiator** радиа́тор
**radio** ра́дио
**rag** тря́пка
**rage** бе́шенство, я́рость (f.)
**ragged** поно́шенный, рва́ный
**railroad** желе́зная доро́га
  **railroad car** ваго́н
  **railroad station** вокза́л
**rain** дождь
**rainbow** ра́дуга
**raincoat** плащ
**rainy** дождли́вый
**raise (to)** повыша́ть, поднима́ть (lift)
**raisin** изю́м
**rank** чин
**rap (to)** стуча́ть
**rapid** бы́стрый, ско́рый
**rapidly** бы́стро
**rapture** упое́ние, экста́з
**rare** ре́дкий

**rarity** ре́дкость (f.)
**rash** сыпь (noun, f.) (skin), стреми́тельный (adj.) (hasty)
**raspberries** мали́на
**rate (to)** оце́нивать, счита́ть
**rate** проце́нт (percent), темп (speed), ско́рость (f.) (speed)
**rather** дово́льно, скоре́е, слегка́
**ratio** пропо́рция
**rational** рассу́дочный
**rationally** рациона́льно
**rave (to)** бре́дить, восторга́ться
**raw** сыро́й
**ray** луч
**razor** бри́тва
**reach (to)** достава́ть, достига́ть, доезжа́ть
**react (to)** реаги́ровать
**reaction** реа́кция
**read (to)** чита́ть
**readily** охо́тно
**reading** чте́ние
**ready** гото́вый
  **in readiness** нагото́ве
  **ready-made** гото́вые изде́лия
**real** настоя́щий
**realistic** реалисти́ческий
**realization** осозна́ние, реализа́ция
**realize (to)** представля́ть себе́, понима́ть я́сно
**really** действи́тельно, неуже́ли, ра́зве
**realm** сфе́ра
**rear (to)** воспи́тывать (bring up)
**rear** за́дний
**reason (to)** рассужда́ть
**reason** причи́на (cause), ра́зум (intelligence)
**reasonable** разу́мный
**reassure (to)** успока́ивать
**rebel (to)** восстава́ть
**rebel** бунто́вщик
**rebellion** восста́ние
**recall (to)** вспомина́ть
**receipt** распи́ска
**receive (to)** получа́ть, принима́ть
**receiver** получа́тель (m.), приёмник
**recent** неда́вний, но́вый
**recently** неда́вно
**reception** приём (n.), приёмный (adj.)

**recess** перерьíв
**recipe** реце́пт
**reciprocal** взаи́мный
**recite (to)** деклами́ровать
**recklessly** аза́ртно, сломя́ го́лову
**recognition** призна́ние
**recognize (to)** признава́ть, узнава́ть
**recollect (to)** вспомина́ть
**recollection** воспомина́ние
**recommend (to)** рекомендова́ть
**recommendation** рекоменда́ция
**reconcile (to)** примиря́ть
**reconciliation** примире́ние
**record (to)** запи́сывать
**record** за́пись, протоко́л
**recover (to)** поправля́ться
**recovery** излече́ние
**rectangle** прямоуго́льник
**recycle (to)** рецикли́ровать
**red** кра́сный
**Red Cross** Кра́сный Крест
**red-haired** рьíжий
**reduce (to)** убавля́ть (weight), уменьша́ть
**reduction** сниже́ние, ски́дка (price)
**refer (to)** ссыла́ться, упомина́ть
**reference** рекоменда́ция
   **in reference to** относи́тельно
   **reference book** спра́вочник
**refine (to)** очища́ть, усоверше́нствовать
**refined** изя́щный
**refinement** изьíсканность (f.)
**reflect (to)** отража́ть, мьíслить, размышля́ть
**reflection** отраже́ние, размышле́ние (thought)
**reform (to)** улучша́ть
**reform** рефо́рма, улучше́ние
**refrain (to)** сде́рживать, возде́рживаться
**refresh (to)** освежа́ть
**refreshment** оживле́ние, освежа́ющий напи́ток
**refrigerator** холоди́льник
**refuge** убе́жище
**refugee** эмигра́нт, бе́женец
**refund (to)** возвраща́ть
**refund** возмеще́ние, возвра́т (money)

**refusal** отка́з
**refuse (to)** отка́зывать
**regard** уваже́ние
**regime** режи́м
**regiment** полк
**region** райо́н
**register (to)** регистри́ровать(ся)
**regret (to)** жале́ть
**regret** сожале́ние
**regular** пра́вильный, регуля́рный
**regulate (to)** регули́ровать
**regulation** пра́вило
**rehearsal** репети́ция
**rehearse (to)** репети́ровать
**reign** цари́ть
**reinforce (to)** подкрепля́ть
**reject (to)** отклоня́ть, отка́зывать
**rejoice (to)** ра́доваться
**relate (to)** расска́зывать
**relation** отноше́ние, связь (f.)
**relationship** отноше́ние
**relative** ро́дственник
**relaxation** о́тдых, развлече́ние
**release (to)** освобожда́ть
**release** освобожде́ние
**relent (to)** смягча́ться
**reliable** надёжный, соли́дный
**reliability** надёжность (f.)
**relief** облегче́ние
**relieve (to)** облегча́ть
**religion** рели́гия
**religious** религио́зный
**reluctance** неохо́та
**reluctantly** неохо́тно, не́хотя
**rely (to)** полага́ться
**remain (to)** остава́ться
**remainder** оста́ток
**remaining** остально́й
**remark (to)** замеча́ть
**remark** замеча́ние
**remarkable** замеча́тельный
**remedy** сре́дство от боле́зни, лека́рство
**remember (to)** по́мнить, вспомина́ть
**remembrance** воспомина́ние
**remind (to)** напомина́ть
**reminder** напомина́ние
**remodeling** переде́лка, ремо́нт
**remorse** раска́яние
**remote** далёкий, удалённый
**remove (to)** снима́ть, убира́ть

**rename (to)** переименова́ть
**render (to)** ока́зывать
**renew (to)** обновля́ть
**renewal** возобновле́ние
**rent (to)** нанима́ть
**rent** аре́ндная пла́та
**repair (to)** исправля́ть,
   поправля́ть, починя́ть
**repairs** ремо́нт
**repay (to)** заплати́ть, отпла́чивать
**repayment** отпла́та
**repeat (to)** повторя́ть
**repeatedly** многокра́тно
**repent (to)** раска́иваться
**repertoire** репертуа́р
**repetition** повторе́ние
**replacement** заме́на (f.)
**reply (to)** отвеча́ть
**reply** отве́т
**report (to)** сообща́ть
**report** докла́д, сообще́ние
**reporter** корреспонде́нт
**represent (to)** представля́ть
**representation** представи́тельство
**representative** представи́тель (m.)
**repress (to)** подавля́ть
**repression** подавле́ние
**reprimand** вы́говор
**reproach (to)** попрека́ть, упрека́ть
**reproach** упрёк
**reproduction** репроду́кция
**republic** респу́блика
**reputation** изве́стность (f.),
   репута́ция
**request (to)** проси́ть
**request** про́сьба, тре́бование
**require (to)** нужда́ться
**required** потре́бный,
   обяза́тельный
**requirement** тре́бование
**rescue (to)** спаса́ть
**research** иссле́дование
  **research assistant** нау́чный
    сотру́дник
**resemblance** схо́дство
**resembling** похо́жий
**resent (to)** негодова́ть
**resentment** негодова́ние
**reservation** огово́рка; ме́сто,
   зака́занное зара́нее
**reserve** фонд, запа́с
**reservoir** храни́лище, резервуа́р

**residence** местожи́тельство,
   прожива́ние
**resident** жи́тель (m.)
**resign (to)** отка́зываться, уходи́ть
   в отста́вку
**resignation** отка́з, отста́вка
**resigned** поко́рный
**resist (to)** сопротивля́ться
**resistance** сопротивле́ние
**resolute** реши́тельный, твёрдый
**resolution** реши́тельность (f.)
**resolve (to)** реша́ть (decide),
   разреша́ть (a problem)
**resort** куро́рт
**resource** сре́дство
**respect (to)** уважа́ть
**respect** почте́ние, уваже́ние
**respected** уважа́емый
**respectful** почти́тельный
**responsibility** обя́занность (f.),
   отве́тственность (f.)
**responsible** отве́тственный
**rest (to)** отдыха́ть
**rest** о́тдых, поко́й
**restaurant** рестора́н
**restless** беспоко́йный
**restoration** восстановле́ние
**restore (to)** восстана́вливать
**restrain (to)** сде́рживать
**restraint** сде́ржанность (f.)
  **with restraint** сде́ржанно
**restrict (to)** ограни́чивать
**restriction** ограниче́ние
**result (to)** сле́довать
**result** результа́т
**resume (to)** продолжа́ть
**retain (to)** сохраня́ть, уде́рживать
**retaliate (to)** отпла́чивать
**retaliation** отпла́та
**retire (to)** выходи́ть в отста́вку
**retired** отставно́й
**retreat (to)** отступа́ть
**return (to)** возвраща́ть(ся)
**return** возвраще́ние
**reveal (to)** проявля́ть, раскрыва́ть
**revelation** открове́ние
**revenge (to)** мстить
**revenge** рева́нш, месть
**reverse (to)** переверну́ть
**reverse** обра́тный
**review** обзо́р, реце́нзия (theater)
**revise (to)** проверя́ть, изменя́ть

revive (to)   оживля́ть
revoke (to)   отменя́ть
revolt (to)   восстава́ть
revolt   восста́ние
revolution   револю́ция
revolutionary   революцио́нный
revolve (to)   враща́ться
reward (to)   вознагражда́ть
reward   награ́да
rhyme   ри́фма
rhythm   ритм
rib   ребро́
ribbon   ле́нта
rice   рис
rich   бога́тый
   to grow rich   богате́ть
richness   бога́тство
rid of (to get)   избавля́ть(ся) от
riddle   зага́дка
ride (to)   е́здить, ката́ться (for
   pleasure)
ridicule (to)   осме́ивать
ridiculous   неле́пый, смешно́й
right   ве́рный, пра́вильный (adj.)
   (correct), пра́вый (adj.),
   (position), пра́во (n.)
   all right   хорошо́
   to the right   напра́во
rigid   неги́бкий, неподви́жный
ring (to)   звони́ть
ring   кольцо́
   wedding ring   обруча́льное
   кольцо́
ring   звоно́к (sound)
rinse (to)   полоска́ть
ripe   спе́лый
ripen (to)   зреть
rise (to)   поднима́ться (increase,
   mount), встава́ть (get up),
   восходи́ть (sun)
rise   повыше́ние, подъём
risk (to)   рискова́ть
risk   риск
ritual   ритуа́л
rival   конкуре́нт, сопе́рник
rivalry   сопе́рничество
river   река́ (noun), речно́й (adj.)
road   доро́га
roam (to)   броди́ть (only on foot)
roar (to)   реве́ть
roast (to)   жа́рить
roast   жа́реное

roast beef   ро́стбиф
rob (to)   гра́бить
robber   разбо́йник
robbery   ограбле́ние
robe   хала́т
robot   ро́бот
robust   кре́пкий, здоро́вый
rock (to)   кача́ть
rock   ка́мень (m.)
rock musician   ро́кер
rock star   рок-звезда́
rocket   раке́та
rocky   камени́стый, скали́стый
rogue   жу́лик
role   роль (f.)
roll (to)   кати́ться
roll   бу́лка (bread), свя́зка,
   кату́шка
romance   рома́н
romantic   романти́ческий
roof   кры́ша
room   ко́мната
   no room (space)   нет ме́ста
root   ко́рень (m.)
rope   верёвка
rose   ро́за
rot (to)   по́ртить(ся), гнить
rotten   испо́рченный, гнило́й
rough   гру́бый, неделика́тный
   (crude), неро́вный
round   вокру́г (gen.), круго́м
   (adv.), кру́глый (adj.)
roundabout   обхо́дный
rouse (to)   буди́ть, возбужда́ть
   (anger)
route   маршру́т
routine   рути́на, поря́док (order)
row   ряд
royalties (author's)   а́вторские
rub (to)   тере́ть
rubber   рези́на
ruble   рубль (m.)
rude   неве́жливый
rug   ковёр
ruin (to)   разруша́ть
ruin   ги́бель (f.)
rule (to)   пра́вить, управля́ть
rule   зако́н, пра́вило
ruler   лине́йка
rumor   слух
run (to)   бе́гать, течь (water)
running   бего́м

**run down**  издёрганный
**rupture**  разры́в
**rural**  се́льский
**rush (to)**  торопи́ться
**Russia**  Росси́я (f.)
**Russian**  ру́сский (noun and adj.)
  **in Russian**  по-ру́сски
**rust (to)**  ржаве́ть
**rusty**  заржа́вленный
**rye**  рожь

# S

**sack**  мешо́к
**sacred**  свяще́нный
**sacrifice (to)**  же́ртвовать
**sacrifice**  же́ртва
**sad**  гру́стный, печа́льный
  **to be sad**  грусти́ть
**safe**  невреди́мый; сейф (n.)
**safety**  безопа́сность (f.)
**sail (to)**  пла́вать
**sail**  па́рус
**sailing**  пла́вание
**sailor**  матро́с
**sake (for the sake of)**  ра́ди
**salad**  сала́т
**salad bowl**  сала́тник
**salary**  жа́лование
**sale**  распрода́жа
**salesman**  продаве́ц
**saleswoman**  продавщи́ца
**salmon**  лососи́на
**salt**  соль (f.)
**salty**  солёный
**salute (to)**  приве́тствовать
**salvation**  спасе́ние
**same**  одина́ковый (identical)
  **all the same**  всё-таки
  **it's all the same**  всё равно́
**sample**  образе́ц
**samovar**  самова́р
**sand**  песо́к
**sandal**  санда́лия
**sandwich**  бутербро́д
**sandy**  песо́чный
**sane**  норма́льный
**sanitary**  санита́рный
**sap**  сок
**sarcasm**  сарка́зм

**sarcastic**  саркасти́ческий
**satellite**  спу́тник
**satiate (to)**  насыща́ть
**satin**  атла́с
**satisfaction**  удовлетворе́ние
**satisfactory**  удовлетвори́тельный
**satisfied**  дово́льный, сы́тый
**satisfy (to)**  удовлетворя́ть
**saturate (to)**  насыща́ть
**saturation**  насы́щенность (f.)
**Saturday**  суббо́та
**sauce**  подли́вка, со́ус
**saucepan**  кастрю́ля
**sausage**  колбаса́
**savage**  ди́кий (adj.), дика́рь
  (noun.)
**save (to)**  спаса́ть, избавля́ть
**say (to)**  говори́ть, сказа́ть
**scale**  весы́ (weight), га́мма
  (musical)
**scalp**  скальп
**scan (to)**  разгля́дывать
**scandal**  сканда́л
  **to talk scandal**  спле́тничать
**scanty**  ску́дный, ограни́ченный
**scar**  шрам
**scare**  испу́г
**scarce**  недоста́точный, ре́дкий
**scarcely**  едва́, то́лько что
**scare (to)**  пуга́ть
**scarf**  шарф
**scarlet**  а́лый
**scattered**  рассе́янный
**scene**  сце́на
**scented**  арома́тный
**schedule**  расписа́ние
**scheme**  схе́ма, прое́кт
**scholar**  учёный
  **scholarly research**  нау́чное
  иссле́дование
**scholarship**  стипе́ндия
**school**  шко́ла
**schoolteacher**  преподава́тель,
  -ница (m., f.)
**science**  нау́ка
**scientific**  нау́чный
**scientist**  учёный
**scissors**  но́жницы
**scold (to)**  руга́ть
**scorch (to)**  обжига́ть
**score**  счёт
**scorn (to)**  презира́ть

**scornful** презрительный
**Scottish** шотландский
**scoundrel** негодяй
**scrape (to)** скрести
**scratch (to)** царапать, чесаться (oneself)
**scratch** царапина
**scream (to)** кричать
**scream** крик
**screen** экран (movies), ширма
**screw** винт
**scribble (to)** писать небрежно
**scrupulous** щепетильный
**scrutinize (to)** рассматривать
**sculptor** скульптор
**sculpture** скульптура
**sea** море
**seagull** чайка
**seal (to)** запечатывать, опечатывать
**seal** печать (f.)
**seam** шов
**seamstress** швея
**search (to)** искать, исследовать
**search** поиски
**seashore** морской берег
**season** время года, сезон (events)
**seasoning** приправа
**seat (to)** сесть (oneself)
**seat** место
**second** второй (number), секунда (n.)
**secondhand** подержанный
**secret** секрет, тайна (n.)
  **in secret** втайне (adv.)
**secretary** секретарша
**sect** секта
**section** отдел, отделение
**secure (to)** обеспечивать
**secure** уверенный (in something), безопасный (not dangerous)
**security** гарантия, безопасность
**seduce (to)** соблазнять
**see (to)** видеть
**seed** зерно
**seem (to)** казаться
**segment** отрезок
**seize (to)** хватать, захватывать
**seldom** изредка, редко
**select (to)** выбирать
**selected** избранный
**selection** ассортимент, выбор

**self** сам (а, о, и), себя (reflex. pron.)
**self-confidence** самоуверенность (f.)
**self-control** выдержка
**self-gonverment** самоуправление
**selfish** эгоистический
**selfishness** эгоизм
**self-satisfied** самодовольный
**sell (to)** продавать
**semester** семестр
**semicolon** точка с запятой
**senate** сенат
**senator** сенатор
**send (to)** посылать, усылать (away)
**senior** старший, выпускник
**sensation** ощущение
**sense (to)** ощущать, чувствовать
**sense** чувство, смысл
**senseless** бессмысленный
**sensibility** здравомыслие
**sensible** здравомыслящий
**sensitive** чуткий, чувствительный
**sensitivity** чуткость, чувствительность (f.)
**sensual** сладострастный
**sensuality** сладострастность (f.)
**sentence** приговор (legal), фраза, предложение (grammar)
**sentiment** чувство
**sentimental** сентиментальный
**separate (to)** отделять(ся), разделять(ся), расходиться
**separate** отдельный
**separation** отделение, разделение
**September** сентябрь (m.)
**serene** спокойный
**series** серия
**serious** серьёзный
**seriously** всерьёз
**servant** слуга, служанка (female)
**serve (to)** подавать (meals), служить, обслуживать
**service** обслуживание (maintenance), служба (work), услуга (good turn)
**set (to)** ставить, класть, назначать, (determine) твердеть (harden), заходить (sun)
  **to set aside** отложить
  **to set free** пускать

**set** прибо́р
**settle (to)** ула́дить, реша́ть
  (decide), устра́ивать (in a new
  place)
**settlement** упла́та, расчёт,
  населе́ние (people)
**seven** семь
**seventeen** семна́дцать
**seventeenth** семна́дцатый
**seventh** седьмо́й
**seventy** се́мьдесят
**seventieth** семидеся́тый
**several** не́сколько
**severe** стро́гий, суро́вый,
  тяжёлый (heavy)
**sew (to)** шить,
  **to sew on** нашива́ть
**sewing** шитьё
  **sewing machine** шве́йная
  маши́на
**sex** пол, род
**shabby** поно́шенный
**shade** тень (f.), што́ра (window)
**shadow** тень (f.)
**shake (to)** дрожа́ть, трясти́сь
**shaky** ша́ткий
**shallow** ме́лкий
**shame** стыд, позо́р (disgrace)
**shameful** позо́рный
**shameless** бессты́дный
**shape** фо́рма
**share (to)** дели́ть(ся), разделя́ть
**share** до́ля, часть (f.), а́кция
  (stock)
**shareholder** акционе́р
**sharp** о́стрый, ре́зкий
**sharpen (to)** заостря́ть, точи́ть
**sharpness** острота́
**shave (to)** брить(ся)
**shawl** шаль (f.)
**she** она́
**shed (to)** роня́ть, теря́ть
**sheep** овца́
**sheer** прозра́чный, лёгкий
**sheet** простыня́ (bed), ли́ст (paper)
**shelf** по́лка
**shell** скорлупа́
**shelter (to)** приюти́ть,
  прикрыва́ть
**shelter** прикры́тие
**shepherd** пасту́х
**shield (to)** защища́ть

**shield** щит
**shift (to)** передвига́ть
**shine (to)** блесте́ть, свети́ть(ся),
  чи́стить
**ship (to)** грузи́ть, отправля́ть
**ship** кора́бль (m.)
**shipment** погру́зка, перево́зка
**shirt** руба́шка
**shiver (to)** дрожа́ть, вздра́гивать
**shiver** дрожь (f.)
**shock (to)** потряса́ть, шоки́ровать
  (behavior)
**shock** уда́р
**shoe** башма́к, ту́фля
  **running shoes** кроссо́вки
**shoot (to)** стре́лять
**shop** ла́вка, магази́н
**shore** бе́рег
**short** коро́ткий, ни́зкий
**shortage** недоста́ток
**shorten (to)** сокраща́ть
**shorthand** стеногра́фия
**shot** вы́стрел
**shoulder** плечо́
**shout (to)** крича́ть
**shout** крик
**shove (to)** су́нуть(ся), толка́ть
**shovel** лопа́та
**show (to)** пока́зывать, дока́зывать
**show** вы́ставка, представле́ние,
  шо́у
**shower** душ (bath)
**shrill** пронзи́тельный
**shrimp** креве́тка
**shrink (to)** сади́ться
**shun (to)** избега́ть
**shut (to)** закрыва́ть
**shut** закры́тый
**shy** засте́нчивый, ро́бкий
  **to be shy** стесня́ться
**sick** больно́й
**sickness** боле́знь (f.)
**side** бок (physical), сторона́
**sidewalk** тротуа́р
**sideways** на боку́
**sieve** си́то
**sigh (to)** вздыха́ть
**sigh** вздох
**sight** вид (view), зре́ние
**sign (to)** подписа́ться
**sign** знак
**signal (to)** сигнализи́ровать

**signal** сигна́л
**signature** по́дпись
**significance** значе́ние
**significant** многозначи́тельный
**significantly** многозначи́тельно
**signify (to)** зна́чить
**silence** молча́ние, тишина́
**silent** молчали́вый
  **to be silent** молча́ть
  **to become silent** замолча́ть
**silk** шёлк
**silken** шёлковый
**silly** глу́пый
**silver** серебро́ (n.)
**similar** похо́жий, подо́бный
**similarity** схо́дство
**simple** просто́й, несло́жный
**simplicity** простота́
**simplification** упроще́ние
**simply** про́сто
**simulate (to)** симули́ровать
**simultaneous** одновре́менный
**sin (to)** греши́ть
**sin** грех
**since** с (prep., gen.), так как
**sincere** и́скренний, нелицеме́рный
**sincerity** и́скренность (f.)
**sinful** гре́шный
**sing (to)** петь
**singer** певе́ц, певи́ца
**singing** пе́ние
**single** еди́нственный, оди́н
**singular** еди́нственное число́
  (grammar), необыча́йный
  (unusual)
**sinister** злове́щий
**sink (to)** тону́ть, топи́ть
  (something else)
**sink** ра́ковина
**sinner** гре́шник
**sip (to)** потя́гивать
**sip** ма́ленький глото́к
**sir** су́дарь, сэр
**sister** сестра́
**sit (to)** сиде́ть, сесть (down)
**site** местоположе́ние
**situated (to be)** находи́ться
**situation** положе́ние, ситуа́ция
**six** шесть
**sixteen** шестна́дцать
**sixteenth** шестна́дцатый
**sixth** шесто́й

**sixtieth** шестидеся́тый
**sixty** шестьдеся́т
**size** величина́, разме́р
**skate (to)** ката́ться на конька́х
**skates** коньки́
**skeleton** скеле́т
**skeptical** скепти́ческий
**sketch (to)** рисова́ть эски́зы
**sketch** эски́з, набро́сок
**skill** иску́сство, мастерство́
**skilled** квалифици́рованный
**skillful** иску́сный, уме́лый
**skillfully** мастерски́
**skin** ко́жа
**skip (to)** скака́ть, пропуска́ть
  (miss)
**skirt** ю́бка
**skis** лы́жи
**skull** че́реп
**sky** не́бо
**skyscraper** небоскрёб
**slander (to)** клевета́ть
**slander** клевета́
**slang** жарго́н
**slanting** косо́й
**slap** пощёчина
**slaughter (to)** убива́ть
**slave** раб
**slavery** ра́бство
**sleep (to)** спать
**sleep** сон
**sleepy** со́нный
**sleeve** рука́в
**sleigh** са́ни (only in pl.)
**slender** то́нкий
**slice (to)** ре́зать, нареза́ть
**slice** ло́мтик
**slide (to)** скользи́ть
**slight** лёгкий
**slightly** слегка́, чуть
**slim** то́нкий, стро́йный
**slip (to)** скользи́ть
**slip** оши́бка (error), комбина́ция
  (underwear)
**slippery** ско́льзкий
**slope** накло́н
**slow** ме́дленный
  **to be slow** ме́длить, отстава́ть
  (clock)
**slowly** ме́дленно, потихо́ньку
**sly** хи́трый
**small** ма́ленький, ме́лкий

  **small things, change** ме́лочь

**smart** у́мный (clever), наря́дный
  (clothes)
**smash (to)** разбива́ть
**smear (to)** ма́зать
**smell (to)** ню́хать (sniff), па́хнуть
  (of)
**smell** за́пах
**smile (to)** улыба́ться
**smile** улы́бка
**smoke (to)** кури́ть
**smoke** дым
**smoking** куре́ние
**smooth** гла́дкий
**smother (to)** души́ть, туши́ть
**smudgy** чума́зый
**snake** змея́
**snapshot** сни́мок
**snatch (to)** хвата́ть
**sneer (to)** насме́шливо улыба́ться
**sneeze (to)** чиха́ть
**snore (to)** храпе́ть
**snow** снег
**snowstorm** мете́ль
**so** так
  **and so on** и так да́лее (и т. д.)
  **just so** и́менно так
  **so much** сто́лько
**soak (to)** мо́кнуть, впи́тывать
  (up)
**soap** мы́ло
**sob (to)** рыда́ть
**sobbing** рыда́ние
**sober** тре́звый
**sociable** компане́йский
**social** обще́ственный
**socialism** социали́зм
**society** о́бщество, свет
**sock** носо́к, носки́ (pl.)
**sofa** дива́н, софа́
**soft** мя́гкий
**soften (to)** смягча́ться
**soil (to)** па́чкать(ся)
**soil** по́чва, земля́
**soild** гря́зный
**sold** про́данный
**soldier** солда́т
**sole** подо́шва (of foot, shoe),
  еди́нственный (adj.) (only)
**solemn** торже́ственный
**solemnity** торжество́
**solicit (to)** проси́ть

**solid** соли́дный, твёрдый
**solidity** твёрдость (f.)
**solitary** уединённый, одино́кий
  (lonely)
**solitude** уедине́ние, одино́чество
**solution** реше́ние (answer),
  разреше́ние, раство́р (chemical)
**solve (to)** разреша́ть
**somber** мра́чный
**some** не́который
**somebody** кто́-то, кто́-нибудь
**somehow** ка́к-то, ка́к-нибудь
**something** что́-то, что́-нибудь
**sometimes** иногда́
**somewhat** слегка́
**somewhere** где́-то, куда́-то
  (direction)
**son** сын
**song** пе́сня
**soon** ско́ро
**soot** са́жа
**soothe (to)** успока́ивать, утеша́ть,
  облегча́ть (pain)
**sore** ра́на, я́зва (n.),
  чувстви́тельный, боле́зненный
  (adj.)
**sorrow** печа́ль (f.), скорбь (f.),
  го́ре
**sorry (to feel)** жале́ть
  **I'm sorry.** Мне жа́лко.
**sort (to)** разбира́ть
**sort** сорт, род
**soul** душа́
**sound (to)** звуча́ть
**sound** звук
**soundless** беззву́чный
**soup** суп
**sour** ки́слый
  **sour cream** смета́на
**source** исто́к, ключ
**south** юг
**southern** ю́жный
**Soviet** сове́тский
**sow (to)** се́ять
**space** простра́нство, расстоя́ние
**space** (adj.) косми́ческий
**Spanish** испа́нский
**spare (to)** щади́ть, бере́чь
**spare** запасно́й, ли́шний (extra)
**spark** и́скра
**sparkle (to)** блесте́ть, сверка́ть
**sparrow** воробе́й

**speak (to)** говори́ть
**special** специа́льный
**specialist** специали́ст
**specialty** специа́льность (f.)
**species** тип, разнови́дность
**specific** определённый, хара́ктерный
**spectacle** спекта́кль (m.), зре́лище
**spectator** зри́тель (m.)
**speech** речь (f.)
**speed** ско́рость, быстрота́ (f.)
**speedy** бы́стрый, ско́рый
**spell (to)** писа́ть, писа́ться (is spelled)
**spell** заклина́ние
**spelling** написа́ние
**spend (to)** тра́тить
  **to spend time** проводи́ть вре́мя
**sphere** шар (ball), сфе́ра, о́бласть
**sphinx** сфинкс
**spice** приправля́ть
**spice** пря́ность (f.)
**spicy** пря́ный
**spider** пау́к
**spill (to)** пролива́ть, просыпать
**spin (to)** кружи́ться
**spinach** шпина́т
**spine** спинно́й хребе́т
**spirit** дух
**spiritual** духо́вный
**spit (to)** плева́ть
**spite** зло́ба
  **in spite of** несмотря́ на то
**splash (to)** забры́згивать
**splendid** великоле́пный, роско́шный
**splendor** ро́скошь (f.), пы́шность (f.)
**split (to)** тре́скаться
**split** тре́щина
**spoil (to)** по́ртить(ся), балова́ть (a child)
**spoiled** испо́рченный, избало́ванный (child)
**sponge** гу́бка
**spontaneous** самопроизво́льный
**spoon** ло́жка
**sport** спорт
**spot** пятно́
**spouse** супру́г, -a (m., f.)
**spread (to)** распространя́ть(ся), разма́зывать (bread)

**spring (to)** пры́гать
**spring** весна́ (season), прыжо́к (jump), исто́чник (source)
**spur** шпо́ра
**spurn (to)** отверга́ть с презре́нием
**square** квадра́т, пло́щадь (f.)
**squeak (to)** скрипе́ть
**squeeze (to)** сжима́ть
**squirrel** бе́лка
**stabilize (to)** стабилизи́ровать
**stable** сто́йкий, усто́йчивый
**stack (to)** скла́дывать в стог, в ку́чу
**stack** стог, ку́ча
**stadium** стадио́н
**staff** штат слу́жащих, штаб, но́тные лине́йки (musical)
**stage** сце́на
**stain (to)** па́чкать(ся)
**stain** пятно́
**stairs** ле́стница
**stammer (to)** заика́ться
**stamp** ма́рка (postage), штамп
**stand (to)** стоя́ть
**standard** станда́рт, у́ровень (m.), но́рма (f.)
**standard** станда́ртный (adj.)
**star** звезда́
**starch** крахма́л
**stare (to)** смотре́ть при́стально
**stare** взгляд
**start (to)** начина́ть
  **to start out** (on a trip), отправля́ться
**start** нача́ло
**starve (to)** умира́ть от го́лода, голода́ть
**state (to)** заявля́ть
**state** штат, госуда́рство (government), состоя́ние (condition)
**statement** утвержде́ние, заявле́ние
**station** ста́нция
**stationary** неподви́жный
**stationery** официа́льный бланк, канцеля́рские принадле́жности
**statistics** стати́стика
**statue** ста́туя
**staunch** пре́данный
**stay (to)** остава́ться, пробы́ть
**stay** пребыва́ние

**steady** устойчивый

**steak** бифштекс

**steal (to)** красть

**steam** пар

**steamship** пароход

**steel** сталь (f.)

**steep** крутой

**steer (to)** управлять

**stem** ствол

**stenographer** стенографистка

**step** походка, шаг

**stern** строгий, суровый (adj.)

**stew (to)** тушить(ся), варить(ся)

**stew** тушёное мясо

**stick to** втыкать, приклеивать

**stick** палка

**sticky** клейкий

**stiff** тугой, гибкий

**stiffen (to)** делать негибким, твердеть

**still (to)** успокаивать

**still** тихий, спокойный (adj.), ещё (yet) (adv.)

**stimulant** возбуждающее средство, стимул

**stimulate (to)** побуждать

**sting (to)** кусать, ужалить, укусить

**sting** укус

**stinginess** скупость (f.)

**stingy** скупой

**stipend** стипендия

**stir (to)** шевелить(ся), мешать

**stitch (to)** шить

**stitch** стежок

**stock** фонд, запас

   **stock market** фондовая биржа

**stockholder** акционер

**stocking** чулок

**stomach** желудок

**stone** камень (m.)

**stony** каменный

**stool** скамеечка, табуретка

**stoop (to)** сгибаться

**stop (to)** останавливать(ся), кончать

**stopper** пробка

**store** лавка, магазин

**storm** буря

**stormy** бурный

**story** рассказ, повесть, история, этаж (floor)

**stout** полный

**stove** печь (f.)

**straight** прямой

**straighten (to)** выпрямлять, приводить в порядок (straighten up)

**straightforward** прямодушный

**strain** напряжение

**strange** чужой, странный

**stranger** незнакомец

**strap** ремень (m.)

**stratosphere** стратосфера

**straw** солома

**strawberry** клубника

**stream** поток, река (river)

**street** улица

**streetcar** трамвай

**strength** сила

**strengthen (to)** укреплять

**strenuous** сильный, энергичный

**stress** давление, ударение

**stretch (to)** тянуть(ся), растягивать

**strict** строгий

**stride** большой шаг

**strike (to)** ударять (hit), бастовать

**strike** забастовка (labor)

**string** верёвка, шпагат

**strip (to)** сдирать, раздеть(ся) (clothes)

**stripe** полоса

**stroll (to)** гулять

**stroll** прогулка

**stroke** удар

**strong** сильны, крепкий

**structure** здание, состав, строение, структура

**struggle** борьба

   **struggle with (to)** биться, бороться

**stubborn** упорный, упрямый

**student** студент, -ка; ученик, ученица (m., f.)

**studies** учение

**studio** студия

**studious** прилежный

**study (to)** учиться, изучать, заниматься

**study** кабинет (room), эскиз, этюд (sketch)

**stuff (to)** набивать, заполнять

**stuffing** фарш

**stuffy** душный

**stumble (to)** спотыка́ться
**stun (to)** оглуша́ть
**stunt** по́двиг
**stupendous** изуми́тельный
**stupid** глу́пый, тупо́й
**stupidity** глу́пость (f.)
**stupor** оцепене́ние
**sturdy** си́льный, кре́пкий
**stutter (to)** заика́ться
**style** фасо́н, стиль (m.)
**stylish** мо́дный
**subdue (to)** подчиня́ть
**subject** те́ма, предме́т, сюже́т (theme)
**subjugate (to)** покоря́ть
**submission** подчине́ние
**submissive** поко́рный
**submit (to)** подчиня́ться
**subordination** подчине́ние
**subscribe (to)** подпи́сывать(ся)
**subscription** подпи́ска
**subsequently** зате́м, впосле́дствии
**subsidiary** филиа́л
**subsist (to)** существова́ть
**substance** су́щность (f.), содержа́ние
**substantial** реа́льный, значи́тельный, фундамента́льный
**substitute (to)** замеща́ть (for)
**substitute** замести́тель (m.)
**substitution** заме́на
**subtle** то́нкий
**subtract (to)** вычита́ть
**subtraction** вычита́ние
**suburb** при́город
**subway** метро́, тонне́ль
**succeed (to)** насле́довать (to title or office), уда́ться, достига́ть це́ли
**success** уда́ча, успе́х
**successful** уда́чный, успе́шный
**succession** после́довательность (f.)
 **in succession** подря́д
**successor** насле́дник
**such** тако́й, э́такий
**sudden** внеза́пный, неожи́данный
**suddenly** вдруг
**suddenness** неожи́данность (f.)
**suffer (to)** страда́ть, терпе́ть (endure)
**suffering** страда́нне

**suffice (to)** хвата́ть
**sufficient** доста́точно
**sugar** са́хар
 **sugar bowl** са́харница
**suggest (to)** предлага́ть
**suggestion** предложе́ние
**suicide** самоуби́йство
**suit** костю́м
**suitable** подходя́щий
**sulfur** се́ра
**sulk (to)** ду́ться
**sullen** угрю́мый
**sum** су́мма
**summary** конспе́кт
**summer** лето, ле́тний (adj.)
**summit** верши́на
**summon (to)** вызыва́ть
**sumptuous** роско́шный, пы́шный
**sum up (to)** резюми́ровать
**sun** со́лнце (n.)
**sunburn** зага́р
**Sunday** воскресе́нье
**sunny** со́лнечный
**sunrise** восхо́д
**sunset** захо́д, зака́т
**suntan** зага́р
**superb** прекра́сный
**superficial** пове́рхностный
**superfluous** изли́шний, ли́шний
**superior** ве́рхний, лу́чший
**superiority** превосхо́дство, пе́рвенство
**superstition** суеве́рие
**supervise (to)** наблюда́ть
**supper** у́жин
 **to eat supper** у́жинать
**supplement** добавле́ние, приба́вка
**supplementary** дополни́тельный
**supply (to)** снабжа́ть
**supply** запа́с
**support (to)** подде́рживать, содержа́ть
**support** подде́ржка
**suppose (to)** полага́ть, предполага́ть
**supposition** предположе́ние
**supreme** верхо́вный, вы́сший
**suppress (to)** подавля́ть
**sure** ве́рный, уве́ренный
**surely** коне́чно, наве́рно
**surface** пове́рхность (f.)
**surgeon** хиру́рг

surgery   хирурги́я
surmise (to)   дога́дываться
surmount (to)   преодолева́ть
surname   фами́лия
surpass (to)   превосходи́ть
surplus   изли́шек
surprise (to)   удивля́ть(ся) (be
  surprised)
surprise   сюрпри́з
surprising   удиви́тельный
surrender (to)   сдава́ться
surround (to)   окружа́ть
surroundings   окре́стности
survey (to)   осма́тривать
survey   осмо́тр, обзо́р (review),
  опро́с
survive (to)   пережи́ть
susceptibility   впечатли́тельность
  (f.)
susceptible   впечатли́тельный
suspect (to)   подозрева́ть
suspense   неизве́стность (f.)
suspicion   подозре́ние
suspicious   подозри́тельный
sustain (to)   выде́рживать
swallow (to)   глота́ть
swallow   глото́к
swamp   боло́то
swarthy   сму́глый
swear (to)   кля́сться, руга́ться
sweat (to)   поте́ть
sweat   пот
sweater   сви́тер
Swedish   шве́дский
sweep (to)   подмета́ть
sweet   сла́дкий
sweetness   сла́дость (f.)
swell (to)   пу́хнуть, опуха́ть
swift   бы́стрый, ско́рый
swim (to)   пла́вать
swimming   пла́вание
swimming trunks   (pl.) пла́вки
swindle (to)   обма́нывать
swindler   моше́нник, жу́лик
swing   кача́ть
swinging   кача́ние
Swiss   швейца́рский
switch   выключа́тель (m.)
sword   меч
swordfish   меч-ры́ба
syllable   слог
symbol   си́мвол

symbolic   символи́ческий
symmetrical   симметри́чный
sympathize (to)   сочу́вствовать
sympathizer   сочу́вствующий
sympathy   сочу́вствие
symphony   симфо́ния
symposium   симпо́зиум
symptom   симпто́м, при́знак
synagogue   синаго́га (f.)
synthetic   иску́сственный
syringe   шприц
syrup   сиро́п
system   систе́ма, строй (order)
systematic   методи́ческий,
  системати́ческий

# T

table   стол, табли́ца
  to set the table   накры́ть стол
tablecloth   ска́терть
tablespoon   столо́вая ло́жка
taciturn   молчали́вый
tact   делика́тность (f.), такт
tactfully   такти́чно
tactless   беста́ктный
tail   хвост
tailor   портно́й
take (to)   брать, принима́ть
  (medicine, advice)
  to take away   убра́ть
  to take leave   проща́ться
  to take off   снима́ть
tale   исто́рия, расска́з
talent   тала́нт
talk (to)   говори́ть (in general),
  разгова́ривать
to talk over   переговори́ть
talk   бесе́да, разгово́р
talkative   разгово́рчивый
tall   большо́й, высо́кий
tame (to)   прируча́ть
tame   ручно́й
tangle (to)   запу́тывать
tank   бак, танк (military)
tank top   ма́йка
tap   стук
tape   тесьма́, ле́нта, плёнка
  tape recorder   магнитофо́н
tar   дёготь

**tardy** по́здний
**target** цель (f.)
**tarnish (to)** тускне́ть
**task** зада́ние
**taste (to)** про́бовать
**taste** вкус
**tasteless** безвку́сный
**tasty** вку́сный
**tax** нало́г
**taxi** такси́ (not declined)
**tea** чай (m.)
  **teapot** ча́йник
  **teaspoon** ча́йная ло́жка
**teach (to)** преподава́ть, учи́ть
**teacher** преподава́тель, -ница;
  учи́тель, -ница (m. f.)
**team** брига́да (work), кома́нда
  (sport)
**tear (to)** (cut) рвать, срыва́ть
**tear** слеза́ (teardrop)
**tease (to)** дразни́ть
**technical** техни́ческий
  **technical school** те́хникум
**technician** те́хник
**technique** те́хника
**tedious** ску́чный
**teenager** подро́сток
**teeth** зу́бы
**telegram** телегра́мма
**telegraph (to)** телеграфи́ровать
**telephone (to)** звони́ть по
  телефо́ну
**telephone** телефо́н
**telescope** телеско́п
**television** телеви́дение
  **television series** телесериа́л
  **television set** телеви́зор
  **television show host** веду́щий
  телепереда́чи
**tell (to)** расска́зывать
**temper** темпера́мент, нрав
  **to lose one's temper** вы́йти из
  себя́
**temperate** уме́ренный
**temperature** температу́ра
**tempest** бу́ря
**temple** висо́к (part of body), храм
**temporary** вре́менный
**tempt (to)** привлека́ть,
  соблазня́ть
**temptation** искуше́ние
**ten** де́сять

**tenacious** упо́рный, це́пкий
**tenacity** упо́рство во́ли, це́пкость
**tendency** тенде́нция
**tender** ла́сковый, не́жный,
  чувстви́тельный (feeling)
**tennis** те́ннис
  **to play tennis** игра́ть в те́ннис
**tense** напряжённый, вре́мя (n.)
  (grammar)
**tension** напряже́ние
**tent** пала́тка
**tentative** про́бный, усло́вный
**tenth** деся́тый
**tepid** теплова́тый
**term** срок, семе́стр (school)
**terminal** заключи́тельный,
  коне́чный, вокза́л (noun) (station)
**terrible** гро́зный, стра́шный,
  ужа́сный
**terrify (to)** ужаса́ть(ся)
**territory** террито́рия
**terror** у́жас
**test** о́пыт, про́ба
**testify (to)** свиде́тельство
**testimony** доказа́тельство
**text** текст
**textbook** уче́бник
**than** чем
**thank (to)** благодари́ть
  **Thank you.** Спаси́бо.
  **Thanks a lot.** Большо́е спаси́бо.
  **thanks to** благодаря́ тому́
**thankful** благода́рный
**that** (conj.) тот (та, то, те), что
  (conj.)
  **in order that** что́бы
  **that is** то́ есть (т. е.)
**thaw (to)** та́ять
**the**—no article in Russian
**theater** теа́тр
  **theater notice** реце́нзия
**theatrical** театра́льный
**theft** кра́жа
**their, theirs** их
**them** их, им
**theme** те́ма
**themselves** са́ми
**then** пото́м, тогда́, то
**theory** тео́рия
**there** там (location), туда́
  (direction)
  **from there** отту́да

**thereafter** с э́того вре́мени
**thereby** посре́дством э́того
**therefore** поэ́тому, сле́довательно
**thermometer** термо́метр
**these** э́ти
**thesis** диссерта́ция, те́зис
**they** они́
**thick** густо́й (dense), то́лстый
**thief** вор
**thigh** бедро́
**thimble** напёрсток
**thin** худо́й
  **to grow thin** худе́ть
**thing** вещь (f.), шту́ка
**think (to)** ду́мать, мы́слить
  **to think over** обду́мывать,
    проду́мать
**third** тре́тий
**thirst** жа́жда
**thirteen** трина́дцать
**thirteenth** трина́дцатый
**thirtieth** тридца́тый
**thirty** три́дцать
**this** э́тот (э́та, э́то)
  **this is** э́то
**thorn** колю́чка, шип
**thorough** по́лный, соверше́нный
**thoroughfare** прое́зд
**though** хотя́
**thought** мысль (f.)
**thoughtful** внима́тельный,
    забо́тливый
**thoughtless** легкомы́сленный,
    необду́манный
**thousand** ты́сяча
**thousandth** ты́сячный
**thrash (to)** бить
**thread** ни́тка
**threat** угро́за
**threaten (to)** угрожа́ть
**threatening** гро́зный
**three** три
**threshold** поро́г
**thrift** бережли́вость (f.)
**thrifty** бережли́вый
**thrill** глубо́кое волне́ние, тре́пет
**thrive (to)** процвета́ть
**thriving** цвету́щий
**throat** го́рло
**throb (to)** си́льно би́ться
**throne** престо́л, трон
**throng** толпа́

**through** сквозь (acc.), че́рез (acc.)
**throughout** наскво́зь
**throw (to)** броса́ть(ся)
  **to throw out** выбра́сывать
**thumb** большо́й па́лец
**thunder (to)** греме́ть
**thunder** гром
**thunderstorm** гроза́
**Thursday** четве́рг
**thus** так, таки́м о́бразом
**ticket** биле́т
  **ticket window** ка́сса
**tickle (to)** щекота́ть
**ticklish** щекотли́вый (issue)
**tide** морско́й прили́в (incoming),
    отли́в (receding)
**tidiness** аккура́тность (f.)
**tidy** аккра́тный
**tie (to)** свя́зывать
**tie** связь (f.) (bond), га́лстук
  (necktie)
**tiger** тигр
**tight** те́сный, у́зкий
**till** до (gen.)
**timber** лесоматериа́л
**time** вре́мя, раз (occasion)
  **It is time to go.** Пора́ идти́.
  **on time** во́время
  **to have time** успе́ть
  **What time is it?** Кото́рый час?
**timepiece** часы́ (m., pl.)
**timid** ро́бкий
**timidity** ро́бость (f.)
**tin** о́лово, жестя́нка (can)
**tiny** о́чень ма́ленький
**tip** ко́нчик
  **to give a tip** дать на чай
**tipsy** пья́ный
**tire (to)** устава́ть, утомля́ть(ся)
**tire** ши́на
**tired** уста́лый
**tireless** неутоми́мый
**tiresome** надое́дливый, ску́чный
**title** загла́вие, назва́ние
**to** в (acc.), к (dat.), на (acc.)
**toast** тост
**tobacco** таба́к
**today** ны́не, сего́дня
**toe** па́лец
**toenail** но́готь (m.)
**together** вме́сте (adv.)
  **to draw together** сближа́ться

toil труди́ться
toilet туале́т, убо́рная
token знак
tolerable сно́сный
tolerance терпи́мость (f.)
tolerant терпи́мый
tolerate (to) выноси́ть, терпе́ть
tomato помидо́р
tomb моги́ла
tomorrow за́втра
ton то́нна
tone тон
tongue язы́к
tonight сего́дня ве́чером
too то́же (also), сли́шком,
    чересчу́р (much)
tool инструме́нт, ору́дие
tooth зуб
  toothbrush зубна́я щётка
  toothpaste зубна́я па́ста
top верши́на, верх
torch фа́кел
torment (to) му́чить
torment му́ка, муче́ние
torture (to) пыта́ть, му́чить
torture пы́тка, муче́ние
toss (to) кида́ть
total це́лое
totally соверше́нно
touch (to) тро́гать
touching тро́гательный
touchy оби́дчивый,
    чувстви́тельный
tough жёсткий
tour (to) путеше́ствовать
tour путеше́ствие, объе́зд
tourist тури́ст
tournament турни́р
toward к (dat.)
towel полоте́нце
tower ба́шня
town го́род
toy игру́шка
trace (to) черти́ть (draw),
    просле́живать
trace след
track след
tractor тра́ктор
trade торго́вля
tradition тради́ция
traditional традицио́нный
traffic движе́ние

tragedy траге́дия
tragic траги́ческий
train (to) воспи́тывать, трениро-
    ва́ть
train по́езд
training воспита́ние, трениро́вка
trait черта́
traitor изме́нник
trample (to) топта́ть
tranquil споко́йный
tranquillity споко́йствие
transaction сде́лка, де́ло
transfer (to) переноси́ть, переда-
    ва́ть
transform (to) преобража́ть
transformation преображе́ние
transgress (to) переступа́ть
transit прохо́д, прое́зд, перехо́д
transitional перехо́дный
translate (to) переводи́ть
translation перево́д
translator перево́дчик
transmission переда́ча
transmit (to) передава́ть
transparent прозра́чный
transport (to) перевози́ть
transportation перево́зка; пути́
    сообще́ния
trap (to) лови́ть
trap лову́шка
trash отбро́сы, му́сор
  trash can ведро́ (с му́сором)
travel (to) путеше́ствовать
travel путеше́ствие
traveler путеше́ственник, пу́тник
tray подно́с
treacherous преда́тельский
treachery преда́тельство
treason изме́на
treasure драгоце́нность
treasurer казначе́й
treasury госуда́рственное казна-
    че́йство
treat обраща́ться, относи́ться
  to treat medically лечи́ть
treat наслажде́ние
treatment обраще́ние, обрабо́тка
treaty догово́р
tree де́рево
tremble (to) трепета́ть
trembling трепета́ние
tremendous грома́дный

**trend** направле́ние, тече́ние (direction)

**trial** про́ба, суд

**triangle** треуго́льник

**tribe** пле́мя

**tribute** дань (f.)

**trick** фо́кус

**trifle** ме́лочь

  **a trifle** немно́жко

**trifling** пустя́чный

**trim (to)** подстрига́ть (hair), украша́ть (decorate)

**trimming** украше́ние

**trip (to)** споткну́ться

**trip** путь, экску́рсия

**triple** тройно́й

**triumph (to)** победи́ть (win), торжествова́ть

**triumph** торжество́, триу́мф

**trivial** тривиа́льный

**trolley bus** тролле́йбус

**tropical** тропи́ческий

**trot (to)** е́хать ры́сью

**trouble (to)** беспоко́иться, хлопо-та́ть

**trouble** беда́, забо́та, хло́поты (fuss)

**troubled** беспоко́йный

**trousers** брю́ки

**truck** грузови́к

**true** ве́рный (faithful), пра́вильный (correct)

**truly** пои́стине, то́чно

**trunk** чемода́н, сунду́к, бага́жник (car)

**trust (to)** ве́рить, доверя́ть

**trust** ве́ра, дове́рие

**trustworthy** надёжный

**truth** и́стина, пра́вда

**truthful** правди́вый

**try (to)** про́бовать, пыта́ться, стара́ться, суди́ть (in court)

  **to try on** примеря́ть

**T-shirt** футбо́лка

**Tuesday** вто́рник

**tumble (to)** па́дать

**tumult** шум и кри́ки

**tune** мело́дия

**tunnel** тунне́ль

**turban** тюрба́н

**turkey** индю́к

**turmoil** сумато́ха

**turn (to)** повора́чивать(ся)

  **to turn around** перевора́чиваться

  **to turn out** получа́ться

  **to turn pages** перели́стывать

**turn** поворо́т (rotation), о́чередь (chance)

**twelfth** двена́дцатый

**twelve** двена́дцать

**twentieth** двадца́тый

**twenty** два́дцать

**twice** два́жды, вдво́е

**twilight** полусве́т, су́мрак

**twin** двойно́й

**twins** близнецы́

**twist (to)** крути́ть

**two** два (m.), две (f.)

**type (to)** печа́тать

**typewriter** пи́шущая маши́нка

**typical** характе́рный

**typist** машини́стка

**tyranny** деспоти́зм

**tyrant** тира́н, де́спот

# U

**ugly** безобра́зный

**ultimate** максима́льный

**umbrella** зо́нтик

**umpire** посре́дник, ре́фери, арби́тр

**unable** неспосо́бный, неуме́ющий

**unaffected** безыску́сственный

**unanimous** единогла́сный

**unattainable** недостижи́мый

**unattractive** некраси́вый

**unaware** неожи́данно

**unbearable** несно́сный, нестер-пи́мый, невыноси́мый

**unbelievable** невероя́тный

**unbreakable** небью́щийся

**unbutton (to)** расстёгивать

**uncertain** неопределённый (indefinite), неуве́ренный (unsure)

**uncle** дя́дя

**uncomfortable** неудо́бный

**uncommon** ре́дкий

**unconscious** бессозна́тельный

unconsciousness беспа́мятство

uncover (to) раскрыва́ть

undecided нерешённый

undeniable несомне́нный

under под (inst.-location; acc.-direction)

underestimate (to) недооце́нивать

undergo (to) испы́тывать

underline (to) подчёркивать

underneath под (under)

understand (to) понима́ть

understandable поня́тный

understanding соглаше́ние, понима́ние

to come to an understanding договори́ться

undertake (to) предпринима́ть

undertaker гробовщи́к

underwear ни́жнее бельё

undeserved незаслу́женный

undesirable нежела́тельный

undo (to) развя́зывать

undoubtedly безусло́вно

undress (to) раздева́ть(ся)

uneasiness трево́га

uneasy неспоко́йный

uneducated необразо́ванный

unemployed неза́нятый, безрабо́тный

unemployment безрабо́тица

unequal нера́вный

uneven неро́вный

unexpectedly неожи́данно

unfair несправедли́вый

unfaithful неве́рный

unfavorable отрица́тельный

unfeeling бесчу́вственный

unfinished недоко́нченный

unforeseen непредви́денный

unforgettable незабыва́емый

unfortunate несча́стный, неуда́чный

unfortunately к сожале́нию

unfriendly недружелю́бный

ungentlemanly непоря́дочный

ungraceful неграцио́зный

ungrateful неблагода́рный

unhappy несчастли́вый, несча́стный

unharmed невреди́мый

unhealthy боле́зненный

unheard of неслы́ханный

uniform фо́рма (n.), однообра́зный (adj.)

uniformity единообра́зие

unify (to) объединя́ть

unimportant нева́жный

unintentionally нево́льно

union сою́з, соедине́ние

unit едини́ца, едини́ца измере́ния

unite (to) соединя́ть

united соединённый

United States Соединённые Шта́ты

universal универса́льный

universe ко́смос

university университе́т

unjust несправедли́вый

unkind недо́брый

unknown неизве́стный

unlawful беззако́нный

unless е́сли . . . не

unlike неправдоподо́бный, непохо́жий

unlimited неограни́ченный

unlock (to) отпира́ть

unlocked о́тпертый

unluckily к сожале́нию

unmarried нежена́тый, холосто́й (of men), незаму́жняя (of women)

unmerciful немилосе́рдный

unnatural неесте́ственный

unnecessary ненýжный

unoccupied неза́нятый, свобо́дный

unpack (to) распако́вывать(ся)

unpleasant неприя́тный

unpleasantness неприя́тность (f.)

unprecedented небыва́лый

unprofitable недохо́дный

unprotected беззащи́тный

unpublished неи́зданный

unquestionably несомне́нно, беспо́рно

unravel (to) распу́тывать

unreal ненастоя́щий

unreasonable неразу́мный

unreliable ненадёжный

unrestrained несде́ржанный

unripe незре́лый

unroll (to) развёртывать

**unsafe** опасный

**unsatisfactory** неудовлетвори-
тельный

**unsatisfied** неудовлетворённый

**unscrupulous** бессовестный

**unselfish** бескорыстный

**unsociable** нелюдимый

**unsophisticated** простодушный

**unsteady** неустойчивый

**unsuccessful** неудачный

**unsuitable** неподходящий

**untidy** неаккуратный

**untie (to)** развязывать

**until** до (gen.)

**untrue** ложный, неправильный,
неверный (faithless)

**unusual** необыкновенный

**unwell** нездоровый

**unwilling** несклонный

**unwillingly** неохотно, нехотя

**unwise** неблагоразумный

**unworthy** недостойный

**up, upward** наверх, вверх

**uphold (to)** поддерживать

**upkeep** содержание

**upper** верхний

**upright** прямой

**uprising** восстание

**upset (to)** опрокидывать,
беспокоить

**upside down** вверх дном

**upstairs** наверху

**urge (to)** настаивать на,
убеждать

**urgency** настоятельность (f.)

**urgent** настойчивый, спешный

**us** нас, нам

**use (to)** пользоваться,
употреблять

**use** польза, употребление

**used to (to become)** привыкать

**useful** полезный

**useless** бесполезный

**usual** обыкновенный

**usually** обыкновенно, обычно

**utility** полезность (f.), выгодность
(f.)

**utilize (to)** использовать

**utmost** самый отдалённый,
крайний

**utter (to)** произносить

**utterly** чрезвычайно

# V

**vacant** незанятый, свободный

**vacation** отпуск, каникулы
(school)

**vaccination** прививка

**vacuum (to)** пылесосить

**vacuum** пустота

**vacuum cleaner** пылесос

**vaguely** неотчётливо, смутно

**vain** тщеславный

  **in vain** напрасно, даром, тщетно

**valiant** храбрый

**valid** действительный, имеющий
силу

**validity** действительность (f.)

**valise** чемодан

**valley** долина

**valuable** ценный

**value (to)** ценить

**value** ценность (f.)

**valve** вентиль, клапан

**vanilla** ваниль

**vanish (to)** исчезать

**vanity** суета

**vanquish (to)** побеждать

**vapor** пар

**variable** изменчивый,
переменный

**variation** изменение, вариация

**varied** различный

**variety** разнообразие

**various** разный, разнообразный

**varnish (to)** лакировать

**vary (to)** менять(ся)

**vase** ваза

**vast** громадный

**vault** сейф

**VCR** видеомагнитофон

**veal** телятина

**vegetables** зелень, овощи

**vehicle** повозка, машина

**veil (to)** закрывать покрывалом,
скрывать (hide)

**veil** покрывало

**vein** вена

**velvet** бархат

**venerable** почтенный

**venerate (to)** благоговеть перед
кем-либо

**veneration** почитание

**vengeance** месть (f.)
**ventilation** проветривание, вентиляция
**ventilator** вентилятор
**venture (to)** рисковать
**verb** глагол
**verbal** устный
**verdict** приговор, осуждение
**verge** край
**verification** подтверждение
**verify (to)** проверять
**versatile** многосторонний
**verse** стих
**version** перевод (translation), версия
**vertical** вертикальный
**very** очень
**vest** жилет
**vexation** досада
**vibrate (to)** вибрировать
**vibration** вибрация
**vice** порок
**vice versa** наоборот
**vicinity** близость (f.), окрестность (f.)
**vicious** злой
**victim** жертва
**victorious** победоносный
**victory** победа
**video** видео
**view** вид
**viewpoint** подход, точка зрения
**vigorous** энергичный
**vile** подлый
**village** село, деревня
**villain** подлец
**vinegar** уксус
**violate (to)** преступать
**violation** нарушение
**violence** насилие
**violent** бешеный
**violet** фиалка
**violet** фиолетовый (color)
**violin** скрипка
**violinist** скрипач
**virtue** добродетель, качество
**virtuous** добродетельный
**visa** виза
**visible** видимый
**vision** зрение
**visit (to)** посещать
**visit** визит, посещение

**visitor** гость, посетитель (m.)
**visual** зрительный
**vital** жизненный, роковой
**vitality** жизненность (f.)
**vitamin** витамин
**vivacious** живой
**vivid** яркий
**vocabulary** словарь (m.), запас слов
**vocal** голосовой
**vocation** призвание
**vodka** водка
**vogue** мода
**voice** голос
**void** пустота (n.), пустой, недействительный (invalid)
**volt** вольт
**volume** том
**voluntary** добровольный
**volunteer** доброволец
**vote (to)** голосовать
**vote** голос
**vow** клятва
**vowel** гласный
**voyage** путешествие
**vulgar** грубый, вульгарный
**vulnerable** уязвимый

# W

**wager (to)** держать пари
**wager** пари
**wages** зарплата
**waist** талия
**wait (to)** ждать
   **to wait for (expect)** ожидать
   **waiting room** приёмная
**waiter** официант, -ка (m., f.)
**wake up (to)** просыпаться
**walk (to)** идти, ходить
**walk** прогулка
**wall** стена
**wallet** бумажник
**waltz** вальс
**wander (to)** бродить
**want (to)** хотеть
**want** недостаток (lack), нужда (need)
**war** война
**wardrobe** шкаф, гардероб

**wares** товары, продукты
**warm (to)** греть, согревать
**warm** тёплый
**warmth** теплота
**warn (to)** предупреждать
**warning** предупреждение
**wash (to)** мыть(ся), умывать(ся),
    стирать (clothes)
**waste (to)** расточать
**waste products** отходы
**wasteful** нерасчётливый
**watch (to)** наблюдать, сторожить
**watch** часы (pl.)
**watchful** бдительный
**watchman** сторож
**water** вода
**waterfall** водопад
**watercolor** акварель (f.)
**watermelon** арбуз
**waterproof** водонепроницаемый
**wave (to)** махать
**wave** волна
**wax** воск
**way** дорога, путь (road), способ
    (manner)
**we** мы
**weak** слабый, бессильный
**weaken (to)** слабеть, ослаблять
**weakness** слабость (f.)
**wealth** богатство
**wealthy** богатый
**weapon** оружие
**wear (to)** носить
**weariness** усталость (f.),
    утомление
**wearing** утомительный
**weary** усталый, утомлённый
**weary (to)** уставать
**weather** погода
**weave (to)** ткать
**web** ткань, паутина
**wedding** свадьба
**Wednesday** среда
**weed** сорная трава
**week** неделя
**weekend** конец недели
**weekly** еженедельный
**weep (to)** плакать
**weigh (to)** взвешивать(ся)
**weight** вес
**welcome (to)** приветствовать
    **Welcome!** Добро пожаловать!

**welcome** приветствие, радушный
    приём
**welfare** благосостояние
**well** хорошо, благополучно
**well-read** начитанный
**west** запад
**western** западный
**westward** на запад
**wet** мокрый
**what** как, что
    **what a, what kind of** какой
**wheel** колесо
**when** когда
**whenever** когда бы ни
**where** где, куда
    **where ... from** откуда
**whereas** так как
**whether** ли
    **I don't know whether he is here.**
    Я не знаю, здесь ли он.
**which** который (ая, ое, ые)
**whichever** какой угодно, какой бы
    ни
**while** пока
**whim** каприз
**whiskers** усы
**whisper (to)** шептать
    **in a whisper** говорить шёпотом
**whistle (to)** свистеть
**whistle** свист, (sound), свисток
    (device to be blown)
**white** белый
**who** кто, который (inter. pron.)
**whole** весь (вся, всё, все), целый
    **as a whole** в целом, целиком
**wholesale** оптом
**wholesome** здоровый, полезный
**wholly** вполне
**whom** кого, кому, о ком
**whose** чей (чья, чьё, чьи)
**why** почему, зачем
**wicked** злой
**wide** широкий, настежь (adv.)
**widen (to)** расширять
**widow** вдова
**widower** вдовец
**width** ширина
**wife** жена
**wild** дикий
**wilderness** пустыня, дикое место
**will** воля, завещание (legal)
**willing** готовый

**willingly** охо́тно

**win (to)** вы́играть, побежда́ть (a victory)

**wind (to)** ви́ться

**wind** ве́тер

**window** окно́

**wind-surfing** виндсёрфинг

**windy** ве́треный

**wine** вино́

   **wineglass** рю́мка, бока́л

**wing** крыло́

**wink (to)** мига́ть

**winter** зима́

**wipe (to)** вытира́ть, уничтожа́ть (wipe out)

**wire** про́волока, про́вод

**wisdom** му́дрость (f.)

**wise** му́дрый

**wish (to)** жела́ть

**wish** жела́ние

**wit** ум, ра́зум

**witch** ве́дьма

**with** с (inst.)

**wither (to)** вя́нуть, со́хнуть

**within** внутри́ (adv. and prep., gen.)

**without** без (gen.), снару́жи (adv.), (outside)

   **without fail** непреме́нно, обяза́тельно

**witness (to)** быть свиде́телем

**witness** свиде́тель (m.)

**witty** остроу́мный

**woe** го́ре

**wolf** волк

**woman** же́нщина

**wonder (to)** жела́ть знать, удивля́ться (be surprised)

**wonder** чу́до, удивле́ние (surprise)

**wonderful** изуми́тельный, чу́дный

**wood** де́рево

**wooden** деревя́нный

**woods** лес

**wool** шерсть

**woolen** шерстяно́й

**word** сло́во

**work (to)** рабо́тать

**work** труд, рабо́та, сочине́ние (composition)

**worker** рабо́чий

**works (plant)** заво́д

**world** мир, свет

   **world outlook** мировоззре́ние

**worldly** све́тский

**worried** озабо́ченный, издёрганный

**worry (to)** беспоко́ить(ся)

   **Don't worry.** Не беспоко́йтесь.

**worry** трево́га, забо́та

**worse** ху́же

**worship (to)** быва́ть в це́ркви, моли́ть(ся) (pray), обожа́ть (adore)

**worst** наиху́дший

**worth** цени́, досто́инство

**worthless** него́дный, недосто́йный

**worthy** досто́йный

**wound (to)** ра́нить

**wound** ра́на

**wounded** ра́неный

**wrap (to)** обёртывать, завёртывать

**wrath** гнев, я́рость

**wreck (to)** разруша́ть

**wreck** ава́рия, круше́ние

**wrench (tool)** га́ечный ключ

**wretched** жа́лкий, несча́стный

**wring (to)** выжима́ть, скру́чивать

**wrinkle** скла́дка, морщи́на (facial)

**write (to)** писа́ть

**writer** писа́тель (m.)

**writing** писа́ние (n.), пи́сьменный (adj.)

   **in writing** пи́сьменно

**wrong** непра́вильный


# X

**X-rays** рентге́новские лучи́


# Y

**yacht** я́хта

**yard** двор (courtyard)

**yarn** нить

**yawn (to)** зева́ть

**yawn** зево́та

**year** год

years   лета́, го́ды

**yearly**   ежего́дный

**yearn (to)**   тоскова́ть

**yearning**   тоска́, жела́ние

**yeast**   дро́жжи

**yell (to)**   крича́ть

**yellow**   жёлтый

**yes**   да

**yesterday**   вчера́

**yet**   ещё

**yield (to)**   производи́ть, уступа́ть (give way)

**yield**   (harvest) урожа́й

**you**   вы, ты (pl. and polite, sing.) вас, тебя́ (acc. pl. and polite, sing.), вам, тебе́ (dat. pl. and polite, sing.)

**young**   молодо́й

**younger**   мла́дший

**your, yours**   ваш (а, е, и) (pl. and polite), твой (твоя́, твоё, твои́) (sing.)

**youth**   ю́ность (f.), молодёжь (f., coll.) (young people), ю́ность (f.) (early years)

# Z

**zeal**   усе́рдие

**zealous**   усе́рдный

**zero**   нуль

**zinc**   цинк

**zipper**   застёжка-мо́лния

**zone**   зо́на, по́яс

**zoo**   зоопа́рк

**zoology**   зооло́гия

# GLOSSARY OF
# GEOGRAPHICAL NAMES

**Adriatic Sea**  Адриати́ческое
 море
**Africa**  А́фрика
**Alaska**  Аля́ска
**Albania**  Алба́ния
**Algeria**  Алжи́р
**Alps, The**  А́льпы
**America**  Аме́рика
**Arabia**  Ара́вия
**Argentina**  Аргенти́на
**Asia**  А́зия
**Astrakhan**  А́страхань
**Atlantic Ocean**  Атланти́ческий
 океа́н
**Australia**  Австра́лия
**Austria**  А́встрия
**Azerbaijan**  Азербайджа́н
**Baikal (Lake)**  Байка́л
**Baku**  Баку́
**Belgium**  Бе́льгия
**Black Sea**  Чёрное мо́ре
**Bonn**  Бонн
**Boston**  Бо́стон
**Brazil**  Брази́лия
**Brussels**  Брюссе́ль
**Bulgaria**  Болга́рия
**Belarus**  Белору́ссия
**Carpathian Mountains, The**  Кар-
 па́тские го́ры
**Caspian Sea**  Каспи́йское мо́ре
**Caucasus (Mountains), The**  Кав-
 ка́з
**Chicago**  Чика́го
**Chile**  Чи́ли
**China**  Кита́й
**Commonwealth of Independent
 States**  Содру́жество
 Незави́симых Госуда́рств
**Copenhagen**  Копенга́ген
**Crimea**  Крым
**Czech Republic**  Че́хия
**Danube (River)**  Дуна́й
**Denmark**  Да́ния
**Detroit**  Детро́йт
**Dnieper (River)**  Днепр
**Don (River)**  Дон
**Egypt**  Еги́пет
**England**  А́нглия
**English Channel**  Лама́нш

**Europe**  Евро́па
**Finland**  Финля́ндия
**France**  Фра́нция
**Geneva**  Жене́ва
**Georgia**  Гру́зия
**Germany**  Герма́ния
**Great Britain**  Великобрита́ния
**Hamburg**  Га́мбург
**Helsinki**  Хе́льсинки
**Hungary**  Ве́нгрия
**India**  И́ндия
**Iran**  Ира́н
**Iraq**  Ира́к
**Ireland**  Ирла́ндия
**Israel**  Изра́иль
**Italy**  Ита́лия
**Japan**  Япо́ния
**Jerusalem**  Иерусали́м
**Jordan**  Иорда́ния
**Kiev**  Ки́ев
**Korea**  Коре́я
**London**  Ло́ндон
**Los Angeles**  Лос-А́нджелес
**Madrid**  Мадри́д
**Magnitogorsk**  Магнитого́рск
**Mediterranean Sea**  Средизе́мное
 мо́ре
**Mexico**  Ме́ксика
**Moscow**  Москва́
**Munich**  Мю́нхен
**Netherlands, The**  Нидерла́нды
**Neva (River)**  Нева́
**New York**  Нью-Йо́рк
**North America**  Се́верная
 Аме́рика
**Norway**  Норве́гия
**Odessa**  Оде́сса
**Pacific Ocean**  Ти́хий океа́н
**Panama Canal**  Пана́мский
 кана́л
**Paris**  Пари́ж
**Philadelphia**  Филаде́льфия
**Poland**  По́льша
**Portugal**  Португа́лия
**Pyrenees (Mountains)**  Пирене́и
**Rhine (River)**  Рейн
**Rocky Mountains**  Скали́стые
 го́ры
**Rome**  Рим
**Russia**  Росси́я
**Saint Petersburg**  Санкт-
 Петербу́рг

186

San Francisco   Сан-Франци́ско
Scotland   Шотла́ндия
Seine (River)   Се́на
Siberia   Сиби́рь
Slovak Republic   Слова́кия
South America   Ю́жная Аме́рика
Spain   Испа́ния
Stockholm   Стокго́льм
Sweden   Шве́ция
Switzerland   Швейца́рия
Syria   Си́рия
Tajikistan   Таджикиста́н
Tashkent   Ташке́нт

Tbilisi   Тбили́си
Thames (River)   Те́мза
Tokyo   То́кио
Turkey   Ту́рция
Ukraine   Украи́на
United States of America   Соеди-
   нённые Шта́ты Аме́рики
Urals (Mountains)   Ура́л
Vladivostok   Владивосто́к
Volga (River)   Во́лга
Volgograd   Волгогра́д
Washington   Вашингто́н
Yugoslavia   Югосла́вия

# GLOSSARY OF
# PROPER NAMES

Adelaide, Adelle  Аделаи́да, Аде́ль
Agatha  Ага́фья
Agnes  Агне́са
Alexander  Алекса́ндр
Alexandra  Алекса́ндра
Alexei  Алексе́й
Alfred  Альфре́д
Alice  Али́са
Amy  Любо́вь
Anastasia  Анастаси́я
Anatole  Анато́лий
Andrew  Андре́й
Anna  Анна
Anthony  Анто́н
Arthur  Арту́р
Barbara  Варва́ра
Boris  Бори́с
Carl  Карл
Catherine  Екатери́на
Charlotte  Шарло́тта
Claudia  Кла́вдия
Constantine  Константи́н
Daniel  Дании́л
David  Дави́д
Dimitry  Дими́трий
Dorothy  Дороте́я
Edward  Эдуа́рд
Eleanore  Элеоно́ра
Elias, Ilya  Илья́
Elizabeth  Елизаве́та
Eugene  Евге́ний
Eva  Е́ва
George  Гео́ргий
Gregory  Григо́рий
Helen  Еле́на
Herman  Ге́рман
Irene, Irina  Ири́на
Jacob, Yakov  Я́ков
John, Ivan  Ива́н

Joseph  Ио́сиф
Julia  Ю́лия
Lawrence  Лавре́нтий
Leo, Lou  Лев
Leonid  Леони́д
Louise, Louisa  Луи́за
Ludmilla  Людми́ла
Luke, Luka  Лука́
Macar, Mark  Мака́р
Margaret  Маргари́та
Marie, Mary  Мари́я
Marina  Мари́на
Martha  Ма́рфа
Matthew  Матве́й
Maxim  Макси́м
Michael  Михаи́л
Nadezhda  Наде́жда
Natalia  Ната́лья
Nicholas, Nikolai  Никола́й
Nikita  Ники́та
Oleg  Оле́г
Olga  Ольга
Paul, Pavel  Па́вел
Peter  Пётр
Philip  Фили́пп
Samuel  Самуи́л
Sergei  Серге́й
Simon  Семён
Sofia  Со́фья
Susan, Suzanna  Суса́нна
Sviatoslaff  Святосла́в
Theodore, Fyodor  Фёдор
Thomas  Фома́
Timothy  Тимофе́й
Valentina  Валенти́на
Valentine  Валенти́н
Vera  Ве́ра
Victor  Ви́ктор
Vladimir  Влади́мир
Walter  Ва́льтер
William  Вильге́льм
Zachary  Заха́р